全媒体主持

陈　虹◎著

华东师范大学出版社
·上海·

图书在版编目(CIP)数据

全媒体主持/陈虹著.—上海:华东师范大学出版社,2024

ISBN 978-7-5760-4386-0

Ⅰ.①全…　Ⅱ.①陈…　Ⅲ.①主持人—语言艺术　Ⅳ.①G222.2

中国国家版本馆CIP数据核字(2024)第062672号

全媒体主持

著　　者　陈　虹
责任编辑　孙　婷　严佳琪
特约审读　汤丹磊
责任校对　王丽平
装帧设计　卢晓红

出版发行　华东师范大学出版社
社　　址　上海市中山北路3663号　邮编200062
网　　址　www.ecnupress.com.cn
电　　话　021-60821666　行政传真021-62572105
客服电话　021-62865537　门市(邮购)电话021-62869887
地　　址　上海市中山北路3663号华东师范大学校内先锋路口
网　　店　http://hdsdcbs.tmall.com

印 刷 者　上海新华印刷有限公司
开　　本　787毫米×1092毫米　1/16
印　　张　16.75
字　　数　352千字
版　　次　2024年5月第1版
印　　次　2025年8月第4次
书　　号　ISBN 978-7-5760-4386-0
定　　价　72.00元

出 版 人　王　焰

(如发现本版图书有印订质量问题,请寄回本社客服中心调换或电话021-62865537联系)

目　录

自 序

进入 21 世纪以来，信息传播技术推动以音频、视频为代表的电子口语的发展，口语的重要性日渐凸显。伴随人工智能合成主播、移动音频和短视频技术发展，智能口语传播实践建构了新的生态语境。“智能口语传播”，主要包括两个层面的含义：第一，依托智能媒体技术进行的以人为主体的口语传播；第二，以人工智能技术生成的虚拟人物为主体的口语传播。

在智媒技术的推动下，口语传播呈现出应用情境扩大化、传播主体虚拟互动化、传播媒介融合化、传播方式智媒化、话语生产共享化等与大众传播媒介应用截然不同的新特征。在此情境下，播音主持教育也应从价值、知识、能力等层面积极求变，以因应智能传播场景需求。

一是价值层面。党的二十大报告提出，要“增强中华文明传播力影响力。坚守中华文化立场，提炼展示中华文明的精神标识和文化精髓，加快构建中国话语和中国叙事体系，讲好中国故事、传播好中国声音，展现可信、可爱、可敬的中国形象”。只有通过讲故事的方式，把中国伟大的发展历程和建设成就告诉国外民众，向世界展现中国真实的社会面貌和生活方式，才能跨越文化障碍和意识形态隔阂，让国外民众对中国形成清晰准确的了解。

在以国家为主体的传播实践中，口语传播向来是极其重要的一部分。作为一种历史悠久的人类传播实践，讲述者与倾听者之间的共享沟通使中国故事活灵活现、口耳相传。而面向技术更迭频密、国际环境复杂的新时期，播音与主持艺术专业更应提高站位，将学生的口语传播训练与社会现实紧密结合，为培养讲好中国故事的全媒化复合型播音与主持艺术人才打下重要基础。

二是知识层面。播音与主持艺术专业课程知识结构呈枣核状，可从基础层、支撑层、核心层等层面对知识体系进行变革。一方面加强专业课程之间的链条性，同时拓宽专业课程底座的厚实感。面对空前扩容的口语传播场景，可根据口语传播的主要情境开展模块化教学。如可开设“人际沟通”“组织传播”“公共传播”“跨文化传播”等模块，由学生根据自身兴趣和未来职业规划选择 2 个或 3 个模块进行深入学习。

播音主持的核心能力在于怎么说和说什么。我们注意到，各高校播音主持专业课程对于怎么说关注度很高，从发声部位、吐字归音到声音形象塑造、作品情感表达等方面都有着系统的训练方法，而对于说什么这一核心能力培养思考不足。尤其在智能语音播报技术发展下，这一核心能力的缺乏直接影响着播音主持专业的未来发展。智能口语传播并不是智能技术和口语传播的简单叠加和重组。口语是面对面的具身在场交流，在言者和听者之间，一个灵魂唤醒另一个灵魂，在彼此的灵魂深处埋下思想的种子。通过思想的交流，口语传播的最终目的是消除一种手拉手而非心连心的交流鸿沟，实现人和人之间的深度交融。

三是能力层面。我们认为，当前主持人的培养应紧紧围绕“全媒体报道、多场景表达、跨文化沟通”这三重核心能力，从三个方向进行突破：首先是继续深化学科的融合与交叉，培养在专业素养过硬前提下的多种能力复合型主持人才。其次是培养学生的艺术修养与审美能力，使其品味科学之真、人文之善、艺术之美。最后是培养学生的新技术思维与使用能力，使其在虚拟主播等人工智能语音播报技术生态中得以适应并与之共同发展。

2021 年 10 月 20 日，国家广播电视总局发布《广播电视和网络视听“十四五”科技发展规划》，明确提出：“推动虚拟主播、动画手语广泛应用于新闻播报、天气预报、综艺科教等节目生产，创新节目形态，提高制播效率和智能化水平。”虚拟主播的出现无疑会给媒体行业带来一些改变，也对播音与主持艺术专业的人才培养方式提出了新的要求。华东师范大学传播学院已建设完成 AI 虚拟演播实验室，并开展应用探索，在全国同类文科实验室当中，率先跨入智能媒体时代。智能媒介技术带来了丰富的报道场景，对播音主持人提出了更高的要求。在“多场景表达”方面，学生不仅要适应各类型节目报道，还应培养在移动化、虚拟化多重场景下的报道能力。

在全媒体语境下，重要的变革趋势是融合。“融合”更偏重的是多学科知识的学习、跨文化思维方式的养成、跨领域实践经验的积累，以及跨媒介传播模式的掌握。智能传播场景中的播音主持教育更应坚定“口语传播”的理念，从培养程序化的语言“表述”能力转向培养作为言语生成主体的“人”的语言生产、传播、修正能力，适配智媒时代对会交流、善沟通、能共情的口语传播人才的需求，同时增强播音与主持艺术专业的内功和底气，提升播音与主持艺术专业学生的语言素养、沟通艺术、审美品格与创新思维。

华东师范大学传播学院教授、博士生导师　陈　虹

第一章

全媒体主持的概念

知识点框架图

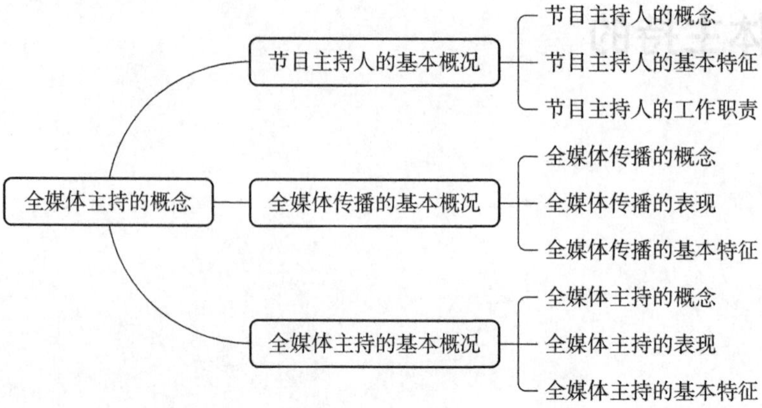

关键术语

节目主持人　全媒体　全媒体传播　全媒体主持

马克思在《共产党宣言》中说："一切等级的和固定的东西都烟消云散了。"①用这句话来形容现如今的传媒行业再合适不过了，新概念层出不穷，旧的概念和方式在变革中被不断赋予新的内涵。数字化媒介社会的到来，颠覆了传统媒介单向度的传播模式，改变了人们获取信息、接触媒介的方式，以互联网为主导的数字技术革命延伸向传媒行业，"全媒体"的概念应运而生。全媒体在英文中为omnimedia，源自美国一家名叫玛莎·斯图尔特生活全媒体(Martha Stewart Living Omnimedia)的家政公司。这家成立于20世纪90年代末的公司利用报纸杂志、电视广播和互联网站进行宣传和业务服务，其营销模式现在看来虽然还不能够称为全媒体，而是类似于多平台的资源利用，却提供了一种传播手段的新理念，反映出传媒领域的新趋势，开启了传媒行业的新方向。

全媒体作为一种新的媒介形态，更新和颠覆了传统媒介的内容生产、传播形式、运营消费模式等方面。在全媒体提供的全新媒介环境之中，传统广播电视节目主持人的概念也开始转变为全媒体主持。所谓全媒体主持，是指在全媒体环境中，依靠多种传播技术、多样化的媒体表现手段，在多种媒介终端进行信息内容人格化、个性化与对象化融合传播的个体。

从当前的全媒体主持实践情况看，不论是传统媒体延伸至全媒体平台的专业主持人，还是视

① 马克思，恩格斯. 共产党宣言[M]. 中共中央马克思恩格斯列宁斯大林著作编译局，编译. 北京：人民出版社，2018：31.

频网站衍生出的特色真人秀、达人秀等节目中的固定谈话者，或者是视频网站、电商平台的固定化直播者，均可纳入全媒体主持的群体之中，而本书所要研究的正是延伸至全媒体平台的拥有专业资质的传统媒体主持人。

第一节　节目主持人的基本概况

一、节目主持人的概念

在现代汉语中，"主持人"具有广义和狭义两种含义。广义的"主持人"，泛指在各种活动、项目中负责掌管和处理具体事宜的人，如礼仪主持（包括婚礼主持、商务主持、开业主持、庆典主持等）、寺庙主持、报纸专栏主持、网络主持等。狭义的"主持人"即专指广播电视节目主持人。本书主要探讨的是狭义的"主持人"。

（一）节目主持人概念的缘起

主持人节目的出现与节目主持人称谓的提出是不同步的。主持人在电子媒介中出现是20世纪20年代后期，而节目主持人这一称谓的提出却是在20世纪50年代。

节目主持人这一概念，最早是由美国CBS（Columbia Broadcasting System，哥伦比亚广播公司）新闻部制片人唐·休伊特（Don Hewitt）在1952年提出的。休伊特是美国电视新闻节目的先锋人物，也是CBS电视台资深主持人。堪称美国电视历史上传奇节目的《60分钟》（"60 Minutes"）就是由休伊特创建的。休伊特用英文单词Anchor来表述节目主持人。Anchor的本意是"锚"，也可理解为"危险时可以依靠的人"，就是在关键时刻具有强劲支撑力的人；其引申义是"接力赛跑中跑最后一棒的人"，即最快最有冲刺力的人。唐·休伊特把电视新闻传播这种形式比作接力赛跑，其中最强的队员跑最后一段赛程，也就是"新闻节目主持人"。在1952年美国第34届总统大选的新闻报道中，休伊特首次使用Anchor这个词。当时电视新闻对重要事件的报道存在呆板、滞后、零散等问题，而休伊特认为，电视新闻应选择一个人将不同地点、不同角度的新闻报道组织到一起，形成一个整体，这个人就是Anchor，目的是让最有力的记者在最后把所有的报道串联在一起，高度概括起来。[①] 休伊特认为，组织、串联总统竞选活动报道的人应该具有

① 王纬. 镜头里的"第四势力"：美国电视新闻节目[M]. 北京：北京广播学院出版社，1999：168.

Anchor 那样的素质和能力。由此可见，Anchor 一词从提出之时就具备了明确的含义：电视节目传播中最关键的人物，能够在传播过程中真正起到积极的主导作用，是从记者群体中脱颖而出的佼佼者。后来，Anchor 这个词就泛指新闻节目主持人了。

当时，唐・休伊特选中的 Anchor，就是 CBS 的沃尔特・克朗凯特(Walter Cronkite)。克朗凯特被公认为世界上第一位电视新闻节目主持人，在节目主持人史上树立了不朽的丰碑。在 1973 年的一次民意调查中，克朗凯特获评“美国最受信任的公众人物”。他经历并报道了肯尼迪遇刺、水门事件等新闻，用自己独到的立场和见解，真实、客观、负责地对新闻事实进行严肃报道，树立了新闻典范。他每天节目的结束语“事实就是这样”(“And that's the way it is.”)也一度成为美国流行语。克朗凯特为美国新闻行业确立了真实性的标准，他的职业生涯充分证明了这一点：一个优秀的记者只有一件事要做——讲述真相。

(二) 节目主持人概念的纷争与界定

节目主持人的概念起源于西方。节目主持人自诞生之日起，便依照所主持节目性质的不同而分门别类，各司其职，主持着不同类型的节目，承担着不同的传播任务。目前用于描述主持人概念的英文词汇不下十几种，包括 host、anchor、moderator、compere、presenter、journalist、analyst、newscaster、sportscaster、VJ 等。这些英文单词虽然都是指节目主持人，其称谓却各不相同(如表 1-1 所示)。即便有着统一分工，不同国家也有着不同称谓，如英国把游戏、竞赛、讨论和辩论节目中的主持人称为 presenter，德国则称为 moderator(原意为仲裁人、协调人，在游戏、竞赛节目中出现，后来在轻松讨论、辩论节目中出现)。

表 1-1　节目主持人称谓中英术语一览表

英文术语	中文术语
broadcaster，host	谈话节目主持人
anchor	新闻节目主持人
emcee	娱乐节目主持人
commentator	解说员
announcer	宣读员
weatherman	气象节目主持人
showman	演出主持人
moderator	游戏竞赛类节目主持人

在中国，“节目主持人”的含义该如何界定，历来存在很多说法，学术界也有所争议，比较流行的有如下三种。

于礼厚先生 1985 年在《新闻工作手册》中对主持人的定义是：“在广播或电视中出场为听众或观众主持各种节目的人，叫节目主持人。主持人不是一个表演者，也有别于新闻通讯和文章的播报者。主持人是以他自己的身份、自己的个性直接面对听众或观众的人，主持人在节目中处于主导地位，他的职责是组织、串联一次节目的各个部分，但也直接向观众或听众传播信息。”①这种表述尽管不够精确和完善，但是揭示了节目主持人的角色定位和工作职责，明确了主持人和表演者以及播报者之间的区别，较早地触碰到节目主持人的本质属性。

在甘惜分主编的《新闻学大辞典》中，关于电视节目主持人一词的解释则强调了主持人的功能与作用：“电视台中以某一个人的身份在摄像机前固定主持、串联某一新闻节目的演讲者。是该新闻节目制作群体的中心人物或前台人物，在节目中处于主导地位。或是节目的主要编辑，负责整个节目的采编、制作和播讲；或主要负责编辑、演讲；或只参与采访和负责播讲；要播报新闻提要、开场白、串联词、结束语和评论等，编排播出各种电视新闻，导引现场记者或其他播音员播报新闻等。又被称为‘新闻主持人’、‘首席新闻广播员’。”②也就是说，主持人主持节目应该充分发挥主观能动性，掌握节目、驾驭节目、主动发挥。

随着广播电视自身的发展和传播观念的演进，学者对主持人的关注点逐渐转向传播特点、传播手段、传播流程等方面。最能被大多数人接受的是《广播电视辞典》里对于主持人的解释，节目主持人是“在广播电视节目中，以个体行为出现，代表群体观念，以有声语言为主干或主线驾驭节目进程，直接面对受众，平等地进行传播的人”③。此定义较为科学和全面，抓住了主持人的本质特征，即与受众平等交流、用有声语言把握节目进程、和一个固定的节目联系在一起等。

简言之，节目主持人可谓是节目进程的统领者、节目方针的体现者、内容上的组织者和主播者，这“四者”也阐述了主持人的定义——主持人是以“我”的个体形象出现在镜头和话筒前，为受众群准备并驾驭一档固定节目的演播主人。这一概念包含以下六大要素。

1. “我”的个体形象

节目主持人“我”的整体形象包括“小我”和“大我”。“小我”即主持人的个体形象、个体行为——主持人以个体形象出现，以个人身份和言谈举止出现在受众面前，各自拥有不同的语言风格和形象气质；“大我”指的是主持人的群体观念，主持人是节目群体的发言人、执行者。在我国，主持人是媒体的代言人，是党和人民的喉舌，是电台和电视台的“台标”，一言一行都受到群体、栏

---

① 刘洁. 电视节目主持人[M]. 武汉：武汉大学出版社，2004：2.

② 甘惜分. 新闻学大辞典[M]. 郑州：河南人民出版社，1993：240.

③ 赵玉明，王福顺. 广播电视辞典[M]. 北京：北京广播学院出版社，1999：221.

目、社会的制约，因此主持人不可随心所欲、肆意发挥。只有“小我”和“大我”相融合，才可以更直接、更平等地进行大众传播。

2. 镜头和话筒前

节目主持人借助镜头和话筒进行形象塑造和语言传播。在镜头和话筒前，节目主持人的任务是进行言语组织表达和空间运动处理。主持人在镜头前呈现出的样态，是观众理解节目内容、把握节目主旨的窗口。

3. 对象化

对象化传播是节目主持的一大显著特征。不同的节目主持人有着不同的受众群体，主持人总是以特定的受众群体作为对象主持节目。面对不同的受众群，主持人的语言运用也各有差异，不能一概而论。如果用面对青年人的态度来与小朋友或者老年人进行沟通，节目主持的效果可想而知。

4. 驾驭能力

驾驭能力，即主持人对节目的掌控能力，包括如何渲染主题、营造氛围、把握节奏、控制场面等。主持人的驾驭能力，关系到节目是否能够如期、顺利展开。节目现场存在着一定的不确定性，特别是现场直播，所以整个节目未必能完全按照预期准备而展开，这个时候，主持人的驾驭能力就显得非常重要了。

主持人的驾驭能力，并不是与生俱来的，更不是在短短几期节目中就能够形成的，而是一个持续努力和经验积累的过程，而持续的时间越长，往往越有利于主持人驾驭能力的提高。

5. 固定节目

只有节目固定、主持人固定、播出时间固定，才能产生真正意义的节目主持人，进而产生和形成相对稳定的受众群。主持人不是以节目多为荣，而是以做节目长久为荣，因为主持人只有长期做一档节目，才能逐渐形成鲜明的个性形象和主持风格，为受众所接受和喜欢。深入人心的主持人节目，能够让受众在想起该节目时自然而然想到其主持人。

6. 演播主人

“演播”并不是指表演的播讲，而是指主持人动态的、有变化的、有发挥的当众性播讲，也就是主持人的二度创作。主持人每一次做节目都应该以主人的身份和态度，把受众当作朋友和客人一样接待，这便是“主人”的含义。

（三）节目主持人身份的独特性

谈及主持人的概念和身份，就有必要将主持人与相关职业进行对比，找出不同之处。

1. 主持人与播音员

节目主持人与播音员，虽然都属于电台和电视台的宣传员，都担负着传播信息、提供服务的责任，但这两种职业属于不同范畴，其相异之处有以下三点：

(1) 身份不同

播音员指从事电台、电视台新闻报道等电子媒体节目播音工作的人。播音员是传达者和播读者，其职责是将信息传达给每个人，因此一般要求播音员在播报新闻时字正腔圆，不带感情色彩。对播音员在音质、语言等方面的要求尤为严格。

而主持人在观众面前是一个真实的“我”的个体身份，是节目的一部分。因此，主持人与受众不能只是简单的“我播你看”，而应是彼此信任、真诚相待的朋友关系。节目主持人应具备鲜明的个性化色彩和人格魅力，以感染受众。

(2) 职责不同

《中国播音学》中对播音员和主持人的“创作位置”对比指出，播音员的播音是第三人称的客观述评，而主持人处于第一人称的主导地位，同时指出了主持人的职责是传播信息、介绍知识和评介问题。[①]

播音员的身份决定了其职责，即只负责播读稿件，一般不参与节目的策划等前期准备工作，也无须进行采访或参与节目制作，播音员只对播音质量负责。因此，播音员不可能成为节目的主导者。

主持人的活动贯穿了节目的全过程。主持人一般固定地主持某一档节目，与节目共生共荣，是一档节目的核心和灵魂。

(3) 交流方式不同

播音员通常是“一对众”地进行交流，基本是单向传播，不能做到直接的双向交流。

主持人的交流对象较为具体，一般是“一对一”“一对几”，因此主持人在与受众沟通交流时，采用的是交谈式的说话策略，注重与嘉宾和受众进行互动。

2. 主持人与艺人

随着广播电视事业的发展，节目主持人地位日渐提高，受到广大观众的瞩目，一些媒体甚至把主持人当作明星来进行包装，这便极易使公众甚至主持人本身对节目主持人这一角色在理解上出现偏失，混淆主持人与艺人的区别。

作为公共角色，主持人具有贴合公众社会形态、符合公众审美心理的形象，在人们观赏节目之时，会适度调整自身形象和社会交往方式，因此受众从主持人处获得的不只是信息，还包括审美的愉悦和满足。因此，节目主持人是运用其社会性角色产生受众心理效应的。节目主持人应当抛弃“歌星”“舞星”“明星”等意识，以普通人的心态来对待自己的职业，以公众代言人的角色出

① 张颂. 中国播音学(修订版)[M]. 北京：中国传媒大学出版社，2003：486.

现在节目中，这样才能真正走进广大受众的心里。

3. 主持人与记者

节目主持人与记者的工作性质是截然不同的。前者是“主持”，而后者是“报道”。记者的主要任务是采集和报道新闻，而主持人则需要负责一档节目的实际播出。

然而，在一些节目中，记者和主持人虽各有所长，但也有综合倾向，出现了“记者型主持人”。这类主持人进行的是深度报道，除了完成镜前访谈，还要运用诸多背景材料来完成报道的全过程。记者型主持人除了要具备记者的基本素质，更要善于把节目的各个部分串联成一个有机统一的整体。

记者型主持人被称为“报道员”(reporter)。除了进行现场采访和报道，他们还要参与节目的前期构思策划和后期剪辑录音等，不难发现，这已然超越了一般记者的职责范畴，而成为完整的、独立的节目主持人。

二、节目主持人的基本特征

任何职业都有其与众不同之处，节目主持人也不例外。主持人的基本特征是其本质更为丰富的展现。作为节目进程的统领者、节目方针的体现者、内容上的组织者和主播者，节目主持人在一档节目中显得尤为重要。节目主持人有如下六大基本特征。

(一) 社会性

节目主持人的特征首先是其社会性。作为社会的一分子，主持人应该首先做好人，再做主持人。节目主持人的社会性首先表现在主持人作为社会人的属性和对社会环境的依存，包括他所处的时代和社会环境对其产生的影响。主持人以个体形象出现，表现集体意识，是传播活动的中介，在与受众的沟通和交流中传播信息，实现传播目的。社会存在决定社会意识。人们的社会意识会随着生存环境、生活条件、社会关系而变化，节目主持人的意识必然会打上其所生存时代的烙印，主持人的一举一动、一言一行也反映出一定的社会性。

其次，节目主持人的社会性表现在主持人始终把追求社会效益放在首位。广播电视节目是由其带来的社会效果来衡量的，主持人的价值亦由其产生的社会价值来判断，它的基本功能是社会效益性。我们必须在充分考虑社会效益的前提下再谈经济效益。追求社会效益是主持人的最高原则。①

① 俞虹．节目主持人通论[M]．杭州：杭州大学出版社，1996：9.

（二）可信性

节目主持人作为信息传播载体，要为受众提供他们所需要的政治、经济、文娱、社会服务等信息。要使信息产生较好的传播效果，就需要主持人在受众心目中具备一定的可信性。同时，主持人还要在某个专业领域主动寻求突破，这样才能更好地做一名有一技之长的主持人。

主持人的可信度，源自高尚的道德情操、顽强的敬业精神、丰富的知识构架和扎实的业务功底。[①] 主持人的人格魅力是受众对其产生信任的重要保证，但这不是一朝一夕可以形成的，需要在较长的时间和一定的受众范围中获得认可，即要有一定的知名度。可信度往往和知名度互相融合，二者相辅相成，共同实现良好的传播效果。

要提升节目的传播效果，主持人除了要注重提高自己的可信度，还可以借助其他权威力量，促进节目质量的提升。比如健康咨询类节目经常邀请养生方面的专家或医生做嘉宾主持，经济金融类节目有经济学家做专业分析，专家学者在相关领域学有所长，这无疑会使受众更加相信其在节目中的所言所行，提高节目的传播质量。

（三）审美性

作为大众传播的重要一员，向受众传播真善美、给受众带来良好的审美感受和体验，是主持人的重要职责。节目主持人的审美性主要体现在以下两个方面。

1. 内涵美

首先，内涵美体现为主持人的内在美，强调主持人的自我修养。节目主持人要拥有积极向上的世界观、人生观、价值观，并具有高尚的道德情操和坚韧的敬业精神。

其次，内涵美还体现为传播内容上的求真、向善、示美。[②] “真”，即事物自身需要遵循的客观规律，人的认识要符合客观实际，人要在认识规律、尊重规律的基础上充分把握规律，将其与发挥主观能动性相结合，用美的规律改造社会；“善”，即善行，指人的行为对群体产生的功利价值，善是美的灵魂；“美”，即客体作用于主体，使主体产生一种精神上的愉悦的体验。内容美首先应当是真的，符合事物规律性，同时又必须是善的，最终使受众收获良好的视听体验。

2. 形态美

节目主持人的形态美，体现为主持人的语言、形象、服饰、气质的美。从语言来看，主持人需要做到字正腔圆、清晰流畅，音质甜美圆润、浑厚沉稳[③]，同时富有节奏感；从形象来看，主持人一

---

① 俞虹.节目主持人通论[M].杭州：杭州大学出版社，1996：9.

② 俞虹.节目主持人通论[M].杭州：杭州大学出版社，1996：11.

③ 俞虹.节目主持人通论[M].杭州：杭州大学出版社，1996：12.

般需要五官端正、形体匀称、举止自然大方；从服饰来看，主持人的衣着需要和谐、得体并有自己的个性；从气质来看，主持人的气质可分为儒雅型、严谨型、甜美型、幽默型等，但总体而言节目主持人需要具有端庄高雅的气质，为自己所主持的节目类型服务。形态美的这些特质，也符合所主持节目的风格需要。

（四）个性化

个性化是主持人区别于播音员的重要特征。优秀的节目主持人必须具备鲜明的个性特征，这是吸引受众、使节目生命力持久的重要保证。主持人的个性要与节目风格相统一，并在此基础上再将自己的个性融入所主持的节目中，相得益彰。

主持人的个性形象，是他们的政治与文化素养、生活与审美心理、语言与气质风度等多种因素的综合体现。节目主持人正是在这些因素中才体现出与众不同的个人魅力。敬一丹，沉稳严肃，淳朴自然，针砭时弊；白岩松，机敏睿智，语言犀利，思想深邃，朴实无华；董卿，清新大气，亲切稳重，语言平实，至情至理；何炅，幽默机智，语言风趣，内涵丰富，应变灵活……现在诸多优秀的节目主持人各具特色，各有千秋，体现出鲜明的个性化色彩。

主持人的个性化，无疑是一档主持人节目区别于其他节目的核心方面。一个没有个性的主持人，必然是失败的，其节目也不可能长久存活。因此，主持人只有注重发挥自己的主观能动性，在节目中充分展现自己的个人魅力，方能使节目充满活力，并形成独具特色的个性魅力。

（五）情感性

主持人节目虽然属于大众传播，但也不能完全脱离人际传播的范畴。主持人应与受众进行“一对一”“面对面”的朋友式的交谈。节目主持人的情感性是指主持人要善于将感情投入节目，以“情”为先导，真心实意对待受众，与之进行直接的、平等的情感沟通与交流。只有让受众觉得可亲、可近、可信，才能真正拉近彼此间的距离，达到最佳传播效果。

受众是否满意，是衡量主持人主持工作质量高低的重要标准。在主持节目的过程中，节目主持人要始终保持饱满的工作热情，让受众感受到你在用一颗真诚的心对待他们。

（六）主动性

节目主持人在整个节目进程中，必须积极发挥其主动性，发挥主导作用，引领节目进程，对节目进行整体把控。这是主持人的权力，更是主持人的职责。

首先，主持人应在节目中发挥主导作用。主持人是一档节目的主人，是节目方针的体现者和节目主旨的传达者，因此主持人有责任把节目内容以最完美的方式呈现在受众面前。面对同一节目、同一文本，每个主持人都会选择不同的方式来阐释。主持人需要针对演播现场的情况，充分发挥能动作用，以积极的心态面对主持、面对受众，并注意对临场情况随时应变、机敏处理，努力使节目变得生动而有吸引力。

其次，我们提倡主持人积极主动地参与到节目的前期准备中，融入节目的创作集体。作为一档节目的重要成员，主持人应熟悉节目创作的各个环节，参与节目策划与构思的全过程，并善于思考，敢于质疑，以更好地驾驭节目。

最后，主持人综合素质的不断提升，有助于其充分发挥在节目中的主动性。要想获得成功，主持人需要付出长期而艰辛的努力。优秀的节目主持人，要在日常生活中积极进取，勤奋学习，塑造自己的完美形象，努力提升综合素质，为节目质量的不断提高做出自己的贡献。

三、节目主持人的工作职责

主持人在节目中有着特殊的地位。作为节目传播的最后一环，主持人应明确自身扮演的角色，了解自己所处的位置。不同类型的节目中，主持人承担的职责也各有差异。电台、电视台人员结构管理机制的差异，也会造成主持人工作职责的不同。节目主持人要真正驾驭好节目、充分发挥好主导作用，需积极担负起其应负的工作职责，具体包括如下四个方面。

（一）内容创作

主持人是节目内容创作的重要主体，既包含主持人在播音上的二度创作，也包含有着较强主观能动性的一度创作，主要表现在以下三个方面。

1. 参与选题

节目的策划、选题阶段，是一个节目孕育的过程。这一阶段，根据节目设置的要求，主持人通过发散个体的积极思维和创造力，与节目制作团队共同协作，最终确定节目的基调、主旨、内容和基本框架。

2. 现场采访

选题确定之后，主持人就需要投入节目的准备工作。此时，主持人需要熟悉涉及节目选题的资料，如人物特征、事件情况、时间节点、主要观点等，制定出翔实的采访提纲。现场采访是很多电台、电视台节目的重要内容，能够增强节目的真实性和亲切感，也是节目主持人主持功力的重要体现。

3. 编写稿件

编写稿件也是很多节目主持人的工作职责之一。主持人需要根据记者、编辑或自己搜集的其他资料，依照节目要求编写稿件，或对录制的视音频材料进行剪辑。

此外，主持人要关注节目的评价，包括自评、受众调查、专家评审、广告商反馈。主持人与其团队在节目播出后需注重自我反思和评价，注重受众对节目的观看感受和建议，与相关专家进行沟通交流和评议，不忽视任何一方的意见反馈。注重对节目的评价和反思，能够有效地促进节目质量的提高，提升节目的综合效益。

（二）掌控全局

节目的播出需要多个岗位的配合，而主持人的职责就是能在演播现场做到掌控全局，具体表现为以下两个方面。

1. 组织串联

节目内容往往纷繁复杂，主持人是信息的组织者，是贯穿节目的主线，应当把杂乱的信息有序组织起来。这要求主持人对已有的声像资料进行进一步的整合，并对节目进行组织、串联、制作等，协调好节目中的起承转合，从宏观上整体把握节目的每一流程，为现场主持做好充分准备。

2. 引导节目

节目进程的正常运行是由主持人来引导和掌控的。在镜头和话筒前，主持人应有自信、有能力地驾驭、控制整场节目，把握好节目的流程、时间和节奏，营造节目气氛，灵活应对节目录制过程中的突发状况，巧妙地引导受众参与到节目中来。

（三）信息传达

主持人承担着传递信息的职责，应当交代节目的主要内容。无论是新闻节目的信息播报，还是谈话节目对嘉宾、话题、背景等的介绍，又或是生活服务节目中各种知识的传达，主持人都要向受众传递各种不同类型的信息。

在信息的传达过程中，主持人要贯彻节目的宗旨，将节目的意图和自身的审美理想很好地传递给受众。像新闻评论，或是针砭时弊，或是善意的提醒与劝服等都是主持人信息传达的表现。

（四）沟通受众

主持人在受众和节目之间建立了一种虚拟的互动关系，承担着面对面的人际传播的作用。与受众进行广泛的沟通，是主持人的任务之一。受众沟通，包括户外大型直播活动、开通短信平台、在线互动等形式。主持人和栏目组可以通过这些形式，实现与受众直接、平等的联系，并认真对待受众的反馈意见，积极改进并完善节目。

第二节 全媒体传播的基本概况

一、全媒体传播的概念

在国家层面,在2006年9月印发的《国家"十一五"时期文化发展规划纲要》和2006年12月印发的《新闻出版业"十一五"发展规划》两个文件中,就确立了"国家数字复合出版系统"的发展规划,其中的"全媒体资源管理体系"等项目已涉及全媒体的概念。2007年起,"全媒体"的概念在业界被普遍应用于媒介实践,"全媒体记者""全媒体平台""全媒体集群""全媒体营销"等为人所耳熟能详。学者们在新媒体的概念基础上进行延伸与扩展,从媒介运营、形态、整合和营销等多个角度进行阐释,将"全媒体"作为一种业务运作整体模式和策略,是利用所有可用的媒介手段和平台构建的传播系统。这种体系不再是单一形态、依靠单一平台,而是复合结构的、多落点的传播。各种单一媒介,诸如报纸、电视、网络媒体等,共同构建了这样一个"全媒体"。

随着媒体融合的进一步发展,全媒体的概念愈发明确,它是信息、通信及网络技术条件下各种媒介实现深度融合的结果,也是媒介形态大变革中最为崭新的传播形态。① 微观而言,全媒体是融合了"产品+平台+用户+服务"的多维度多层次复合体系;中观或宏观而言,全媒体是不同媒体机构的产品、平台、用户、服务各自相对优势共同构筑的综合体系。② 在新形势下,全媒体不断发展,出现了全程媒体、全息媒体、全员媒体、全效媒体。其中,"全程"突破了时空尺度,"全息"突破了物理尺度,"全员"突破了主体尺度,"全效"则突破了功能尺度。

全媒体传播则是立足传播技术的发展和媒体融合的传播观念,采用图文、声音、影像等多媒体表现手段,利用报纸、广播、电视、网络等不同媒介形态,最终实现全渠道、全终端、全方位的融合传播样态。

二、全媒体传播的表现

在新媒体迅猛发展的当下,媒介传播进入和打开了新的环境和视野,也为竞争白热化的传统

---

① 罗鑫.什么是"全媒体"[J].中国记者,2010,436(03):82—83.

② 支庭荣.全媒体传播体系的全息透视:系统建构、功能耦合与目标优化[J].西北师大学报(社会科学版),2019,56(06):32—39.

媒体行业带来了新的生机与活力。科技本身的特点分割和改变了传统媒体中的受众群体特征，所以，传统传播理念下生产制作的广播电视节目和主持人特征并不能完全适应全媒体环境，其多年维持的“一对多”的大众传播环境已经被技术改变，相对于全媒体而言传统媒体的局限越发凸显出来。再加上受众需求的多元化，全媒体这一概念的应用正在为传统节目打造新的平台，注入新鲜血液，创造全新的传播生态图景。

（一）传播生产方式的转变

网络技术的发展为全媒体节目播出提供了良好的平台和技术支持，很大程度上提高了节目质量并扩展了受众范围。在节目创作中，目前无论是图像处理、数字采集，还是数据反馈，都有了长足的发展，再加上设备的精进，这些使得全媒体环境中的网络节目和融合节目得以在时代的前沿占有一席之地。

技术手段的更新改变了节目的制作与播出模式，以硬盘为基础的播出模式已经逐渐开始替代磁带的播出模式，自身良好优越的性能、增大的储存量、多通道的解码编码和强大的实时特性都给硬盘的播出模式加分不少。以往一档节目播出出现问题，短时间之内很难做出及时调整，而基于网络的节目在技术支持下，可以通过相应的网络终端进行及时迅速的调整，只需要短短的几分钟就可以完成以往几个小时甚至是几天的工作，而最重要的是可以保证节目的正常播出。在网络平台上播放的节目，可能各种资料素材都在不同地点和终端上，以往需要外设的拷贝或者备份，但现在基于网络平台就可以第一时间对各个地方的资料素材进行汇总和处理，不仅大大节省了时间，提高了素材处理效率，而且辅以云技术，更是为节目制作打开了一扇新的大门。在各类节目当中，新闻类节目对时效性要求最高。借助先进的网络技术，记者在现场可以通过自己的移动终端进行编辑和上传，而播出平台能第一时间收到现场反馈进行播出或调整。

（二）传播媒介载体的升级

根据美国传播学家保罗·莱文森(Paul Levinson)的说法，每一种新兴的媒介都是前一种媒介的补偿性发展。[①] 随着互联网大潮的涌动，网络用户的数量呈几何级数增长，传统媒体不得不迎接来自互联网的强大冲击，这一冲击也使得信息承载的媒介形态发生了变化。从报纸、广播到电视的媒介变化中，信息的传播载体经历了由文字、音频再到视频类媒介的变迁，对信息接收者的感官刺激也由视觉、听觉转换为声画同步，全媒体的出现使得媒介载体再次升级。

为适应网络社会传播环境与生产方式，承载信息的媒介载体出现多元化与融合化趋势。一

① 保罗·莱文森. 手机：挡不住的呼唤[M]. 何道宽，译. 北京：中国人民大学出版社，2004：33.

方面，文字、音频、图像、动画、HTML5 等多种媒介都成为信息传递的承载体，另一方面，同一传播信息也经历了从单一媒介表达走向多种媒介形式的融合使用。这一多元化、融合化的转向不但能够丰富媒介信息的表达形式，更能通过多重感官的刺激使受众深刻理解信息内容，实现信息传播效果的提升。

(三) 传播受众模式的重塑

如今我们的生活确实已经被新的媒体切分。而这样的切分从某种程度上来说并不完全是因为媒介本身的特点，严格来说应该是由于媒介本身的力量赋权于受众，于是受众的力量得以以具体的形式表现出来，从而导致受众细分呈现多样化的态势。从实践上来看，一方面是受众本身构成的多样化——基于不同年龄、性别、社会角色、文化层次等，使不同层次、不同兴趣爱好、不同信息需求的受众细分；另一方面，这样的受众构成也决定了基于接收行为的受众多样化，即根据受众接受信息时的行为不同进行细分。

美国传播学者赫伯特·甘斯(Herbert J. Gans)用“品味文化”和“生活方式”来形容受众，“受众个体越是自由，越是能够依靠技术的力量建立自己的媒介‘食谱’”①。移动媒体可以说是当下最具潜力的新兴媒体，移动媒介可以随时改变受众接收时间、范围和地点。受众使用传统媒介在特定的时间收听收看固定节目的“约会式”状况已经被打破。因此受众使用媒介地点的差异化就促成了受众细分的趋势，也为受众细分提供了一个新的维度。

节目受众本身是非常多元化的群体，可以说千人千面。每一个受众个体都具有其所在的社会环境中扮演的社会角色。在传统媒体环境中，由于传播是自上而下的，很多受众的需求受到了抑制。而在新媒体的环境中，这些被忽视的领域应该成为传播者所关注的重点。受众身份的变化拓展了全媒体环境中节目的空间，给节目主持提供了新的方向。受众由单一接受的对象变成主动选择的用户。而节目主持人要以服务用户的意识来对待受众需求，使节目更加细致，更加具体，更加个性化，以最快的速度洞察受众的需求，捕捉受众的喜好，挖掘潜在的趋势，由此更及时和准确地对节目做出相应的调整；要利用后台对于受众信息的精确统计和回馈，分析不同层次和角度的受众情况，从而发展新的节目领域。

三、全媒体传播的基本特征

新媒体的大潮来得轰轰烈烈，势不可挡，变化之中，必有规律可循。全媒体有其特色和规则，

① 丹尼斯·麦奎尔. 麦奎尔大众传播理论(第四版)[M]. 崔保国，李琨，译. 北京：清华大学出版社，2006：345.

传统媒体意义上的广播电视节目也在全媒体化的进程中摸索。具体而言，全媒体传播过程有以下三个基本特征。

（一）传播快速及时

在当前的社会环境中，时效性成为人们最为在意的问题之一，而网络媒体的出现大大缩短了信息传递的时间。对于传统媒体而言，信息从发出到转换成文字或者图像再传到受众这个过程需要花费相当长的时间，而对于网络节目来说，依托于网络技术，时间与空间都不再是阻碍。现今移动技术的普及、网速的大幅增长、带宽的提升和网络质量的提高，都给网络节目的传播提供了有力的技术支持。

此外，快速及时还体现在传播内容的表达上。互联网时代的海量信息使得用户很难将注意力留存于同一位置，尤其是在短视频平台对网络用户的浏览习惯进行了更为碎片化的改造之后，全媒体中的信息也趋向于以更为篇幅短小、节奏鲜明的方式传输，这种呈现方式的改变也大幅提升了信息在传播环境中的流通速度。

（二）内容种类丰富

不论是专业的内容生产者，还是拥有社交媒体的普通用户，都能够在互联网平台上发声立言，这也使得互联网空间成了多种声音聚集的话语场。在这一场域之中，既有主流媒体的权威发声，也充斥着亚文化群体的话语表达，形成了官方与民间两个鲜明的舆论场。

基于此，针对不同类别、不同风格的全媒体传播内容也开始出现。基于消费群体的小红书、基于亚文化青年的哔哩哔哩、基于趣缘群体的豆瓣小组都是全媒体传播时代重要的内容聚合平台，而此类平台所承载的丰富的内容产品，则是全媒体时代的重要产物。

（三）用户市场细分

全媒体传播的目标并不是大而全，而是深而细、小而美。全媒体传播的全面整合，意味着以受众需求为导向的超细分服务。全媒体传播首先针对受众的不同需求类型，选择最适合的媒体形式和渠道，以实现最佳效果。在全媒体传播平台上，媒介内容有纷繁的表现形式，同时也根据不同个体受众的个性化需求和信息表现的侧重来对采用的媒体形式进行取舍和调整。这样一方面实现了信息内容的全面呈现，另一方面实现了对受众需求的全面满足。①

此外，全媒体传播环境中的用户在网络上观看节目不仅不受播出时间的限制，还可以随意地

---

① 姚君喜，刘春娟.“全媒体”概念辨析[J].当代传播，2010(06)：13—16.

选择节点，适时暂停，还可以对喜欢的段落进行反复观看。在庞大的数据库支持下，用户不仅可以在网络上找到自己喜欢的实时节目，还可以查阅往期节目和相类似的节目。从这一意义上说，传统节目中媒体掌握着绝对主导权，直接决定用户的观看内容；而在全媒体传播平台上这一主导权被逐步消解，用户能够自主完成对节目的选择，可以同时看几个节目，可以选择自己喜欢的主持人，真正掌握媒介信息环境中的主动权。

第三节 全媒体主持的基本概况

短短数十年，全媒体已从一种新现象变为一种媒介生态语境，身处其中的传媒人均无处遁形，只能张开怀抱迎接这一新的传媒环境，在传播流程中扮演重要角色的主持人也逐渐在实践过程中全媒体化。

一、全媒体主持的概念

要想弄清全媒体主持这一概念，首先应重新检视全媒体这一概念。在全媒体的概念中，多样的传播技术、媒体融合的发展观念、多种媒体表现手段与媒介形态的特征，均依靠主持人这一传播个体。基于此，全媒体主持的概念可以定义为在全媒体环境中，依靠多种传播技术、多样化的媒体表现手段，在多种媒介终端进行信息内容人格化、个性化与对象化融合传播的个体。

在此概念中，人格化、个性化与对象化是节目主持人区别于一般网络空间传播个体的重要特征。其中人格化指的是全媒体主持并非无差别的信息传播者，而是拥有鲜明标签与自身特色的传播个体。个性化指的是全媒体主持在传播实践中能够根据具体场景特点的识别进行灵活多变的非程式化主持实践。对象化则是指全媒体主持不仅是为了传播而传播，更是有目的、有方向、有选择地对所服务的特定用户群体进行传播。

二、全媒体主持的表现

相较于传统媒体时代在大屏背后播报的节目主持人，全媒体主持在群体特征、主持话语与主持形态等方面均有所改变。

(一) 主持群体丰富

与传统媒体时代的电视、广播节目主持人相比,全媒体主持最大的特征是主持群体的丰富性。当前,我国针对传统媒体主持人的资质审核拥有一套较为成熟的机制,即广播电视行业的播音员主持人执业资格证书,全国所有的电台、电视台、节目制作机构的播音员主持人必须持有证书才能上岗。而获得此证书既需要获得普通话水平测试等级证书,又需通过"综合知识""广电新闻基础知识""播音主持业务"等多科目的测试,同时还需要在制作播出机构相应岗位工作满一年且单位同意聘用其从事播音主持工作。严格的限制条件也决定了主持群体的有限性。

尽管2019年全国网络节目主持人职业素养能力培训考试培训中心已经开始了关于网络节目主持人岗位合格证的培训试点工作,但网络节目主持人岗位合格证并不是直播行业的准入凭证。不论是传统媒体延伸至全媒体平台的专业主持人,还是视频网站衍生出的特色真人秀、达人秀等节目中的固定谈话者,或者是视频网站、电商平台的固定化直播者,均可纳入全媒体主持的群体之中。

(二) 主持话语灵活

主体的丰富性也使得主持话语灵活多样。如果说传统媒体时代的节目主持群体中拥有个别趣味性与综艺性强的存在个体,那么来到全媒体时代,趣味性与综艺性则成了其生存之根本。摆脱了大屏的束缚,直播态的全媒体主持话语内容与话语风格也随之延展。从话语内容看,全媒体主持不单单是节目的串联者和信息的传递者,其话语内容包罗万象,既有对基本事实的信息传递,也有对家长里短的话题探讨。

湖南卫视的"劳模"主持人何炅就在不同的节目中展示出不同的话语风格。在接替《快乐大本营》的《你好星期六》节目中,何炅是串联节目与参与游戏的核心成员,话语幽默风趣又不失节奏。在《向往的生活》中,何炅是细心体贴的家长,话语质朴而自然。在《明星大侦探》中,何炅是思维缜密的游戏玩家,话语逻辑清晰,重点突出。而在《生生不息》中,何炅是节目价值的引导者,话语情感厚重,寓意深刻,展示出主持人话语的可塑性。

(三) 主持形态多样

在全媒体环境中,主持人不仅以信息播报者与节目串联者的角色示人,而且更深度地参与到节目环节之中,完成各种游戏体验。在中央广播电视总台央视综合频道与央视创造传媒联合推出的文化类节目《典籍里的中国》中,作为节目主持人之一的撒贝宁扮演了当代读书人,通过戏剧化的方式串联当代与古代，也是一种全新的主持尝试。

不仅是主持的呈现方式，主持人的呈现形态也在视觉化与口语化表达中加入了技术性元素。如在《典籍里的中国》的当代与古代穿梭之中，主持人撒贝宁就游走于虚拟影像构造的3D场景之中；而在网端的节目中，主持人与技术的融合则更为紧密。

三、全媒体主持的基本特征

（一）可观赏性强

全媒体丰富的主持群体、灵活的主持话语与多样的主持形态使用户获得全新的观赏体验。从节目的演播室布景、灯光舞美，再到主持人个人的衣着与妆容，均构成了全媒体节目的整体形态，因而在节目的观看过程中，用户获得了较好的审美体验。

此外，互联网释放了用户的多样化需求，使得用户不满足于从主持人处获得单一的事实信息。基于需求的转变，全媒体主持也在节目方针的改变下转变了行动方式。观众不仅可以通过主持人的介绍性话语了解节目传递的核心信息，获得信息层面的价值增量，更可以在主持人或语重心长或逗趣的节目语言中实现审美性、知识性与价值性的三重获得感。

（二）可亲近性高

全媒体时代出现了多种主持身份与主持样态，其共同性特征是拥有较高的可亲近性。网络技术的发展使个体用户拥有了自主的信息获取权与话语表达权，这使得全媒体主持与用户之间的关系更为紧密，也在无形中削弱了节目主持人的存在价值，节目主持人亟需实现从宣教者到交流者的身份跨越。

康辉在《城市有意思》中对观看者的一系列发问和互动邀请就是展示亲近的典型方式。在Vlog[①]中，康辉不仅进行了城市历史、风貌以及美食的翔实介绍，更通过对观看者的一系列发问和互动邀请与用户展开隔空对话，提升了主持角色的可亲近性。

案例1－1：

《“轻轻提，慢慢移……”，吃小笼包的口诀你get了吗？》，《城市有意思》，2021年6月12日

---

① Vlog是一种以视频影像为载体，记录日常生活并抒发创作者情感的日记形式。

案例实录：

“轻轻提，慢慢移，先开窗，后喝汤……”这就是无锡小笼包最正宗的吃法。怎么样？有意思吧！这么有意思的美食，您知道无锡当地人管它叫什么吗？如果这个问题您有答案，欢迎到央视频“康辉说”《城市有意思》系列的评论区给出您的答案。

（三）可塑造性强

在传统电视节目之外，全媒体节目为主持人提供了更多的潜能开发空间。主持人马东原为中央电视台《挑战主持人》《文化访谈录》等节目的主持人，此外，还曾担任河南卫视王牌季播节目《汉字英雄》的主持人。正是这样一位专业功底过硬且文化素养高的主持人，在与视频平台爱奇艺合作后推出《一年一度喜剧大赛》《奇葩说》等主持新作。在上述节目中，马东幽默风趣，让观众看到了其主持风格的另一面。

擅长开发节目主持人潜能的湖南卫视同样如此。在主持人汪涵的《天天向上》节目在传统电视端播出的同时，湖南卫视也以汪涵为主持制作了特色鲜明的系列节目，包括乡村振兴互助体验类节目《云上的小店》、首档户外音乐慢音综《时光音乐会》。不同于《天天向上》中的诙谐幽默，在《云上的小店》与《时光音乐会》中的汪涵儒雅、亲切且睿智，给用户带来了耳目一新之感。

综合思考题

1. “节目主持人”的概念最早是由谁提出的？谁是世界历史上第一位节目主持人？
2. 全媒体传播有哪些基本特征？
3. 什么是全媒体主持？全媒体主持有哪些表现？

延伸阅读

1. 任远等：《电视节目主持人学初论》，中国广播电视出版社，1999 年。
2. 俞虹：《节目主持人通论》(修订版)，中国广播电视出版社，2004 年。
3. 李元授、廖声武：《节目主持人概论》，华中科技大学出版社，2005 年。
4. 吴郁：《当代广播电视播音主持》，复旦大学出版社，2005 年。
5. 陆锡初：《节目主持人概论》(修订本)，中国广播电视出版社，2006 年。
6. 郑珊珊：《融媒体时代主持人的发展策略研究》，中国传媒大学出版社，2021 年。

艺海拾贝

金牌主播:沃尔特·克朗凯特

沃尔特·克朗凯特是继爱德华·默罗(Edward Murrow)之后,20 世纪 60 年代起享誉国际的新闻主播。克朗凯特和 CBS《晚间新闻》给电视观众留下了不可磨灭的印象。克朗凯特主持《晚间新闻》栏目期间所参与报道的约翰·肯尼迪(John F. Kennedy)总统专题新闻报道和阿波罗登月、水门事件、总统大选等重大新闻,一跃成为美国媒体报道重大新闻事件的典范。

肯尼迪总统遇刺,这是全美哀痛的时刻。观众永远都会记得那个下午,1963 年 11 月 22 日,肯尼迪总统的车队停在得克萨斯州达拉斯市区。克朗凯特在纽约 CBS 新闻编辑室办公桌后摘下厚厚的黑边的眼镜,宣布:“来自得克萨斯州达拉斯市的报道,这显然是官方的新闻快报。肯尼迪总统于中部时间下午 1 点整逝世,东部标准时间为下午 2 点,大约在 38 分钟以前。”

阿波罗登月,这是振奋人心的时刻。1969 年 7 月,CBS《晚间新闻》和沃尔特·克朗凯特一起见证了尼尔·阿姆斯特朗(Neil Armstrong)第一个在月球上行走。一大群人聚集在黑白电视机前收看沃尔特·克朗凯特的新闻报道。克朗凯特激动地说:“Oh, boy! Whew! Boy!”(“哦,男孩!唷!男孩!”)

克朗凯特担任 CBS 黄金栏目《晚间新闻》的主持人,开创了晚间电视新闻节目的新标准。1962 年到 1981 年,CBS《晚间新闻》的播出时长从 15 分钟延长至 30 分钟。克朗凯特曾坦言,每一份广播稿件都经过他的手,“实事求是”是克朗凯特最主要的新闻播报风格。每一期新闻报道结束之际,他亲切的声音响起:“And that's the way it is.”(“事实就是这样。”)该栏目在同时段的美国电视收视率竞赛中大获成功,离不开克朗凯特在追求新闻事实和新闻真相方面付出的汗水与努力。

从一名战地新闻记者到《晚间新闻》的新闻主播,最后成为《晚间新闻》的新闻主编,克朗凯特不仅扩大了自身的影响力,甚至一度成为国家公信力的符号。官方资料显示,1973 年,在由奥利弗·奎利协会(the Oliver Quayle Organization)组织的民意调查中,克朗凯特被称为“美国最受信任的公众人物”——排在总统与副总统的前面。那个时代的电视新闻,展现的是一个主持人值得信任的品质。他虽然离开了电视屏幕,仍有数百万观众亲切地称呼他“Uncle Walter”(沃尔特叔叔)。这就是一个优秀的新闻节目主持人的魅力。

第二章

全媒体主持的源流

知识点框架图

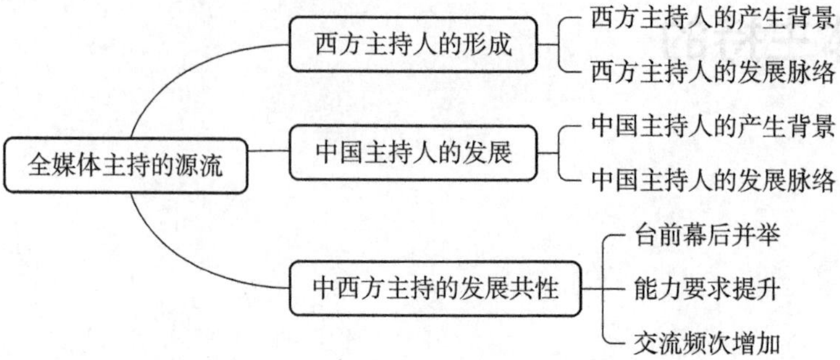

关键术语

爱德华·默罗　沃尔特·克朗凯特　徐曼　台前幕后并举

著名历史学家庞朴认为：我们想知道一个东西的性质和未来，有一个很重要的手段就是知道它的过去。知道它从哪儿来，我们就会知道它往哪儿去。要真正了解全媒体主持传播的基本特性，还必须从它产生的社会背景以及它产生、发展的历史源流说起。

第一节　西方主持人的形成

欲探寻全媒体主持的起源，我们首先需要了解东西方节目主持人的形成及其发展脉络。不同的时代、相异的社会背景，必然造就各具特色的主持人。本节重点介绍西方节目主持人的产生背景、发展脉络及其特点。

一、西方主持人的产生背景

(一) 人类传播活动的流变

正如传播学者罗杰·菲德勒(Roger Fidler)所说：“传播媒介的形态变化，通常是由于可感知的需要、竞争和政治压力，以及社会和技术革新的复杂相互作用引起的。”[①]节目主持人是社会发展到一定历史阶段的产物。探讨其产生的背景，就需要了解人类传播的发展轨迹。

沟通与交流，是人类与生俱来的精神需要。在文字尚未发明之前，人类的传播基本依靠的是面对面的口耳相传方式，口语传播成为真正意义上的人类传播活动的开端。人们通过口语传播，将语言和非语言符号运用其中，进而表情达意、建构世界，使得人类的文化在漫长的时空演进中得以延续。文字出现后，人类进入更高的文明发展阶段。文字克服了口语的转瞬即逝性，把信息长久保存下来，然而由于手抄传播效率低、规模小、成本高，极易造成传播的垄断，因此书本知识往往只掌握在少数人手里。

印刷术的发明，打破了少数人对知识的垄断。然而，随着历史的演进和文明的进步，人们的民主意识不断增强。他们不无遗憾地发现，在印刷媒介的传播过程中，他们更多的是被动的受传者，处于被媒介控制和灌输的地位，只能通过纸质媒介与传播者发生间接联系，这就自然而然地使得这种传播模式很难成为真正意义的双向交流活动。

因此，当电子媒介以其绝对优势更直接、更生动地对接收者的听觉、视觉产生强烈冲击力的时候，人们便再也无法继续机械地接受单向、缺乏交流感的传播形式，而试图寻找一种更民主、参与性更强的方式。“由于电子新闻采集设备的传播优势，使之很快在全美国、全世界推广普及，并进而与电脑、控制技术等相结合，使电视传播手段日臻完美，这就为节目主持人这一传播形式的诞生提供了物质保证。”[②]报纸“你写我读”和广播“你说我听”的呆板又缺乏人情味的方式，已无法满足人们休闲消遣时的情感需要。此时，作为大众传播人际化的产物，节目主持人伴着轻松的生活气息、浓郁的人情味出现在人们的视野中，满足了人们对直接的、平等的、面对面交流的渴望和幻想。传播者亲切平和的朋友式传播，代替了以往居高临下的传播方式，使受众在接受信息时更容易产生认同感。

节目主持人的传播形式，从表面上看好像是对人类最原始、最直接的口语传播方式的回归，但是在本质上则恰恰是人类自身对传播内在需求深化发展的体现。

(二) 信息急剧膨胀的冲击

进入 20 世纪后，科学技术突飞猛进，人类社会的信息量猛增，令人目不暇接。这些千变万化的信息向新闻媒介发出挑战，也对已有的传播模式产生极大的冲击。如何更快、更有效地采集、筛选和传播信息，成为传播工作者努力思考并竭力解决的问题。

---

① 罗杰・菲德勒.媒介形态变化：认识新媒介[M].明安香，译.北京：华夏出版社，2000：19.

② 徐德仁，施天权.时代的明星：漫谈电视节目主持人[M].上海：复旦大学出版社，1990：6.

在这样的背景下，丰富而完善的节目形式不断发展，节目主持人应运而生。主持人对信息进行个性化整合，将表面上看起来互不关联的信息，组合串联成一个整体，形成一定的信息组块，并对信息加以综合分析和评论，便于受众接受和记忆，增强受众应对冗杂信息的能力。如二战时期的信息爆炸，促使节目主持人爱德华·默罗首创《新闻联播》《这里是伦敦》等新闻报道。节目主持人对信息的解读，提高了信息传播的速度和质量，也拓宽了信息传播的广度和深度。

（三）媒介之间的激烈竞争

西方国家的传播媒介以商业性质为主导，媒介要生存，必须依靠广告收入。“在电台和电视台兴起之后的岁月中，传播界为争取广告收入和吸引读者、听众或观众而展开的竞争是激烈的。”①“电视节目频道属‘买方’市场，谁的节目好，观众就看谁的，这是铁的规律。所以，提高节目质量是在竞争中取胜的关键。”②要想有丰厚的广告收入，就必须有优秀的节目吸引受众，有受众广告商才肯投资。

正是由于这种激烈竞争的存在，各个电台和电视台均致力于提升自身节目质量，使之形式更新颖、内容更丰富。节目主持人以其独特的魅力，增强了媒介的竞争力。节目主持人以一种亲切随和且富有个性化的语气，实现与受众面对面的平等交流。尤其在启用一些富有新闻工作经验的记者担任主持人后，信息的质和量都有了很大的提升。此外，通过在屏幕上直接展现主持人的现场采访过程，还可以树立起节目主持人在受众心目中的威望，牢牢抓住观众的注意力，充分发挥媒体的感染力，也使传播活动更具活力。

二、西方主持人的发展脉络

从20世纪20年代至今，西方节目主持人经历了近一个世纪的发展，日趋成熟。其演进历史大致可分为三个时期：萌芽时期、兴起时期、兴盛时期。

（一）萌芽时期（20世纪20—40年代）

广播先于电视发展、兴盛，节目主持人首先在广播节目中出现。1928年，荷兰对外广播开办了第一个主持人形式的节目《快乐的电台》，这是世界上第一个在对外广播上开播的主持人形式的节目，主持人是艾迪·勒达兹（Eddie Le Daze）。这个节目“实际上是杂志式的节目，它的内容包

① 埃德温·埃默里，迈克尔·埃默里.美国新闻史[M].苏金琥，等，译.北京：新华出版社，1982：572.
② 于广华.中央电视台大事记（1955.2—1993.3）[M].北京：人民出版社，1993：7

罗万象，重点是介绍荷兰各方面的情况，比如，关于荷兰的旅游事业，由若干专题组成，中间用音乐连起来”①。节目从1928年开播持续到1969年艾迪·勒达兹退休，只有二战期间停播5年。艾迪·勒达兹把自己的一生都融入了这个节目，被后人公认为“历史上最为悠久的、最富有个人独特风格的国际广播节目主持人”②。他把充满生活气息的内容轻松愉快地传递给听众，受到了广泛的欢迎。因此不难看出，主持人自诞生伊始，就具有生活味、人情味，充满了丰富的感情色彩，内容方面也贴合生活实际，因此受到受众的普遍喜爱。

20世纪20年代末30年代初，美国广播中开始出现由电台新闻播音员、记者主持的节目，各家电台也不断发展自己的新闻采编队伍和新闻分析员，汉斯·冯·卡尔登邦（Hans von Kaltenborn）就是其中的一员。他从1921年开始播音生涯，1930年成为CBS评论员。在历时20天的慕尼黑危机期间，他一直待在第九演播室为CBS的欧洲记者做支撑，分析新闻报道、主持和评论节目。他把希特勒激烈的讲话翻译给美国听众听，并且预测政府会采取什么措施。3个星期中，卡尔登邦共评论85次，困了就在帆布床上打个盹，非常具有敬业精神。卡尔登邦的主持简洁明快、抑扬顿挫。后来，他作为美国全国广播公司（National Broadcasting Company, NBC）的首席评论员主持新闻节目20年。

爱德华·默罗是CBS最负盛名的节目主持人。1938年3月12日，他组织记者分别将从维也纳、伦敦、柏林、巴黎、罗马获得的战争信息向美国听众报道，这是历史上的第一次“新闻联播”。

当时正处于二战的疯狂时刻，1940年8月18日，爱德华·默罗在这场战争的关键时刻，和另一名记者合作，用他的智慧和勇气，创造性地进行了《这里是伦敦》的现场报道，向世界人民描述了二战期间欧洲战场的战况，开创了电子媒介传播史的又一奇迹。这些现场报道，使爱德华·默罗成为美国人心目中的传奇式英雄人物。他独创了美国战地现场报道、系列广播报道等口语广播形式，不仅在形式上发挥了广播的优势，更使广播成为公认的合法、严肃的新闻媒介，而非仅是消遣娱乐的工具。③

早期西方节目主持人大多由电台新闻广播员担任，相对固定，负责采访、编辑、节目编排等各种工作，没有严格分工；在做新闻报道的同时，还伴以简洁明快的分析评论，主持形式较为自由，受到受众的喜爱。

（二）兴起时期（20世纪50—60年代）

与广播节目主持人相比，电视节目主持人的发展可以说是后来居上。美国是电视节目主持

① 中国国际广播电台研究室. 英国荷兰对外广播概况[M]. 北京：中国国际广播电台研究室，1998：104.

② 古月. 国际广播节目形式的演变[J]. 新闻广播研究，1986(03).

③ 赵淑萍. 论爱德华·默罗的新闻记者素质[M]//蔡帼芬. 明星主持与名牌节目. 北京：北京广播学院出版社，2004：236.

人的诞生地。20 世纪 40 年代,爱德华·默罗主持了《现在请听》节目,这个节目对美国人产生了很大的影响,促使当时作为中立国的美国认识到二战的性质。当时的电视新闻大多是简短的动态消息,人们认为电视新闻不能报道重大事件。爱德华·默罗不仅改变了人们对于广播的看法,而且纠正了人们对于电视的评价。

1948 年底,爱德华·默罗从广播转向电视,把广播主持方式移植到电视中来。在主持《现在请看》节目时,他亲自带着团队深入现场,采拍重大事件,不断扩大节目的报道范围,受到观众赞赏。《现在请看》报道内容丰富、含义深刻,形式生动活泼而不流于肤浅。美国学者戴维·哈尔伯斯坦(David Halberstam)在《无冕之王》中赞誉《现在请看》节目"几乎是惊人地代表着电视中最美好的东西,即不断勇敢探索社会和政治问题的复杂领域"。

在做新闻节目的同时,1953 年,默罗开始了他著名的访谈节目《面对面》,这个节目使默罗能够坐在演播室里,同美国的种种人物探讨生活中较为轻松的各种事情。1959 年 6 月 26 日,《面对面》节目停办。7 年间,该节目一共邀请了 500 多位嘉宾,成为当时美国收视率最高的十大节目之一。

当时,美国三大广播公司的新闻竞争激烈,CBS 急需一位"在复杂的新闻节目中处于中心位置的权威人物"。① 编导唐·休伊特强调组织、串联总统竞选活动报道的人应该具有主持人(Anchor)那种最快的速度和最强的冲刺能力,不但能承上启下,而且在关键时刻能亲自上阵完成使命。休伊特选中了经验丰富、思维敏捷的老记者沃尔特·克朗凯特主持关于共和党和民主党全国代表大会的电视新闻报道。克朗凯特组织串联来自各方面的信息,进行综合报道、分析评述。出色而有特点的报道使他在电视新闻界崭露头角。

克朗凯特出生在美国密苏里州的圣约瑟夫城,21 岁就进入合众国际社工作。1937 年,克朗凯特进入美联社,供职 11 年,并于二战期间投入为期两年的出生入死的战地报道。1950 年,克朗凯特进入 CBS。1952 年,他主持了关于共和党和民主党的全国代表大会电视实况报道。对此,克朗凯特全身心地投入,做了充分的准备,不仅查阅了大量的卷宗,掌握相关的背景材料,还熟谙每个代表的经历和政治倾向。② 因此,在大会期间,克朗凯特总能把一般的消息综合成有价值的新闻。这次出色的报道,使他在电视界声名鹊起,并且"节目主持人"这个称谓正是由此诞生的。

1962 年,克朗凯特被任命为《晚间新闻》节目主持人。从那时起,克朗凯特一直是历届美国政党代表大会的新闻报道主持人,曾经报道过总统选举、越南战争、种族冲突、暗杀事件、水门事件,主持过几十次直播,并创下了在 CBS 工作连续 30 个小时的记录,成为美国新闻界最靠谱、最迅

① 马元和.美国著名电视新闻主播人沃尔特·克朗凯特[J].中国广播电视学刊,1988(03):73—79.
② 徐德仁.世界明星主持人[M].上海:复旦大学出版社,2005:63.

速、最受欢迎的主持人。美国中部时间 1963 年 11 月 22 日 12 点 30 分，美国第 35 任总统约翰·肯尼迪在得克萨斯州达拉斯遭到枪击身亡。在遇刺事件仅仅一个多小时之后，克朗凯特就在《世界在转移》节目中，以颤抖的声音报道了约翰·肯尼迪总统遇刺新闻。

沃尔特·克朗凯特以庄重稳健、沉着冷静而著称，他的现场评论精辟而又浅显易懂，主持风格亲切、可信，被誉为美国最受尊敬的人，并成为美国头号新闻节目主持人。他多次获得包括美国总统自由勋章在内的各种大奖，曾 5 次被公众选为“美国十大最有影响的决策人物”之一，被称为“国家的守护神”。在希腊，克朗凯特就是主持人的代名词。

首次在电视新闻节目中设置搭档主持人是 1956 年。是年，NBC 推出亨特利和布林克利二人担任《晚间新闻》节目主持人，报道民主、共和两党代表大会及总统选举活动。这二人有很高的业务素质，各有所长。亨特利从小擅长演讲，声音优美洪亮，语言表现力极强，才华出众；布林克利则拥有丰富的记者经历，冷静、准确而有吸引力。亨特利经常为报道图像配解说词、做报道，人们对他的评价是：“他绝对镇静，能把你写出的东西播出最高水平。”布林克利精通广播稿的写作技巧，他的新闻稿写得简单明快、清晰质朴，具有独特的播报风格，成为不少主持人模仿的对象。他们配合默契，主持的新闻节目敢于突破固有模式，在节目中随时巧妙地插入现场报道、人物专访、突发事件的材料等，使电视新闻节目形式多变，让观众有耳目一新的感觉。

在搭档的 12 年中，《晚间新闻》吸引了全国 51% 的电视观众，收视率一直雄踞三大广播公司新闻节目之首。《美国电视明星》一书中称：“在整个 60 年代的前半期，他们始终把他们的晚间新闻方面的对手抛在后面。”亨特利和布林克利以风格上的成功开创了伙伴型主持人节目的先河，并成为合作型主持人的楷模，被称为黄金搭档主持人。后来，许多广播公司纷纷尝试这种搭档主持人的节目形式。这一阶段，西方节目主持人呈现如下两大特点：第一，电视节目主持人逐渐兴起，并获得较大成功，影响力超过广播，电视节目主持人逐渐替代广播节目主持人；第二，搭档主持人逐渐发展成熟，为之后明星主持人的出现奠定了基础。

(三) 兴盛时期(20 世纪 70 年代至今)

20 世纪 70 年代起，美国的电视节目主持人进入了兴盛时期。这一时期节目主持人呈上升的发展趋势，好似群星灿烂，有人称之为“大好时光”。20 世纪 80 年代初，电视以其独有的优势，居于新闻媒介之首，成为人们获取新闻的主要渠道。1985 年，美国全国独立调查公司“罗珀调查组织”的调查结果表明，在美国，以电视作为新闻来源的人数占 64%。这说明作为电视新闻象征的主持人的主导作用和社会影响明显扩大，社会地位显著提高，甚至达到空前高度。这种兴盛主要体现在出现了一批家喻户晓、深入人心的明星主持人和与他们相互依存的知名栏目。

1. 丹·拉瑟

丹·拉瑟是电视时代成长起来并且成名的记者，也是明星制主持人的典型代表和最大受益者。拉瑟的经历体现了美国传统新闻价值和新闻准则在电视时代强大商业压力下的变迁和异化。

1931 年 10 月 31 日，丹·拉瑟生于美国得克萨斯州的沃顿。1951 年，他开始投身新闻报道工作，当时，他是美联社驻得克萨斯州记者。拉瑟一开始便显露了令人不可思议的采访天赋，总能挖出新闻内幕。后来，他加入合众国际社，作为一名电台记者，被派驻休斯敦。1959 年，拉瑟出任 CBS 休斯敦分社的新闻主管，从此，他的新闻报道事业开始蒸蒸日上。在 1962 年加入 CBS 的新闻社后，拉瑟表现出良好的职业素质，各种荣誉接踵而至。从一开始，公司便指派他报道一些重大新闻事件。对肯尼迪遇刺、1968 年民主党全国大会以及越南战争等重大事件进行报道时，拉瑟表现得沉着冷静，直面挑战。

1981 年，拉瑟继任克朗凯特《晚间新闻》主持人的位置。他注重电视新闻画面的视觉冲击力。担任《晚间新闻》主持人后，拉瑟提出新闻报道中的“瞬间”原则（当观众看到新闻，不仅能感觉到它，仿佛还能嗅到它）和新闻选择中的“后院篱笆原则”（人们总会关注最贴近生活的事情），充分显示出美国电视新闻价值的取向。

2. 汤姆·布罗考

汤姆·布罗考是美国家喻户晓的新闻节目主持人。他的新闻生涯始于 1962 年奥马哈市一家媒体，当时，他出色地完成了对当地议会的选举报道。1973 年，布罗考被 NBC 相中，成为驻白宫记者。1976 年，他开始主持 NBC 的新闻节目《今日》。布罗考视角独特，见解深刻，干净利索，语言朴实而优美，并擅长即席发挥，深受观众的喜爱。他报道了美国水门事件和其他一些重大事件，是美国电视新闻界的“后起之秀”。他既做新闻主持人，又做 NBC 的首席记者、节目编辑部主任，对整个电视网的新闻采集、编排、报道、播音拥有很大的权力。过去这种权力都掌握在总编导的手里。他博览群书，还有句口头禅：“不读书，睡不着觉！”他口才出众、沉着冷静、作风顽强，因此能在强手如云的 NBC 众记者中脱颖而出。

20 世纪 90 年代初，布罗考迈出了新闻生涯的关键一步。当时，NBC《晚间新闻》节目在与其他电视网的竞争中下滑到末位。栏目组决定由布罗考出任主播，对《晚间新闻》做出全新的、富有创意的调整：每晚的新闻以一个重要的“新闻”开头，继而转换为趣味性较强的新闻，并在趣味性的同时增加专题报道，使节目的深度得到升华。果然，NBC 的收视率重新跃居前列，布罗考“金牌主持”的地位也得以奠定。①

① 徐德仁. 世界明星主持人[M]. 上海：复旦大学出版社. 2005：63.

与丹·拉瑟的口若悬河相比，布罗考的语调显得更加亲切，心态也较为平和。在2004年12月1日最后一次主持《晚间新闻》时，他对观众说："我们经历了很多，有黑暗的日子，也有快乐的日子。但无论得到什么样的新闻，我的目的只有一个：要报道准确。"

3. 彼得·詹宁斯

彼得·詹宁斯与丹·拉瑟和汤姆·布罗考并称为美国80年代"三大新闻明星"，这"三大金牌男主播"构成了节目主持人兴盛时期三足鼎立的局面。

詹宁斯出生于加拿大，只有中学学历，但他10岁就创办了自己的广播节目——《彼得的节目》。该节目由加拿大广播公司（Canadian Broadcasting Corporation, CBC）定期广播。他父亲是CBC的一位节目主持人，后晋升为经理。詹宁斯于20世纪60年代初进入CBC主持《让我们正视》等节目。1963年11月22日美国总统肯尼迪遇刺，詹宁斯是第一位奔赴现场的加拿大记者。60年代到70年代，詹宁斯担任多档节目的主播，如《晚间15分钟》《今晚世界新闻》等，中间有一段时间被调到罗马任驻外记者，1975年又重回主持岗位。1983年，詹宁斯登上了美国广播公司（American Broadcasting Company, ABC）《晚间新闻》主播的宝座。多年来，詹宁斯已经成为报道国际事务的专家，也是美国家喻户晓的节目主持人。他被《华盛顿新闻月刊》推选为1986年美国新闻节目"十佳"主持人，与丹·拉瑟一并成为最佳电视节目主持人。

4. 迈克·华莱士

迈克·华莱士是继克朗凯特之后最权威的主持人之一。他出生于1918年5月，毕业于密歇根大学，之后便投身新闻工作。1963年加盟CBS之前曾在多家报社和电台、电视台担任记者和主持人。1956年他在纽约WABD电视台主持深夜电视访谈节目《夜间快讯》时凭借手头厚厚的调研材料和不留情面的近景镜头，逐渐形成了其特有的"侦探式"风格。1957年起他在ABC主持了4年之久的《迈克·华莱士访谈节目》，使这种侦探风格逐渐风靡整个美国。

1968年，在他50岁的这一年，王牌新闻栏目《60分钟》开播，华莱士是创始人之一，也是首席主持人。直至2006年，他任《60分钟》主持人达38年。华莱士还采访过多位国家领导人。他每次都精心准备，采访时语言犀利、问题尖锐、注重深度、穷追猛打，而且涉及商业、战争等多个领域，采访主题也颇有深度，总能紧紧抓住观众的心理诉求。有评论认为，他把新闻采访提高到了一种艺术境界，开创了美国电视硬派新闻的采访风格。

华莱士的"伏击式"采访为电视新闻界和观众所欣赏，他的采访作风影响了一代电视记者。丹·拉瑟说："华莱士是天生的记者，而我与他相比，则是微不足道。我曾经仔细研究过迈克·华莱士的采访风格：他提问的方式，措辞的特征；他的语气、手势、表情以及迅速跳过一个问题而自然地提出一个新问题的本领，像推选作家一样。我在这类记者中首推迈克·华莱士作为榜样加以学习。"

《60 分钟》创办人、美国著名电视制片人唐·休伊特曾经说:"我们这里的一切好事之所以会发生,原因就是从一开始我们这儿就有个迈克……迈克·华莱士对《60 分钟》节目的贡献简直无法描述,因为迈克本人就是《60 分钟》!"迈克·华莱士出色的工作为他赢得了多项荣誉,如艾美奖和皮博迪奖①等。1990 年,CBS 电视台还特意拍摄了专题片《迈克·华莱士:过去与现在》。

5. 凯蒂·库里克

凯蒂·库里克是第一位电视网晚间新闻独立女主播。在 NBC 早间新闻节目《今天》中,库里克担任主播达 15 年之久,对于《今天》成为同时段收视率最高的节目功不可没。②

库里克拥有广泛的观众群体,尤其是女性观众。她有较多的新闻从业经验,在节目《今天》中对重大新闻事件进行了采访报道。2006 年 9 月 5 日,凯蒂·库里克首次走进《晚间新闻》的演播大厅。伴随沃尔特·克朗凯特的配音"这里是 CBS 凯蒂·库里克晚间新闻",库里克开始了她的主持。与其他一些冷峻而严肃的新闻主播不同,库里克留给观众的印象更多的是亲切自然、生机勃勃、清新明快、感情丰富,并注重与现场观众的互动交流。这些独有的风格虽使她独树一帜,但观众似乎并不买账,很快《晚间新闻》的收视率便直线下滑,出现低谷。

一年之后,库里克赴伊拉克战争现场采访,进行了大量的现场报道,还采访到了布什总统。但节目的收视率仍未见起色,观众对库里克的指责四起,甚至对其发型、妆容都颇有微词。由此可见,稳重、冷静的传统新闻主播形象依然深受观众的喜爱,极难撼动。

6. 奥普拉·温弗瑞

奥普拉·温弗瑞是美国著名的电视脱口秀节目主持人。作为一位黑人女性,她所主持的节目给人们留下了深刻的印象。《奥普拉·温弗瑞秀》曾经长期占据着美国脱口秀节目的头把交椅,连续 18 年排在美国同类节目的首位,并且在海外 110 多个国家播出,是目前为止美国电视史上收视率最高的脱口秀节目。奥普拉所主持的王牌脱口秀节目《奥普拉·温弗瑞秀》和《奥普拉秀之后》都属于生活类电视谈话节目,节目总时长一般为 60 分钟,由演播室的现场访谈和预先摄制的背景短片组成,通常前者占 2/3,后者占 1/3。谈话节目一般而言讨论公共话题,或个人化的敏感话题,带有很大程度的猎奇成分。奥普拉的节目也有很多吸引公众注意力的话题,但不同的是,她从不以哗众取宠的题材和方式吸引观众,而是注重挖掘真情,真正做到以情感人、以情动人。奥普拉脱口秀的成功之处有很多,比如她高明的谈话技巧和现场控制能力,适当的背景音乐和节奏感,等等,但最重要的一点是在节目中时时处处贯穿一个"情"字,这堪称是她赢得受众的法宝。③

---

① 始颁发于 1941 年,以严肃著称的美国广播电视文化成就奖,是全球广播电视媒体界历史最悠久、最具权威的奖项。

② 陆生. 走进美国电视[M]. 上海:复旦大学出版社. 2007:139.

③ 李瑛. 奥普拉·温弗瑞的传奇人生与主持风格[J]. 新闻爱好者,2005(10):13—14.

奥普拉领悟了人际传播中信息的特点——表达信息的意义是更为丰富和复杂的。因此，在与嘉宾和现场观众面对面的交流中，她运用多种渠道和手段，形成特殊的传播情境。她往往不掩饰自己的真实感情，通过丰富的面部表情对交谈对象的表述做出反应。乔治敦大学传播学教授德博拉·坦纳(Deborah Tanner)曾比较过唐纳休和奥普拉的交谈方式的差异，他说唐纳休的节目主要是"报道式谈话"，而奥普拉很自然地采用了"融洽式谈话"。这种谈话关键是主持人以切身体会来拉近与观众的距离。[①] 此外，奥普拉还非常善于调动现场观众参与讨论的积极性，总是通过巧妙的提问引出嘉宾和观众的个性化回答。这些都是《奥普拉·温弗瑞秀》成为美国日间电视谈话节目中常青树的原因。[②]

7. 艾伦·狄金斯

艾伦·狄金斯创办了属于自己的脱口秀《艾伦秀》。与其他的脱口秀节目不同，《艾伦秀》是以艾伦·狄金斯的喜剧独白拉开序幕的。她进入观众群中，观众随她一起鼓掌、摇摆、舞蹈，甚至连七八十岁的老太太都跟着艾伦的脚步而兴奋舞动，全场气氛十分高涨。这一序幕成为《艾伦秀》成功的关键。

《艾伦秀》使观众明白：不是只有明星才能成为节目的主角。艾伦在节目中发起了寻找"小城市里的大心灵，大城市里的小奇迹"的活动，鼓励普通市民将身边趣事的照片、录像、物品等寄到栏目组，在节目中选择播出。[③]

对一档谈话节目来说，出色的策划、主持人的个人魅力、节目的营销能力等，对于节目获得成功都是不可缺少的因素。美国很多谈话节目都难以存活一季以上，而《艾伦秀》却连续获得"最佳脱口秀""日间时段艾美奖""黄金时段艾美奖"等奖项。"日间时段艾美奖"是奖励白天时段收视率较好的电视节目，"黄金时段艾美奖"是奖励晚间黄金时段的节目。《艾伦秀》的成功，观众和同行都有目共睹。

在节目中，艾伦亲和而随性，善于发掘嘉宾和观众的优点，在每个细节之处都尽量避免伤害别人。她的主持风格与《艾伦秀》轻松而舒适的节目特色相得益彰。艾伦通过活泼多样的节目形态，将自己作为喜剧演员的才华发挥得淋漓尽致，并在节目中尽可能地展示世界美好的一面，让观众享受到快乐。

在这一发展阶段，节目主持人呈现出如下特点：(1)电视新闻节目主持人，尤其是晚间新闻节目主持人的权力和收入迅速上升，地位空前提高，影响力迅速增强。(2)谈话节目主持人出现。奥普拉·温弗瑞、艾伦·狄金斯等节目主持人为电视节目注入新的活力，她们善于与嘉宾和观众

① 珍妮特·洛尔. 奥普拉·温弗瑞如是说[M]. 林达，译. 海口：海南出版社，2000：35.
② 李烨辉.《奥普拉·温弗瑞秀》的传播学思考[J]. 现代传播(中国传媒大学学报)，2006(02)：57—58.
③ 陆生. 走进美国电视[M]. 上海：复旦大学出版社，2007：178.

互动,使受众在观看节目过程中获得视觉的快乐与心灵的满足,并展示出自己作为节目主持人的独特魅力。(3)对主持人的素质要求提高。主持人的入选条件相当严格。美国三大电视网经过20多年的探索和实践,一致认为一般播音员是无法胜任主持人这项工作的,必须由名记者来担任,尤其是晚间节目主持人的人选必须由名记者中产生。这是因为主持人常常要在播音室或到现场进行各种采访活动,需要掌握采访技巧,善于提问,善于把握时间,反应灵敏,并且要有独立分析和解决问题的能力。主持人还要有较强的编写稿件、编排和组织串联节目的能力。加之主持人地位的提高,权力和责任的加大,从20世纪70年代起,美国三大电视网改变了以前从播音员中挑选主持人的做法,转为一律从记者队伍中挑选各档节目主持人。(4)在竞争中出现了一批新闻节目明星主持人。明星主持人的出现,使得新闻节目的收视率明显增长,电视新闻的影响力也逐渐扩大。

第二节　中国主持人的发展

在中国,主持人是一种舶来品,与西方相比,它迟到了几十年。美国的主持人节目在20世纪70年代已经达到鼎盛,而我国直到80年代才开始尝试实施主持人节目。节目主持人在中国的产生与发展,是特定政治、经济、文化、技术发展到一定阶段的产物。

一、中国主持人的产生背景

(一) 传播观念的转变

广播电视与政治密切相关。美国的政治学家阿尔蒙德与鲍威尔(Gabriel A. Almond & G. Bingham Powell Jr.)曾坦言:“政治体系不仅包括政府机构,如立法机关、法院和行政部门,而且包括所有结构中与政治有关的方面……还有诸如……大众传播工具之类的非政府性组织等。”[①]中国早期的广播电视传播强调“以阶级斗争为纲”,在这种理念上建立起来的广播电视业实践必然强调以传播者为中心,传媒只是作为阶级斗争的舆论阵地而存在。

1940年,中央人民广播电台的前身——延安新华广播电台开始播音,而电视是中华人民共和

① 加布里埃尔·A·阿尔蒙德,小G·宾厄姆·鲍威尔. 比较政治学——体系过程和政策[M]. 曹沛霖,等,译. 上海:上海译文出版社,1987:5.

国成立后才发展起来的新型传媒。1958 年 5 月 1 日，我国第一座电视台——北京电视台（今中央电视台）开始试播，9 月 2 日正式播出。试播前的 4 月 29 日，中央广播事业局党组在给中央宣传部、国务院并转党中央的报告中写道："北京电视台应根据自己的工作特点，担负起宣传政治、传播知识和充实群众文化生活的任务。"①因此，我国初期的电视节目都是在这一方针的指导下进行制作的。在相当长的一段时间里，广播电视新闻以重大的党事国务为主要内容，即使是文艺节目的选材，也侧重革命传统和阶级斗争教育。由于强调其政治宣传和鼓动功能，缺乏与受众的基本交流，广播电视成了单纯的传声筒，播音员也只是进行没有个性的传播活动。

直到党的十一届三中全会之后，20 世纪 80 年代我国广播电视事业才迎来了它的春天。全面走向市场经济的中国社会、宽松开放的政治氛围，使得新闻事业的生存环境和价值取向都发生了极大的变化。人们逐渐认识到：广播电视不仅具有政治属性，还具有经济和文化属性；不仅具有喉舌功能，还具有信息传播、教育、文化娱乐、社会公共服务等多种功能。因此，充分发挥广播和电视媒介的特点和优势，努力从内容和形式上"贴近现实、贴近生活、贴近受众"，便成为新闻传播的指导思想。具有现代传播观念的大众传播媒介，一方面坚持为特定的政治和经济体制服务，另一方面特别注重满足受众的各种需求，同时"更加注重传播中'人'的色彩，更加注重满足自己作为'人'的传播者"②的形象。

1983 年 3 月，第十一次全国广播电视工作会议召开。在会议报告中，时任广播电视部部长吴冷西充分肯定了主持人节目的方式，指出广播电视宣传适合用谈心和对话的形式，采用节目主持人方式比念稿子的做法好。在广播电视节目中，主持人可以通过有声语言与眼神、表情、姿态、服饰、化妆等与嘉宾、受众进行交流，或在屏幕上交谈，或进行现场采访，并把整个过程呈现在观众眼前，带给受众亲切的直观感受，从而增强其临场感和参与感，增进节目的吸引力和受众对节目的信任感。

（二）受众心理需求的出现

广播电视节目作为一种特殊的商品，其节目形态必须满足受众的心理需求。中国的电视节目主持人之所以出现，除了改革开放为其提供了较为宽松的成长环境，另一个不可忽视的原因就是受众的个性需求为其提供了广阔的空间。

在市场经济环境下成长的受众拥有了多种多样的传播需求，人们开始崇尚事实、崇尚独立思考、崇尚严密的分析论证，这使得节目主持人的个性化发展成为可能。

① 于广华. 中央电视台大事记（1955. 2. —1993. 3. ）[M]. 北京：人民出版社，1993：4.
② 黄旦. 80 年代以来我国大众传媒的基本走向[J]. 杭州大学学报（哲学社会科学版），1995(03)：121—124，130.

(三) 经济基础和物质条件的具备

一个国家经济实力的强弱，很大程度上决定了其文化事业的发展状况，也影响着节目主持人事业的发展。在很长一段时间里，我国与西方国家在电子工业、高科技方面的前进步伐，有着相当大的差距。在西方，随着经济建设的不断发展，早在 20 世纪三四十年代，收音机已在各国逐渐普及，到了 50 年代，电视机也得以普及。而我国的情况却不够乐观。以 1937 年 6 月的统计数字为例：全国收音机的总数，包括已经沦陷的东北三省在内，只有 20 万台左右。[①] 1958 年我国电视事业初创时期，全国只有北京、上海两个电视台定期播放节目，电视接收机的数量屈指可数。六七十年代虽有所发展，但电视机仍仅仅作为一种高档消费品出现，只有企事业单位和极少数家庭拥有。[②]

我国的电台、电视台的建设和发展落后于西方发达国家，节目主持人的产生与发展相应受到了阻滞。改革开放以来，我国的经济日益繁荣，广播电视事业得到了极大发展。2022 年全国广播节目制作时间 787.65 万小时，播出时间 1 602.15 万小时。电视节目制作时间 285.21 万小时，播出时间 2 003.64 万小时。全国广播电视节目制作与播出时间虽稍有回落，但仍保持高位。截至 2022 年底，全国广播节目综合人口覆盖率 99.65%，电视节目综合人口覆盖率 99.75%，分别比 2021 年提高了 0.17 和 0.09 个百分点。[③] 广播电视事业的迅速发展，为中国节目主持人的发展带来了前所未有的机遇。电子高新技术在广播电视节目制作中得到应用，节目主持人凭借卫星传输、数字技术等高科技手段使受众直接、同步地参与到节目中来，现场直播、热线电话、短信互动、网络留言等形式让受众与主持人能够进行双向或多向交流。所有这些都为节目主持人的发展和兴盛提供了物质和技术的保证。

二、中国主持人的发展脉络

与国外相比，我国节目主持人历史较短，直到 20 世纪 80 年代才应运而生。在此之前，为了顺应广播电视媒介自身的需求以及我国广播电视事业的发展，一些广播电视工作者开始对节目播出形式进行了有益的探索。其中，五六十年代张之“说球”和孙敬修给儿童讲故事等形式最具主持人节目特色；60 年代初期沈力在一些服务类节目中开始进行无稿件播音，尝试与观众进行“一

---

① 中国文化建设协会. 十年来的中国[M]. 上海：商务印书馆，1937：736.

② 俞虹. 节目主持人通论(修订版)[M]. 北京：中国广播电视出版社，2004：37.

③ 国家广播电视总局. 2022 年全国广播电视行业统计公报[EB/OL]. (2023-04-27)[2023-04-30]. http://www.nrta.gov.cn/art/2023/4/27/art_113_64140.html.

对一”的交流。这些形式初步具备了主持人节目的基本形态。从20世纪80年代至今，中国节目主持人经历了40余年的发展，日趋成熟。其演进历史大致可分为四个时期：萌芽阶段、成长阶段、飞跃阶段、繁荣阶段。

（一）萌芽阶段（20世纪80年代初）：节目主持人的基本形态已具雏形

1981年元旦，中央人民广播电台从对台湾宣传实际情况出发，创办了我国第一个主持人形式的广播节目《空中之友》，由徐曼主持，节目宗旨是为台湾同胞解疑、解惑、解虑、解难。徐曼一改传统的高调门播音腔调，用平实的语调、谈话的方式为台湾同胞服务，其中的“寻亲访友”小板块帮助很多台湾同胞找到了亲人。徐曼“甜、软、轻、美”的主持风格赢得了听众的喜爱。在中国广播史上，徐曼成为第一个正式以主持人名义出现的节目主持人，《空中之友》也成为第一个广播主持人节目。

而我国正式打出“主持人”字幕的电视节目，则是中央电视台1980年7月12日开播的《观察与思考》。播音员出身的庞啸率先出镜，节目《北京居民为什么吃菜难》播出后更是引起了强烈反响，节目组收到了许多观众来信，一些观众甚至寄来了钱，希望能够帮助解决问题。

1981年4月，广东人民广播电台由李一萍、李东主持的《大众信箱》节目开播，这是我国第二个广播主持人节目。“二李”是继徐曼后出现的两位节目主持人。他们用口头语播讲，以“一对一”的方式和听众谈心，受到听众的普遍欢迎，节目收听率明显提高。节目播出不到一个月，就收到2000多封听众来信。截至1983年《大众信箱》节目停办时收到的听众来信已有13万多封，平均每月收到来信超过2000封。因此，我国节目主持人的萌芽阶段，从某种意义上讲，也可称为“徐李阶段”。其原因有两个：一是徐曼、李一萍、李东成为我国节目主持人的开拓者，他们率先主持节目，其主持手段、播讲方式以及节目的选题、编排技巧等影响了全国广播界；二是在那几年全国优秀广播节目评选中，主持人节目的夺魁者总是徐、李。“徐李模式”在全国广播界中也有较大的影响。

1981年7月至11月，中央电视台推出了由赵忠祥主持的《北京中学生智力竞赛》节目，每周一场，共13场。赵忠祥在节目中使用“节目主持人”一词，知识竞赛的问题和答案由主持人来宣布和评判，同时主持人还要对现场的节奏、气氛进行控制、调节，让节目既严肃又充满趣味。自此，智力竞赛节目掀起播放热潮。

1981年12月5日，四川人民广播电台将《农村信箱》改为主持人节目，由播音员李民主持。1982年5月1日，海峡之声电台播出由王薇、小潺主持的《青年之友》节目。同年12月，主持人形式的节目在海峡之声电台全面推行。随后，江苏、浙江、黑龙江、上海、北京以及吉林、太原等电视台也相继开办了主持人节目。主持人迅速崛起，吸引了广大受众。

1983年元旦，中央电视台改版后的《为您服务》（曾在1979年开办，初期很受欢迎，但后来出于报道面窄、形式呆板、播出时间不固定等原因停播)推出了我国第一位真正意义上的主持人沈力。沈力充满亲和力、真诚而平等的主持风格让人耳目一新。这时的《为您服务》节目调整了内容,扩大了服务范围,固定了播出的时间,并设立了专职节目主持人。从此,沈力成为中央电视台第一位固定节目主持人,《为您服务》节目也迅速成长为国内的品牌节目。一年后,该节目收到观众来信4万多封,观众纷纷对主持人沈力的出色表现表示赞扬,称其"将中国妇女文明、礼貌、感情丰实、端庄的气质体现得淋漓尽致",可谓是"温文尔雅,亲切平易,热情周到,为人民服务的老大姐"。1983年,在全国优秀栏目评选中,沈力被评为"优秀主持人"。《为您服务》节目的成功,其意义远远超过本身,对促进我国电视节目主持人的发展产生了积极而深远的影响。

如果说《为您服务》等节目是主持一个专栏的成功,那么《话说长江》和《话说运河》则是系列专栏的突破,是节目主持人在电视专题中的一次创新。1983年8月7日至12月26日,中央电视台播出了25回、长达500分钟的大型专题片《话说长江》,其中设置了两位主持人,即陈铎、虹云,他们在演播室里直接与观众交流,探索了专题片主持的新形式。《话说长江》系统地介绍了万里长江的山水风光、名胜古迹、历史文化、风土人情和巨大变化,被人们称为"激动人心的爱国画卷";大胆地舍弃了长期沿用的只有讲解员画外音的做法,首次让主持人从画外音中走向电视屏幕。如果说《话说长江》仅是初次尝试采用主持人的成功,那么两年半之后,1986年播出的长达35回的《话说运河》,无论是主持方式、手段,还是主持的整体水平,都有明显的突破。主持人陈铎、虹云从演播室走向运河,时而泛舟运河中,描述两岸秀丽风光;时而漫步岸边,报道古今变迁;时而涉足江南古镇,了解风土人情。在主持整个节目过程中,主持人与观众亲切交谈,回答问题,增强了观众的参与感。总之,两位节目主持人在《话说运河》中的出色串联和演播,使电视节目的艺术形式和思想内容珠联璧合,情趣盎然,亿万观众为之倾倒。

1984年,全国第一档现象级少儿节目《七巧板》开播,在经历了1984年6月1日的改版后,"鞠萍姐姐"开始出现在荧屏之上。在节目中,鞠萍突破了传统的单人说教式儿童节目形态,将节目的受众——广大儿童带入演播室,在节目录制过程中教孩子们唱歌、跳舞、做手工,带着孩子们做游戏。此种轻松愉悦的互动氛围不仅让参与节目的儿童获得快乐,也能让观看节目的千千万万儿童感受到真切的参与感,"鞠萍姐姐"也因此成为许多"70后""80后"儿童的偶像。

这一时期,节目主持人和主持人节目都刚刚起步,主持人的素质和主持人节目还处于初级水准。在当时,主持人节目讲究的是播音方式、语气的改变,要求从"高调门、强语气"的传统播音向亲切自然、平易柔和的风格过渡;节目主持人则开始提倡个人风格,以交流感、对象感强的方式服务受众。[①] 主持人以个人身份与受众对话,提高了人格化的程度,但个性化传播仍不太明显。

① 原默. 世纪之交节目主持人的新层面[J]. 电视研究,2001(03):35—37.

(二) 成长阶段(1986—1992 年):节目主持人开始向多种多样的风格发展

1986 年 12 月 15 日,我国第一家经济广播电台——珠江经济广播电台成立,率先在全国广播界实行大规模改革。“珠江模式”的核心正是主持人中心制,它的诞生标志着我国广播工作者开始走自己的路,并按照广播自身的特点和规律办广播。珠江经济广播电台首创“大板块”节目构架,将全天节目划分为七大板块,每个板块的内容由新闻、专题、文艺、天气预报等组成,并从早到晚大时段、大板块直播,这些板块全部采用主持人形式,主持人集“采、编、播、控”于一身,采用“提纲加材料”的直播方式,引入“听众热线电话参与”等互动方式,使这次改革大获成功,收到很好的经济效益和社会效益。“节目主持人”作为一个新的独立工种,逐渐被广播电视界乃至全社会承认。1987 年,珠江经济广播电台共收到听众来信 100 多万封,接到听众电话 7 万多个,其中有 3 000 个是直接与主持人交流的,已在《热线电话》中播出。① 该台开播后,多次开展户外广播,全年直接参与活动的听众达 30 多万人。

1987 年元旦,中央人民广播电台同时开办了四档主持人节目——《全国半小时》《今晚八点半》《对农村广播》《青年之友》,这几档节目热播,受到观众的广泛喜爱,也引发了较大反响。

继之前《为您服务》节目的成功,上海电视台推出了少儿节目主持人陈燕华,人们亲切地称她为“燕子姐姐”。几年中,她先后主持了《娃娃乐》《燕子信箱》《快乐一刻》等少儿节目,深受孩子们的欢迎。随着时间的流逝和生活环境的变化,陈燕华已经从单纯、甜美的少儿节目主持人转变为成熟、机敏的专栏节目主持人,塑造了良好的形象。

1987 年 6 月,上海电视台推出了全国第一档社会多视角的杂志型电视新闻专栏节目——《新闻透视》,电视新闻节目主持人李培红在此亮相。节目按照新闻性、知识性和服务性的要求,及时捕捉、剖析观众关注的重大新闻和社会问题,反映观众的意见和呼声,成为观众心目中的“社会瞭望者”。李培红突破了单纯的播音工作,直接参与选题,包括现场采访、拍摄和节目制作,向采、编、播结合的方向发展。

1988 年,中央电视台开创了主持人大赛的先河,举办第一届“如意杯”主持人大赛,这标志着国内电视节目主持人的选拔、培养开始走上规范化的轨道。大赛的评选活动包括北京地区业余节目主持人选拔赛和全国专业主持人评选两项,最后评选出 10 名“观众最喜爱的节目主持人”。鞠萍、高丽萍、任志宏、张泽群、晨光等主持人均是通过主持人大赛脱颖而出的。这些主持人以其较高的专业素养,赢得了较大的市场。这一时期对主持人的选拔和培养大致从三个方面进行:一

① 中国新闻学会联合会,中国社会科学院新闻研究所. 中国新闻年鉴 1988[M]. 北京:中国社会科学出版社,1988:6,74—75.

是政治素质，具有大局意识和敬业精神；二是职业素质，具有较强的口语和文字表达能力；三是形象素质，具有端庄大方的形象气质。节目主持人步入了一个更为活跃、更能施展才华的时期。第一届主持人大赛结束后，国内50位著名的电视节目主持人和学者举行了研讨会。他们从不同的角度对近年来我国电视节目主持人的状况、发展趋势和电视节目主持人的素质、个性与多样化以及电视节目主持人是否需要“表演”、节目主持人与一般的播音员的异同等问题，进行了广泛的探讨。会后，《话说电视节目主持人》一书出版，这是我国第一部有关电视节目主持人实践与理论探讨的书籍。

1989年初，中央电视台播出了120分钟的《九州方圆》板块节目，这个节目囊括了当时专题部6个栏目的全部内容，开始时效果不错，据统计，收视率与《动物世界》平分秋色，并列第一。但是一年后，《九州方圆》终因节目时间过长、内容过杂以及各栏目内容缺乏联系等弊病而提前告别观众。

进入20世纪90年代，中央电视台相继推出了《综艺大观》《正大综艺》等不同风格的栏目，一批优秀的电视节目主持人如倪萍、杨澜、赵忠祥、姜昆、王刚等脱颖而出，随节目而家喻户晓。倪萍真诚、质朴、热情的主持风格与王刚圆熟、老到、松弛的主持风格，都深得观众喜爱；具有大叔气质与大家风范的赵忠祥与聪慧灵动的杨澜珠联璧合的主持，把《正大综艺》推上了巅峰。与此同时，上海电视台叶惠贤主持的《今夜星辰》开播。该节目实行“主持人中心制”，叶惠贤集制片人、编导、主持于一身，以幽默风趣的语言、机制灵活的应变、恰到好处的即兴发挥，使节目主持人与节目本身水乳交融。

1991年，大型电视纪录片《望长城》开播，创下了纪录片的最高收视率纪录，片中主持人的设置具有开创性意义。《望长城》中设置了三名主持人，即黄宗英、焦建成、李培红。他们不事雕琢、贴近百姓的本色主持，引领了主持艺术的新飞跃。

1992年10月28日，上海东方广播电台开播，成功地把大规模的听众参与热(包括热线点播、热线专访、热线谈话、热线咨询)推向了高潮。渐渐地，从中央电台到地方电台都纷纷出现了各种类型的主持人节目，并涌现出一大批听众喜爱的主持人。这个时期的电台主持人节目《午夜热线》《交通服务》在社会上反响很大，是电台的收听的热点。

总体来看，这一时期，主持人亲切自然、平易柔和的风格逐步确立。节目主持人摆脱“播音腔”的表述模式，开始体现其个性化风格。在此发展阶段，出现并设立主持人的新闻节目和新闻节目主持人，这是一种新的尝试，新的突破。1987年以前，我国电视中设有主持人的节目主要是娱乐性节目、竞技性节目、服务型节目和知识性节目。1987年以后，随着改革的大潮，广大群众希望电视新闻发挥更大的传播优势，设有主持人的新闻节目和新闻节目主持人应运而生。

(三) 飞跃阶段(1993—2003年):节目主持人的主体意识和个性得以凸显

1993年,主持人研究委员会在第一届理事会议上,正式设立"金话筒"奖。这一阶段举办了"金话筒"开拓奖和6届"金话筒"奖的评选活动,共评选出140位广播电视"金话筒"主持人。该奖项的设立,极大地调动了广播电视节目主持人爱岗敬业、努力创优的积极性。

1993年5月1日,中央电视台新闻杂志类节目《东方时空》开播,标志着我国新闻栏目化时代的开始。《东方时空》以主持人为节目串联者和结构主导者,将节目涉及的各种事实、观点、材料、背景等灵活自由地串联起来。记者型主持人被正式启用。主持人的主持技艺开始进入成熟阶段。同月10日,《一丹话题》开播,这是我国首个以主持人个人命名的电视栏目。

1994年4月1日,中央电视台评论节目《焦点访谈》诞生,在不到一年的时间里,这个栏目就跃升为观众最喜爱的栏目之一,当时收视率可与《新闻联播》相当,成为中国"第一名牌"节目。伴随着《焦点访谈》出现的一批记者,成为中国家喻户晓的采访记者和电视明星。他们不同于单纯的节目主持人,能够深入新闻现场进行采访,以充满个性化色彩的语言,及时报道、剖析受众关注的重大新闻、热点新闻和社会问题,直接反映受众的意见和呼声。《焦点访谈》的成功肯定了深度参与型主持人的作用,白岩松、敬一丹、方宏进等共同塑造了客观、权威、深邃的中国电视新闻评论类节目主持人群像。此后,各电视台开始实施"以栏目培养主持人,以主持人提高栏目知名度"的战略,从单纯的业务素质培养开始转向按主持栏目"量身定制"式的培养。

1996年5月17日,中国首个"调查性纪录片"栏目《新闻调查》在中央电视台开播,这是中央电视台唯一一档深度调查类节目,时长45分钟,每周一期。节目开播以来,它以记者的调查行为为表现手段、以探寻事实真相为基本内容、以做真正的调查性报道为追求目标,崇尚理性、平衡和深入的精神气质。在中国社会发生重大变革的时候,《新闻调查》注重研究真问题,探索新表达,以记者调查采访的形式,探寻事实真相,为促进和推动社会和谐进步发挥着点点滴滴的作用。栏目主持人董倩、敬一丹、王志、孙宝印等都是典型的记者型主持人。

1997年7月13日,湖南卫视《快乐大本营》开播。《快乐大本营》不仅是湖南卫视"上星"以来一直保持的品牌节目,也成为全国最有影响力的娱乐节目之一。节目采用全民娱乐的类型,初期经常邀请一些有特殊才能的人物或可爱的孩子来表演,后转变为多嘉宾访谈游戏型的综艺节目,经常邀请一些知名艺人来访谈、做游戏等,直至2021年12月28日,陪伴大家20多年的综艺节目《快乐大本营》正式跟观众告别。

这一时期,我国节目主持人的研究取得较大进展。1990年6月,中国广播电视学会主持人节目研究委员会成立。从此,对主持人的研究、评奖有了专门的学术团体。中国广播电视学会节目主持人研究委员会每年都召开学术年会和各种专题研讨会。研究委员会举办的优秀论文"金笔奖”评选，吸引了一大批专家、学者和一线主持人来研究主持人节目。从1990年起，我国广播电视界的理论工作者陆续出版有关节目主持研究的学术专著。

2000—2001年，中央电视台举办了第三届主持人大赛，明确提出主持人要向个性化方向发展。所谓个性，就是主持人要有自己个人的风格和气质，如董卿的端庄优雅、王雪纯的知性平和、汪涵的幽默风趣，等等。节目主持人的主体意识和个性得以凸显，主动权不断增强，优秀的节目主持人成为节目的标志，地位越来越高。2000年6月，开播仅4年的凤凰卫视在香港挂牌上市，4位当家主持人获得的股票配售额仅次于凤凰卫视的5位副总裁级的高级管理人员，成为身价过百万的节目主持人。

2003年4月，中央电视台开始举办第四届主持人大赛。大赛以“超越自我，展示自我”为宗旨，其中最突出也最重要的一点就是主持人的“人”化。正如央视著名主持人白岩松所说的那样，“要把‘主持’缩小，把‘人’放大”。他认为，要成为一个好主持人，首要的，应当看他是不是一个独立而大写的人，是不是一个具有内涵并在主持人这个位置上收放自如的人。对主持人个人素质的要求已提升到人格魅力的层面。对受众而言，人化就是角色的转变，由被动的接受者变成参与者，这是对受众的一种尊重，是一种平视的态度、平等的尊重、心灵的亲和感。

（四）繁荣阶段（2004年至今）：节目主持人素质不断提升并呈现多元发展之势

2010年6月8日，在第十六届上海电视节上，中国广播电视协会主持人委员会评选出自1980年到2010年“中国电视主持人30年年度风云人物榜”，共85位优秀主持人上榜。同时，电视节上也开展了“而立之年：在思考中前行——中国电视节目主持人30年发展历程”高峰论坛研讨活动。2010年12月14日，中国广播电视协会播音主持委员会第一届理事会五年工作报告正式发布，报告对过去5年播音主持的成绩进行了盘点，也指出不足和对未来的期待。

电视节上公布的“中国电视主持人30年年度风云人物榜”名单囊括了老中青三代主持人，既有以“中国荧屏第一人”沈力为代表的电视主持人事业的开拓者，也有以才华横溢的白岩松为代表的当今主持中流砥柱，还包含当下崭露头角的主持新秀。名单中选拔的主持人所在的领域，从中央电视台到地方卫视，从新闻主播到娱乐综艺，涉及面广。主持人风云榜的选拔是以年度时间为经、以贡献价值为纬。古人云“三十而立”，这些人物见证了30年来我国电视主持事业从零的起点到现今中国传媒事业百花齐放的繁荣局面。

电视主持人也在这30年中，经历了飞跃发展。伴随着改革开放和社会的日新月异，电视主持人早已从最初简单的播报员播报新闻，发展至如今活跃在各个荧屏尽情展示自我、发挥言语魅力、传达民情民生、褒贬内外时事的新形象，是时代的见证，更代表着当代中国的新面孔。①

2012年9月8日，第九届中国金鹰电视艺术节主持人盛典晚会举行，这是金鹰节创办以来首次专门为主持人奖项设立的颁奖典礼。

2012年央视挂历由《新闻联播》主播康辉领衔，女主播中的第一位则是王小丫。康辉的年轻英气、真诚认真、朝气蓬勃、庄重踏实，使观众产生信任感，他始终认为“踏踏实实工作比出名更重要”。无论是《晚间新闻报道》《新闻早八点》，还是《东方时空》《新闻联播》，康辉一直都在兢兢业业地做着本职工作，毫不懈怠。王小丫亦是如此。善于观察、灵秀机敏的她，在《经济半小时》《今日观察》《开心辞典》等栏目中均很好地施展出自己的才华，被观众誉为央视“黑马”，是中央电视台最具品牌价值的女主持人之一。

在这一阶段，除新闻类和谈话类节目外，一些综艺娱乐节目也风起云涌。代表人物如湖南卫视《快乐大本营》以何炅为代表的“快乐家族”主持群，《天天向上》的汪涵，江苏卫视《非诚勿扰》的孟非，不胜枚举。不同类型的主持人在各个卫视熠熠生辉，为新时期我国节目主持人增添了新的活力。

节目主持人领域不断有新生力量注入，央视传统的品牌节目“CCTV电视节目主持人大赛”，正是为我国电视事业发展提供人才力量而举办的。2011年5月至10月，历时半年的第六届中央电视台电视节目主持人大赛成功举办，为适应受众不断提高的欣赏水平和电视媒体对节目主持人需求多样化的新形势，这次大赛力求增强比赛的贴近性和实战性，提高节目的可视性和观赏性，为优秀电视节目主持人提供一个展示自我、实现梦想的舞台。

就主持界整体而言，主持群的发展成为新的趋势。2010年12月央视一套综合频道推出全新生活服务类栏目《生活早参考》，再度打造“主持群”模式。该节目每期有三位或多位主持人同时出现，以他们的“亲身经历”还原真实任务，重述社会生活。而湖南卫视也宣布由主持群主持2011年周末综艺节目。②

主持群是近年较为热门的提法，学界没有统一的定义，一般描述成三个及三个以上特点鲜明的主持人按照特定规律组合在一起的一种形式。自“2008中国电视榜”开始，主持群就备受关注。当年“年度节目主持人”和“最佳娱乐秀主持人”获得者分别为白岩松、张泉灵等在内的《众志成城，抗震救灾》特别节目主持人群体，以及汪涵等组成的湖南卫视脱口秀节目《天天向上》主持人群体。

主持群是一种适应新媒体环境下不同受众需求的产物，针对不同受众的喜好和传播接受效果，囊括了各种个性风格的主持人，能最大程度吸引不同爱好的观众。在主持过程中主持人需要做到合理分工，巧妙搭配，尽可能避免负面效果的产生。尽管学界对主持群存在不少争议，认为

① 陈虹，高云微. 2010华语主持人年度报告[J]. 视听界，2011，159(01)：54—58.
② 陈虹，高云微. 2010华语主持人年度报告[J]. 视听界，2011，159(01)：54—58.

其不符合经济原则，并且在节目主持过程中可能产生喧宾夺主现象，不利于节目持续发展。但是主持群作为新媒体时代的一种发展趋势，在不断的尝试中慢慢走向成熟。

与此同时，节目主持形式也在不断向多元化拓展。2013 年湖南卫视《我是歌手》歌手胡海泉、古巨基跨界担任主持，2014 年马年春晚演员张国立作为主要主持人之一出现在荧屏上，以及近年来各种类型真人秀节目的发展，使得"跨界主持""侧幕主持""隐性主持"等新的节目主持形式引起学界与业界的关注。互联网的高速发展也开拓了主持人发展的新阵地，网络节目的热播推出了大鹏等一批优秀的网络节目主持人，为主持人行业注入新鲜血液。2013 年，大鹏被评为《新周刊》"2012 中国视频榜"最佳视频主持人，2015 年 3 月第八届《综艺》年度节目盛典上，《搜狐视频娱乐播报》主持人于莎莎荣获"年度潜力主持人"奖。全媒体时代，主持人队伍也在不断发展壮大。《中央广播电视总台 2019 主持人大赛》于 2019 年 10 月在一片期待声中推出，是中央广播电视总台成立后推出的第一个电视大赛节目，通过新闻和综艺两个赛道进行三轮角逐，足以见得总台对全媒体时代主持人才的渴望，节目也最终选出了邹韵、蔡紫等一批优秀主持人。2021 年，东方卫视推出了由主持人林海发起并担纲制作人，杨澜、刘建宏、郦波担任节目导师的主播新人选拔成长综艺《主播有新人》，40 名参赛选手同样在新闻和综艺两个赛道进行角逐，节目赛制和选手们的优秀表现也获得了广大网友关注。

"中国电视节目主持人经历了从被动到主动并自觉驾驭节目状态的过程，完成了传播理念从形的合情性到质的合理性蜕变，观众接受心理在转换中完成了一次成长的经历。"①同时，主持人的风格也经历了从简单到丰富，内容选择从大众到个性的转变。在泛娱乐化的当今时代，在变化的传媒环境中，在面对话语权的困惑、品牌价值的困惑以及新媒体的冲击时，坚守主持人的文化理念和职业道德，坚持主持人的责任感，不仅仅是对中国节目主持人 40 余年发展历史的总结，更是对未来美好蓝图的勾勒。

新技术的不断发展对传统广播电视节目提出新的挑战，对节目主持人赋予新的要求，面对日新月异的环境变化，主持人不断探索改革创新的方向，向全媒体、全领域、全方位转型。

第三节　中西方主持的发展共性

美国是节目主持人的发源地，受益于成熟发达的传媒产业，其主持人的实践行动领先于世界

① 资料来源：俞虹在"而立之年：在思考中前行——中国电视节目主持人 30 年发展历程"高峰论坛中的发言。

其他各国,对世界各国的播音主持人才的实践活动都有着较大影响。而在媒介技术发展、媒介形态多元的 21 世纪第二个 10 年,媒体的加速融合一定程度上弥合了各个国家间的传播鸿沟,中国主持人与西方主持人之间的鸿沟也逐渐缩小,呈现出一些发展中的共性特征,具体的变化表现如下。

一、台前幕后并举

合理的节目主持人年龄结构从来都是以老中青结合、中青年为主的年龄结构,老年也会占有一定的比例。美国传播学者对美国三大商业电视网历任晚间新闻节目主持人进行考察后得出结论:43 岁是主持人的“黄金年龄”,这个年龄段的人成熟、稳重、有权威和性别魅力,容易赢得人们的好感和信任。① 各个年龄段的主持人在不同类型的节目中各展其长。但相比较而言,我国节目主持人在年龄结构上比西方国家更加年轻化。

全媒体环境的发展培养了用户的多元接受度,随着人们对节目主持人职业特点和职业要求认识的不断加深,我国的主持人年龄结构也发生了变化,一些伴随传统媒体成长起来的节目主持人仍旧活跃于大小荧屏之上,此外,其身份也从台前转向台前幕后并举。全媒体环境中的一些优秀主持人不仅拥有了更大的采、编、播、报权,甚至以导演、制片人等形式制作自己的主持节目。主持人董卿不仅担任文化类综艺节目《朗读者》的主持人,还是节目的制作人与总导演之一,主持人尼格买提也是自己主持的新青年生活分享节目《你好生活》的制作人,2020 年,主持人李思思也推出了其首次担任制作人的服饰文化节目《衣尚中国》。

二、能力要求提升

媒介技术的发展对于网络环境的信息流通具有革命性的价值,使得原有的传播格局被打破。一方面,西方媒体依托广播电视媒介所建立起的传播生态与传播方式正经受着严峻的挑战,传统媒体端所积累的传播经验并不能完全适配新的传播环境。另一方面,作为媒体内容与用户的连接者,全媒体主持拥有更为丰富的用户沟通经验,也使得其在媒介组织中的重要性与日俱增。不论是原处于领先地位的西方媒体,还是正在不断发展的中国媒体,都面临着全媒体生态所带来的全新挑战。从这一意义上说,各国传媒业,尤其是全媒体主持,都面临着相似的实践境遇,也需要站在同一起点处思考破解全媒体挑战的实践方案,多方面提升全媒体主持的传播能力。

首先是提升全媒体主持的多元话题制造力,即中西方全媒体主持都要在全媒体的实时传播

① 杨芳,谈戈.浅谈新闻访谈类电视主持人的人文素养[J].新闻知识,2006(07):63—65.

环境中寻找用户感兴趣的传播话题，并在与用户的沟通中寻找新的传播话题，而不论是中国还是西方，网络环境的主导者是“80后”“90后”甚至“00后”的年轻一代，因而中西方全媒体主持应对这一群体的感兴趣话题格外关注。其次是提升全媒体主持的丰富语态表达力。在面对同样的青年用户群体之时，中西方的全媒体主持都应主动放下身段，从传统媒体相对固化的话语表达模式中跳脱出来，通过富有“网感”的热词与话语方式进入用户社交圈层，进而实现传播效果的最大化。最后是提升全媒体主持的情感共通力。同样是面对网络平台上聚居的年轻用户，仅仅客观地陈述事实已不能满足他们的信息需求，而如何透过文字、图片、视频等多种媒介形式的内容生产与用户产生情感连接，使其真正将媒介使用看作日常生活之必然，是值得中西方全媒体主持思考的共同问题。

三、交流频次增加

在广播电视盛行的传统媒体时代，由于各国文化历史背景、政治经济发展的环境不同，产生了与众不同的传媒产业，尤其是西方市场化经验的商业性质与我国事业性质的媒体发展机制的不同，也使得双方走向了截然不同的媒体发展道路。全媒体一方面提供了多元的受众群体，另一方面也为中西方媒体的交流实践奠定了物质基础。

在传统媒体时代，中西方主持人想要彼此交流，需要在原有节目的基础上进行节目形态的重新拟定，对节目制作的资金与时间成本的要求较高，因而大部分的媒体还是各自为政。而媒介技术的兴盛大大降低了交流的成本，也使得我国全媒体主持拥有了更多海外传播的机会，全媒体主持得以在承担对内传播行动的同时进行对外传播的任务。当前，CGTN的刘欣、田薇、王冠等国际新闻主持就是一批优秀全媒体主持的代表，其不仅承担着总台内CGTN的频道节目主持工作，更通过社交媒体平台账号运营等方式进行自我身份角色的再塑造。

通信技术的发展使得身处世界各地的用户拥有了实时在线连接的可能，也为中西方全媒体主持的交流提供了更为丰富的形式与更多的行动可能。例如在中西方争议性话题与事件之中，以CGTN英文主播刘欣、王冠为代表的多位媒体主持人及记者就被邀请参与到西方国家的电视媒体之中，通过在线问答的形式完成自己的主播实践，将我国话语传输出去的同时也加深了中西方媒体间的交流。

当然，中西方全媒体主持的发展的共性并不意味着二者发展方向的全方位同一，而是在保持原有传播理念、传播特色的基础上有所靠拢。与此同时，必须承认的是，相较于西方成熟的媒体机构专业主持，我国整体的媒体主持群体还存在一定的差距，但全媒体环境的出现使这一鸿沟得到了一定程度的弥合，这也是我国全媒体主持进行实践突围的重要契机。我们有理由相信，在与西方全媒体主持的彼此交流与经验学习之中，我国一定能打造出一批优秀的全媒体主持，为我国的国际传播能力建设添砖加瓦。

综合思考题

1. 沃尔特·克朗凯特在西方节目主持人史上的地位如何？其主持有何特色？

2. 丹·拉瑟提出的新闻报道的“瞬间”原则和“后院篱笆原则”分别是什么意思？我们可以从中得到什么启发？

3. 艾伦·狄金斯主持的《艾伦秀》有何特点？这为我国谈话节目提供了哪些借鉴？

4. 试论全媒体环境下中西方主持的发展共性。

延伸阅读

1. 任远主编:《名主持人成功之路》，中国广播电视出版社，1999 年。

2. 赵淑萍编译:《电视权威与个人魅力——美国电视新闻节目主持人的成功之路》，华文出版社，1999 年。

3. [美]珍妮特·洛尔著，林达译:《奥普拉·温弗瑞如是说》，海南出版社，2000 年。

4. 蔡帼芬主编:《明星主持与名牌节目》，北京广播学院出版社，2004 年。

5. 徐德仁:《世界明星主持人》，复旦大学出版社，2005 年。

6. [美]Bob Edwards 著，周培勤译:《爱德华·R·默罗和美国广播电视新闻业的诞生》，复旦大学出版社，2005 年。

7. 王利芬:《对话美国电视》，中信出版社，2006 年。

8. 陆生:《走进美国电视》，复旦大学出版社，2007 年。

艺海拾贝

“现场报道的鼻祖”:爱德华·默罗

1935 年，默罗加入哥伦比亚广播公司，成为一名广播记者。从此默罗的名字，几乎一直与 CBS 联系在一起。1937 年默罗主持该公司欧洲部工作。第二次世界大战中他在伦敦主持《现在请听》《这里是伦敦》等广播节目，以准确报道而闻名，被誉为“现场报道的鼻祖”。

1938 年 3 月 12 日，默罗在德军进占维也纳的同时，向美国听众广播了他的第一篇战争报道。

默罗的这次报道被视为广播史上的第一次“现场直播”，给受众留下了深刻印象。此后，默罗和夏勒默契配合，又进行了一系列出色的广播报道，推动了奉行“孤立主义”的美国听众对欧洲事务越来越关心，从而把美国同欧洲在心理上联为一体。

1940 年不列颠空战时期，“这里是伦敦……”(This is London...)的广播报道非常成功，也成了默罗的广播风格标志。默罗的报道总是尽可能地贴近战争一线，让听众听到隆隆的飞机声、爆炸声等一切与轰炸场景有关的元素，为美国听众提供了一种身临其境的战火体验。

在 20 世纪中叶美苏冷战时期，当美国人正为“赢得战争、丧失和平”的局势而沮丧时，麦卡锡主义应运而生。1950 年 2 月 9 日，威斯康星州初出茅庐的参议员麦卡锡宣布他手上已经掌握了国会内部奸细的大批材料，由此发动了一场“红色恐吓”运动。

爱德华·默罗通过他主持的夜间新闻节目《现在请看》揭露了麦卡锡的种种“阴谋”，并一一列举了麦卡锡见不得人的活动事实，审议和批评麦卡锡的“红色恐吓”。默罗与他的同事的行动在当时引起了轩然大波，成了美国新闻史上最具传奇性的时刻。

默罗除了开创了真正意义上的广播现场直播，还主持了两大王牌节目，也尝试过拍摄电影。默罗的报道可以深入事件之中，他深邃的眼神和充满魅力的声音也让美国的观众熟知他，默罗作为 60 年代美国名主播的代表具备了很强的影响力和认知度。

第三章

全媒体主持的传播生态

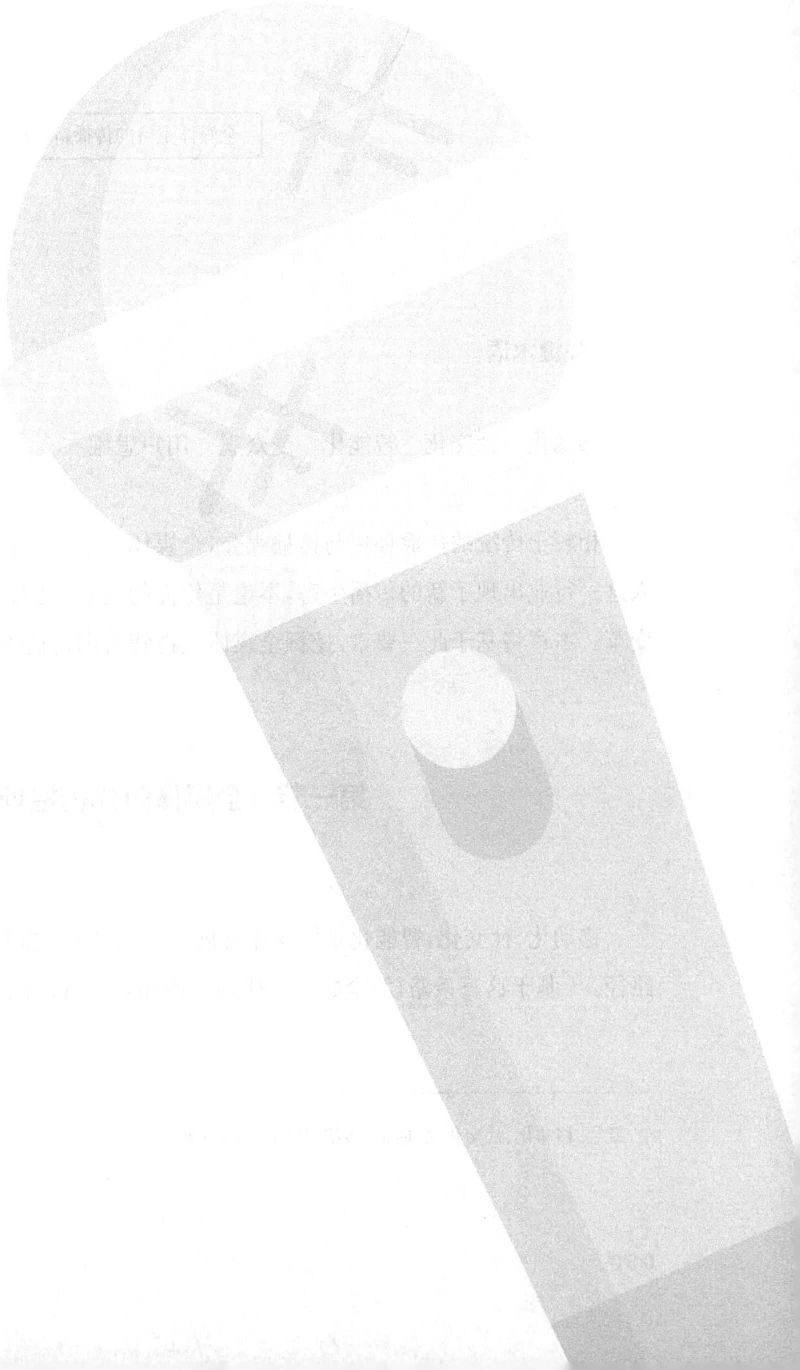

知识点框架图

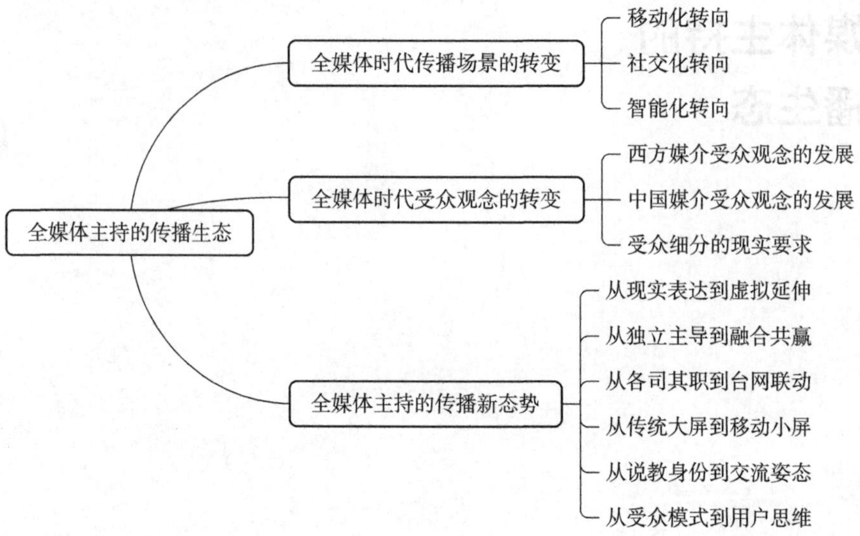

关键术语

移动化　社交化　智能化　受众观　用户思维

相较于传统的传播环境与传播媒介，全媒体从生产的各个流程重塑了新闻业态，也使得主持人这一行业出现了新的传播生态，不论是传播的场景、受众的观念还是传播的态势都有了全新的变革。本章将基于此三要素，挖掘全媒体主持背后的传播生态。

第一节　全媒体时代传播场景的转变

移动化、社交化、智能化是新媒体发展的三大走向，也是传统媒体向新媒体转型的三条主要路径。[①] 基于这三条路径，全媒体时代的传播场景呈现出以下转变。

① 彭兰.移动化、社交化、智能化：传统媒体转型的三大路径[J].新闻界，2018(01)：35—41.

一、移动化转向

随着移动通信技术的变革，人类的传播活动不断进步。中国传媒业自1994年接入互联网以来，从大众传播时代逐步进入移动传播时代，媒体类型也从单一的介质划分（报纸、广播、电视等）变为多元类型划分（专业媒体、机构媒体、自媒体和平台媒体）。[①] 纵览通信技术的发展史，每一次技术的进步都带来了具体可感的实践产物。

在2G网络的推动下，以网易（1997年）、新浪（1998年）、腾讯（1998年）、搜狐（1998年）为代表的四大门户网站开始出现，人们开始将自己线下的行为平移至网络之上，网络论坛、电子邮件等交流方式开始普及。在2009年诞生的3G网络推动之下，信息传输速率有了更为显著的提升，同年上线的新浪微博至今还是用户移动化社交的重要产品。2014年底诞生的4G网络继续在3G网络的基础之上提高了网速，也再次助推了传播场景的移动化：只需一部智能手机，用户便可实时高效地接收信息。随着传播速率的不断加快，短视频逐渐取代文字与图片成了用户接收最频繁的媒介形式，抖音、快手等多家短视频平台纷纷进入用户视野，2017年因此被称为“短视频元年”。2019年，5G作为具有高速率、低时延和大连接特点的新一代宽带移动通信技术正式投入使用，VR/AR眼镜、智能音箱等具备智能化、沉浸式特征的媒介产品竞相出现，也将人们基于手机终端的传播行为推向更为深入的实践。

移动通信技术的发展培养了人们的智能终端化的生存方式。当前人们的生活中，无论衣食住行都离不开智能手机，购物可以使用电商平台，点外卖可以使用生活服务平台，住宿可以使用各类酒店软件，市内出行可以选择打车软件，市外旅行可以选择旅行软件，包括社交，甚至工作，人们将绝大部分的线下场景平移至移动终端。传播场景的移动化转向为媒体提供了更为广阔的行动空间，也带来了更为不确定的用户服务需求。这也为主流媒体的全媒体转型带来了新的挑战。

二、社交化转向

在2G的门户网站时期，网络论坛聚集了一批紧跟潮流、乐于尝试新鲜事物的年轻一代，人们在虚拟社区中分享信息并进行基本的社会交往，论坛也因此成为最初的网络文化诞生地。1999年，即时通信网络工具腾讯QQ（原名OICQ，2000年更名）上线，在21世纪的头10年里，腾讯QQ

---

① 李良荣，辛艳艳.从2G到5G：技术驱动下的中国传媒业变革[J].新闻大学，2020，171(07)：51—66，123.

的用户注册量直线式增长。这一阶段不仅是企业个体的成长阶段，更是全体公民网络社交意识的形成阶段。2010 年 3 月，腾讯 QQ 同时在线用户数突破了一亿，这也标志着网络化生存这一用户社交方式的成型。如果说腾讯 QQ 是针对年轻用户的社交平台，那么诞生于 21 世纪第二个 10 年里的微信（WeChat）更是改变了全民的社交方式。微信诞生于 2011 年 1 月 21 日，与 QQ 同属于腾讯这一母公司，作为一款为手机终端用户打造的免费即时网络通信产品，微信具备了强社交功能。除了文字与语音的交流，微信还包括了“朋友圈”“公众平台”“视频号”“直播”“小程序”等多种服务形式。以熟人圈为传播特征的微信使全体用户真正摆脱了单纯经由运营商的电话、短信等交流方式，能够在平台上完成信息传递、语言通话以及自我生活的分享。此外，新浪微博、小红书、抖音、快手等都成为当前重要的社交平台。

艾媒咨询（iiMedia Research）旗下移动互联网产品数据分析系统艾媒北极星发布《2022 年度中国 App 市场月活数据排行榜》中显示，2022 年中国 App 市场月活数据中，社交媒体微信、QQ、微博、小红书的月活跃用户数分别是 100 861.26、75 029.20、33 647.55、17 078.00（以万为单位），在影音方面，短视频平台抖音和快手分别以 75 966.09、48 034.74（以万为单位）的月活跃用户数占据前两位。[①] 抖音与快手虽是短视频呈现形式，实则同样具备社交属性。

从现实情况看，当前网络用户活跃的社交媒体平台也正是各大媒体所发力运营的行动空间。在这些社交平台上，用户既是媒体所发布信息的接收者，又是一手信息的提供者与分享者。与此同时，在社交平台生存的用户所要完成的最重要的任务是熟人沟通与社交展演，在这一系列行动完成之余，能否有目光、有多少目光停留于媒体所发布的信息之中，都是值得探讨的问题。

三、智能化转向

基于大数据、算法和云计算 3 项基础技术，开发模拟、延伸和扩展人类智能[②]的人工智能技术于 1956 年达特茅斯会议诞生至今已 60 余年。而以 AlphaGo 凭借着 4 比 1 的总比分战胜围棋世界冠军李世石为标志，人工智能技术引起了世界广泛关注，并随之步入了发展的加速期。

人工智能技术下包含多个技术分支，主要包括机器学习、机器人技术、自然语言处理、生物识别技术以及计算机视觉技术等。机器学习是搭载技术的机器在数据中自我学习、自我进化，从而变得更加智能的行为，这是人工智能得以不断进步的基础性技术。机器人技术则是可以复制并替代人类行为的全自动或半自动智能机器技术，是相对外显型的人工智能技术，目前已在博物

① 艾媒咨询.艾媒金榜|2022 年度中国 APP 月活排行榜出炉，前三名几乎难撼动？[EB/OL].(2023-02-02)[2023-04-02].https://mp.weixin.qq.com/s/NTbY_-sHh-XgiFlG8vpHrg.

② 张洪忠，石韦颖，韩晓乔.从传播方式到形态：人工智能对传播渠道内涵的改变[J].中国记者，2018(03):29—32.

馆、餐厅等场景广泛应用。自然语言处理则专注于实现人与计算机之间借助自然语言所进行的有效通信，主要应用于机器翻译、舆情监测、自动摘要、观点提取、文本分类、问题回答、文本语义对比、语音识别、中文文字识别等场景。[①] 生物识别技术则是在计算机技术与光学、声学、生物学交叉融合的前提之下，对生命体的生理特征与行为特征进行采集、识别与匹配的技术手段，人脸、指纹与声纹的识别都是这一技术的典型代表。计算机视觉技术则是由机器学习与智能图像合成系统所构建的能够从图像或多维立体数据中获取"信息"的人工智能系统。[②]

此外，虚拟现实(VR)、增强现实(AR)等也是人工智能技术的代表性应用。尽管当前人工智能技术仍处在弱人工智能与强人工智能的中间阶段，远未达到超人工智能阶段，但人工智能技术已应用于交通运输、仓储和邮政业，住宿和餐饮等多个商业领域，以及教育、卫生和社会工作，文化、体育和娱乐业等涉及国计民生的诸多领域，对人类的生产生活产生全面而深刻的影响。

伴随着技术智能化水平的提升与普遍化程度的增强，人工智能会对各个行业产生颠覆性的影响，而作为人类基本交往空间的传播环境也不例外。在智能化场景中，人工智能技术不断介入新闻生产的各个环节，成为与人类交流沟通的重要主体，语言不再是人类的特有技能。然而人工智能并不具备情感，现有技术也使得其并不能做到对韵律的完全把握。全媒体主播的情感功能难以发挥，人的情感何处安放令人担忧，这就要求全媒体主持不断提升自身技能，适配智能化的传播场景。

第二节 全媒体时代受众观念的转变

媒体融合的源头可追溯到传播媒介的"预言家"麦克卢汉1964年发表的《理解媒介》一书。麦克卢汉认为新老媒介的交替并不是简单的取代与被取代的关系，而是一种杂交的能量，"两种媒介杂交或交汇的时刻，是发现真理和给人启示的时刻，由此而产生新的媒介形式。因为两种媒介的相似性，使我们停留在两种媒介的边界上。这使我们从自恋和麻木状态中惊醒过来。媒介交汇的时刻，是我们从平常的恍惚和麻木状态中获得自由解放的时刻"。[③] 此论述恰是各种媒介呈现多功能一体化趋势的媒介融合理论的源头，即媒介与媒介及相关要素之间通过多元协作、重新

① 郑树泉，等. 工业智能技术与应用[M]. 上海：上海科学技术出版社，2019：111.

② 赵永良，付鑫，吴尚远，郭阳，王越越，王小滨，边迎迎，杨滨名. 基于计算机视觉的智能仓储图像识别系统设计与实现[J]. 电力信息与通信技术，2019，17(12)：31—36.

③ 埃里克·麦克卢汉，弗兰克·秦格龙. 麦克卢汉精粹[M]. 何道宽，译. 南京：南京大学出版社，2000：272.

组合的方式进行融合。

麻省理工学院媒体实验室的创始人尼葛洛庞蒂在1978年首次提出媒体融合的概念:计算机工业、出版印刷工业和广播电影工业正在趋于融合。麻省理工学院政治科学家普尔的《自由的技术》是第一部把融合概念当作媒体业内变革力量展开论述的著作,认为一种可称为“形态融合”的过程正在模糊媒体之间,甚至是点对点传播与大众传播之间的界限。在《融合文化》中,詹金斯将媒体融合定义为“跨越多个媒介平台的内容流动,多种媒介产业之间的合作,以及受众行为的转移”。①

《纽约时报》的马歇尔·塞拉认为:“在互联网的协助下,电视的最高梦想得以实现了:一种零散的非正式互动。……一个人拥有一部机器设备(一台电视机)注定要与世隔绝,但是一个配备两部机器设备(电视和计算机)的人就可以加入到一个社群中来。”②随着媒介技术的发展,尤其是进入文字、声音、影像、动画等多种媒介形式并存的全媒体时代,媒体的融合逐步走向深入,信息接收者从最初毫无反馈的被动接收者转变为信息的主动获取者甚至信息发出者,这一变化之下的受众观念也随即发生改变。

受众(audience),最初指演讲的听众,后来也兼指观看戏剧、体育竞技的观众。1456年,德国人古登堡在羊皮纸上印刷了《圣经》,使受众的意义得到实质性扩张。信息通过机械复制,受众的数量大大增加,受众也不再需要和传播者处于同一时空内。现在意义上的“受众”,是大众传播信息接受者的总称。

在大众传播中,受众指的是报刊书籍的读者,广播的听众,电视、电影的观众,等等。很明显,受众是与社会传播尤其是大众传播产生特定信息联系的社会群体。受众之于传播的意义在于受众与传播者构成了传播过程的两极,两者存在相互矛盾又相互依存的关系,两者共同决定着媒介传播的成败得失。“在传播过程中受众与传播者的关系状态、受众在传播中的地位和作用,都标志着媒体传播的性质和某一时期特定的传播观念。”③

一、西方媒介受众观念的发展

伴随着西方现代传媒业的发展,关于受众的观念也从被动转向主动,具体的理论转向如表3-1所示:

① 韦路.媒体融合的定义、层面与研究议题[J].新闻记者,2019(03):32—38.
② 亨利·詹金斯.融合文化:新媒体和旧媒体的冲突地带[M].杜永明,译.北京:商务印书馆,2012:355—356.
③ 丁柏铨.中国当代理论新闻学[M].上海:复旦大学出版社,2002:71.

表 3-1　西方受众观念的理论转向与具体内涵

受众观念	基本内涵	代表理论
被动的受众	在媒介面前，受众是完全被动的“大众”，是孤立的、分散的、沙粒式的个人的集合体，在大众传媒有组织的宣传或说服面前是毫无抵抗力的。	魔弹论
主动的受众	在媒介面前，受众并非完全被动地受媒介驱使，相反，受众能够主动地为自己做选择，并对接收到的信息做出自己的诠释，同时能够主动选择媒介以寻求自我满足。	传播流、使用与满足

(一) 被动的受众

20 世纪初期，近代的工业文明浪潮已经形成，同时许多弊端也日益显露，引发人们对工业化及其矛盾进行反思和批判。特尼斯、韦伯、涂尔干等社会学家的表述虽不尽相同，但实际上都是把现代的工业化社会视为大众社会。大众社会的本真意义，原指“乌合之众”的社会。所谓“乌合之众”，是指“生活在法理社会中的芸芸众生互不相干，成分复杂，他们之间不存在亲情的纽带，只有法律的关系，每个人都以完全独立的个人身份投身社会，因此在心理上都陷入孤苦伶仃、无依无靠的状态中，有人又把这种乌合之众称为‘孤独的群体’”①。

早期的传播理论源于早期的大众社会理论（the Theory of Mass Society）。今天人们习惯称呼“大众传播”“大众媒介”，而事实上其中的“大众”（mass）来源于大众社会所指的那个“乌合之众”，即那个“孤独的群体”。1947 年，布卢墨还曾给 mass（大众）一词做过四层描述：“第一，大众分布广泛，差别很多；第二，大众是个不知名的群体，由不知名的芸芸众生组成；第三，大众互不往来，很少沟通，谁也不知道别人的存在；第四，他们独断独行，很难采取一致的行动。”②布卢墨的分析其实也代表着 20 世纪初思想界对现代社会的流行看法，即把活动在现代社会中的人视为一群各自为政的“乌合之众”；而所谓“大众传播”，最初正是指对乌合之众的传播。

早期的传播效果研究中的“魔弹论”“皮下注射器理论”或“靶子论”，就是建立在这样一种受众观的基础上的。这一观点认为受众是一盘分散在各地的散沙，媒介拥有不可抵挡的强大力量，它们所传递的信息在受众身上就像魔弹击中躯体、药剂注入皮肤一样，可以引起直接快速的反应。受众就好像是毫无主见、无所依从的“靶子”，媒介能够左右他们的态度和意见。施拉姆曾做过如下概述：“传播被视为魔弹，它可以毫无阻挡地传播观念、情感和欲望……传播似乎可以把某

① 李彬. 传播学引论[M]. 北京：新华出版社，1993：172.
② 李彬. 传播学引论[M]. 北京：新华出版社，1993：172.

些东西注入人的头脑，就像电流使电灯发出光亮一样直截了当。”[1]在历史上，这种早期受众观念在一些重大社会事件中得到实践的支持和强化，战争中的宣传策略就是典型的例子。

“魔弹论”建立于“对媒介具有强大效果的推测上”，代表了典型的以传者为中心的传播观念。它过分夸大了传播的力量和影响，否定了受众对新闻传媒的能动选择和使用能力。在这种传播观念中，由于传播者提供的信息刺激可以引起受众直接、快速的反应，新闻传媒能够改变受众的态度和立场，支配受众的行为，因此，信息的传播者是传播过程的中心，而受众只不过是传播施加控制的对象而已。由于受众的被动性、消极性和非人格化，传播者无视受众的存在。传播者将大众传播看作对大众心灵的大举入侵，带有明显的机械化特征，是单向的、线性的甚至是愚弄和欺骗受众的过程。因此，“受众”这一概念的出现也就不足为奇了。事实上，受众这一概念的确立本身就意味着一种不平等传播的存在，它不仅反映了早期的传播观念，也在相当长的时期内影响了各种社会传播的运作模式。[2]

“魔弹论”体现了一种唯意志论，过分夸大大众传播的影响和力量，否定受众对大众传媒的能动选择与使用，具有一定的历史局限性。

(二) 主动的受众

随着时代的变迁和受众研究的发展，20 世纪 40 年代，学者们发现，早期“魔弹论”的观点与实际生活并不相符。于是，“全能的媒介”理论遭到质疑，以传者为中心的传播观念也受到否定，受众在传播过程中的位置得到重视。这一时期主要的理论有两个，一个是“传播流”，另一个是“使用与满足”理论。

1.“传播流”理论

所谓“传播流”，指的是由新闻媒介发出的信息，经过各种中间环节“流”向传播对象的过程。[3] 拉扎斯菲尔德的《人民的选择》是这一理论的代表性成果。

1940 年，传播学先驱拉扎斯菲尔德、贝瑞森等人在美国总统大选期间，围绕媒介的竞选宣传对选民的投票意向所发挥的影响力做了一项实证调查。当时，“魔弹论”的观点还很盛行，他们起初试图通过这次调查来验证新闻媒介给人的强大作用力。可是历时半年、对 600 人进行的 7 次追踪调查的结果却表明，在整个竞选过程期间，有一半的选民早在接触媒体的政治宣传前，就已经决定选择对象，而改变了原来投票意向的选民只有 8%。此外，选民们还会自觉地去接触心目中候选人的支持媒体，来强化已有的选择。也就是说，新闻媒介并没有直接左右选民投票意向的力

① 张隆栋. 大众传播学总论[M]. 北京：中国人民大学出版社，1993：156.
② 丁柏铨. 中国当代理论新闻学[M]. 上海：复旦大学出版社，2002：72.
③ 郭庆光. 传播学教程[M]. 北京：中国人民大学出版社，2005：178.

量，它只是众多的影响因素之一，而且不是主要因素。受众接触媒介时，通常都会受到受众所属群体及其规范的影响和制约。在媒介面前，他们并非完全被动地受媒介驱使，相反，该理论赋予了受众一种积极主动的角色，他们能够主动地为自己做选择，并对接收到的信息做出自己的诠释。

2.“使用与满足”理论

与“传播流”理论不同，“使用与满足”理论不是从宏观的社会结构和社会规范方面对受众的性质和角色进行研究，而是在微观层面上对受众心理和受众行为进行关注和考察。这一研究起源于20世纪40年代，由杰伊・布卢姆勒(Jay G. Blumler)、伊莱休・卡茨(Elihu Katz)和迈克尔・古雷维奇(Michael Gurevitch)提出。这一理论由于没有进一步的突破，50年代进入停滞期，直到60年代才再次复兴，并逐渐成熟。

“使用与满足”研究将研究视角从传播者身上移开，转而关注受众的需要及其满足，通过分析受众接触媒介的动机来了解和满足他们的需求，考察大众传播给人们带来的心理和行为上的效用。“使用与满足”研究将人及其相互关系作为理解大众传播媒介效果的基本出发点。丹尼尔・切特罗姆(Daniel J. Czitrom)指出：“关于大众说服过程的传统观念应该给‘人’留个位置，将它作为在传播媒介的刺激与意见、决定和行动的合成品之间的介入因素。”[①]

“使用与满足”研究将关注的焦点从传播者移向接受者，鲁宾认为在使用与满足领域，受众行为(audience activity)是核心概念。[②] 丹尼斯・麦奎尔(Denis McQuail)将使用与满足的类型归纳为：

(1) 打发时间，解闷消愁。通过逃避日常生活的种种制约，满足好奇心、寻求快乐、摆脱烦恼；通过释放情绪，消除疲劳、松弛神经。

(2) 人际关系。通过移情效应同节目中的人物结成假设的社会关系；获得有利于日常社会生活的效用，如作为谈资、显示个人趣味等。

(3) 监视环境。通过媒介获取外部世界的信息，增加见闻，了解世界和国家大事；学习应对外部世界的方法，决定自己的行为。

(4) 确认自我。通过媒介反映的社会不同层面的信息内容，间接接触社会，寻找确定自己位置的坐标；强化固有的价值观，肯定自我；了解别人的意见，适应社会规范。[③]

1974年，在考虑到社会条件因素的重要性的基础上，传播学家E.卡茨将媒介接触行为概括为一个“社会因素＋心理因素—媒介期待—媒介接触—需要满足”的线性因果过程，提出了“使用

① 殷晓蓉.美国传播学受众研究的一个重要转折——关于“使用与满足说”的深层探讨[J].中州学刊，1999(05)：58—61.
② 沃纳・赛佛林，小詹姆斯・坦卡德.传播理论：起源、方法与应用[M].郭镇之，等，译.北京：华夏出版社，2000：320.
③ 沃纳・赛佛林，小詹姆斯・坦卡德.传播理论：起源、方法与应用[M].郭镇之，等，译.北京：华夏出版社，2000：323.

与满足”过程的基本模式。[①] 1977年，日本学者竹内郁郎对这个模式作了若干补充，图示如下。

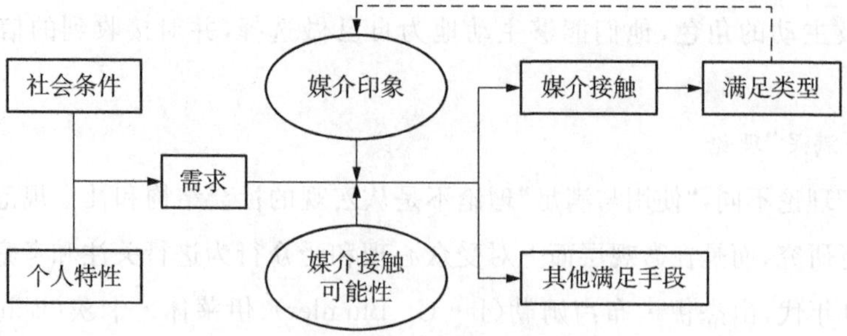

图3-1 使用与满足的基本模式

该图的含义是：

(1) 人们接触传媒的目的是满足他们的特定需求，这些需求具有一定的社会和个人心理起源。

(2) 实际接触行为的发生需要两个条件，其一是媒介接触的可能性，即身边必须有电视机或报纸一类的物质条件，如果不具备这种条件，人们就会转向其他代替性的满足手段；其二是媒介印象，即媒介能否满足自己的现实需求的评价，它是在以往媒介接触经验的基础上形成的。

(3) 根据媒介印象，人们选择特定的媒介或内容开始具体的接触行为。

(4) 接触行为的结果可能有两种，即需求得到满足或没有得到满足。

(5) 无论满足与否，这一结果将影响到以后的媒介接触行为，人们会根据满足的结果来修正既有的媒介印象，在不同程度上改变对媒介的期待。[②]

“使用与满足”研究的这种人文关怀或者说以人文为主的研究倾向凸显了受众的主动性特征。在一定条件下，受众能够主动地选择自己感兴趣的、需要的媒介信息，他们积极地使用媒介，而不是被动地听任媒介摆布。“使用与满足”理论的最大贡献，在于一反以往受众理论中的“传者本位论”倾向，而以受众为本位，来考察受众“使用”媒介以“满足”自身需求的行为。“使用与满足”理论的提出是受众观念发生根本转向的重要标志。“此前人们主要是从传播者或媒介的角度观察大众传播，考察大众传播是否达到了传播者的预期目的，而这一理论是从受众角度出发，通过分析受众的接触动机以及特定需求的满足情况来考察大众传播给受众的心理和行为所带来的效用”[③]，开创了从受众角度考察大众传播过程的先河。在这种视野下，受众的媒介接触行为不是被动接收行

① 郭庆光.传播学教程[M].北京：中国人民大学出版社，2005：183.

② 郭庆光.传播学教程[M].北京：中国人民大学出版社，2005：184.

③ 丁柏铨.中国当代理论新闻学[M].上海：复旦大学出版社，2002：76.

为，而是基于自己的需求对媒介内容进行选择的过程，并且这种选择活动具有某种“能动性”和自主性。因此，受众是居于主动的地位，而不是消极被动的。这一理论强调了受众需求的满足与否对传播效果的制约作用。另外，“使用与满足”理论强调从个人和心理的角度考察受众，认为受众不仅以群体存在，也以个体存在。从这方面来说，“使用与满足”理论对此前的受众研究是一种补充。

随着大众传播理论的发展，尤其是进入后现代社会之后，在有关大众文化、大众消费的研究中，学者们在考察大众传媒对受众影响的同时，也在不同程度上开始承认和强调受众的能动性对传媒活动的制约。因此，大众传播的受众观也逐渐有了新的突破和发展：

(1) 作为社会成员的受众。受众并不是孤立的存在，而是分属于不同的社会群体，有着不同的社会背景。受众在大众传媒面前具有某种能动性，大众传媒没有随心所欲地支配和左右受众的力量。

(2) 作为市场的受众。受众是信息产品的消费者和大众传媒的市场，这种观点在 19 世纪 30 年代以后大众传媒向企业经营形态转变的过程中就已经出现了。

(3) 作为权利主体的受众。受众不仅是传媒信息的使用者和消费者，还是参与社会管理与社会公共事务的社会成员，拥有各种正当的公民权利。在大众传播过程中，受众享有的基本权利包括传播权、知晓权和传媒接近权等。①

二、中国媒介受众观念的发展

受众的概念是 1985 年随着美国传播学之父威尔伯·施拉姆的《传媒信息与人：传播学概论》传入我国的，含义是“在传播的过程中的另一端的读者、听众与观众的总称”。在这之前，我国大陆学者将 audience 译为“受传者”，我国台湾学者则称为“阅听人”。在不同的时代和广播电视事业发展的不同时期，我们用着不同的词汇，这种词汇的更新与演变，体现着我们对“受众”内涵的不同理解。②

(一) 对象期

中国新闻媒介原有的受众观念，是以“群众性原则”为准绳，把受众当成宣传、教育的对象。媒介的主要任务是指导受众。对待受众的方法是“群众工作”，即处理群众来信、来访，组织通讯员来稿。

1940 年，延安新华广播电台开始播音。1958 年 5 月 1 日，我国第一个电视台——北京电视台

---

① 郭庆光. 传播学教程[M]. 北京：中国人民大学出版社，2005：6，53.

② 吕正标，王嘉. 电视新闻节目理念、形态与实务[M]. 北京：中国广播电视出版社，2004：294.

(今中央电视台)开始试播。电台、电视诞生后,各台都设有观众联系组。加强同受众的联系被视为新闻事业的基础工作,以拉近新闻媒介同受众的关系,扩大和巩固新闻媒介在人民群众中的影响和地位。但因受“左倾”思潮和“苏联模式”的影响,新闻媒介大都重灌输轻反馈,重指导轻服务,忽视受众在新闻传播活动中的主体地位,未将受众调查、受众研究的工作放到应有的位置上。况且,当时“左倾”思潮泛滥,受众理论被批判为“资产阶级新闻观点”,受众工作根本无从谈起。所谓观众的声音,成了适应某种“政治需要”的表态。

在这段时间,广播电视媒体肩负着社会职责,以“应当是什么”作为价值评判的标准,为人们构建并守护着符合传统价值、标准和审美判断的精神家园。新闻媒介是政党的“言论”“观点”机关,“人民群众”则成了接受指令、教化的芸芸众生。在这样的定位下,“教育对象”成了我们后来耳熟能详的“受众”的代名词。这种泛政治化的表述体现的是对新闻事业政治属性的强调和对舆论引导功能的强化。在当时,媒体是一个生产单位,生产什么,生产多少,由媒介工作人员和宣传的决策者决定。对受众来说,你生产什么,我们就接受什么。媒体坚守着自己的主体位置,固执地执行“上令下达”的单向传播模式,服务于传媒所有人。这种“媒体本位”思想主要从自己的需要、利益、意志、兴趣出发,很少考虑受众的实际状况和需要。

(二) 用户期

1978 年中共十一届三中全会以来,特别是 1992 年党的十四大提出建立社会主义市场经济的目标模式之后,中国新闻媒介发生了一系列变化。这种变化不仅仅表现在新闻事业规模的扩大和结构层次的多样化上,更表现在:在传播内容上,信息量加大,娱乐性、服务性提高;在传播特点上,公开性、透明度、参与性增强,不再是简单向受众灌输,而是和受众平等协商对话;在传播方式上,变单向传播为双向传播,做到上情下达、下情上达。总之,中国新闻媒介在原有的指导性功能的基础上,探索实现舆论监督、信息服务、知识娱乐等多种功能。

20 世纪 70 年代末 80 年代初,我国开始实施改革开放政策,整个社会迅速步入了全面转型时期。在这一社会背景下,“媒体本位论”的根基也开始动摇,新闻媒介越来越强调受众的地位和作用。受众主体意识开始觉醒。受众参与节目成为广播电视新的增长点。受众以和传者平等的身份出现在传播中。中国新闻媒介的受众观念从“对象期”进入了“用户期”,媒介越来越重视受众,传播形式更活泼,更贴近受众,可受性、服务性、娱乐性更强。“做片子时,电视与电视观众要没有距离感,要变成我和你的关系,要接受、了解观众,把传播和观众之间的关系变成平等的对话关系。”①受众地位的不断提升,要求改变原先重视传播者、轻视受众的传播方式。

---

① 陈默. 影视文化学[M]. 北京:北京广播学院出版社,2001:35.

(三) 权利主体期

20 世纪 90 年代初，作为“春天的故事”之组曲，广播电视开始走上市场化的道路。从此，传媒业不再依靠国家财政拨款的生存之道。走向市场，进入激烈的市场竞争，争夺自己的一席之地，成为传媒业的唯一出路。聪明的媒体进入市场后很快弄清楚了自己面临的两个“衣食父母”：受众和广告商。受众多则收视率高，收视率高则广告收入多，并以此形成良性循环。因此，传媒市场的竞争，归根结底是争取受众的竞争。在这种媒介环境下，新闻传媒和新闻工作者的受众意识得以确立，受众一直被压抑的表达欲与表现欲得到了解放。

在这一时期，受众的需求受到重视，受众的心理得到尊重，受众的权益开始凸显，受众的主导角色从此确立。媒介不仅仅把受众当作传播的施与对象，而是认识到：受众作为消费者，具有了解真实情况的知情权和对信息广泛的选择权；作为社会的一员，受众有使用媒介、表达和参与传播等多项权利。可以认为，中国新闻媒介的受众观念从“用户期”进入第三个阶段——“权利主体期”。具体表现在①：(1)受众对节目有选择权和拒绝权。他们不仅可以在电子、印刷等多种大众传播中进行选择，也可对“空中大战”般纷繁多样的广播电视节目做出选择。节目是传播者制作的，播出之前的主动权是在传播者手中，然而节目一旦播出，看(听)什么，不看(听)什么，看(听)多长时间，主动权就转移到受众手中了，受众的遥控器锁住某个频道(率)就是选择了这个节目，同时也就是拒绝了其他节目。(2)受众对节目的理解和评价具有主动权。节目的社会意义和审美价值只有在受众的接收过程中才能表现出来。换句话说，即便他选择了这个节目，但是他对节目的理解和评价具有主动权，媒体的传播目的只有在与受众的互动中才能得以实现。(3)受众具有节目的参与权。作为一个能动的社会主体，受众具有积极参与的愿望，但只有在大众传媒成为可以“触摸”、可以信赖的朋友时，才有这种愿望和行为。因此，这就要求传播中的主持人亲切平易，具有交流感。只有这样，受众才能真正参与到节目中来，平等地与主持人沟通交流，共同讨论大家普遍关心和感兴趣的问题。受众绝不再是被动的接受者，受众对于促进节目发展具有推动创作的作用。

相比较“对象”“用户”而言，“权利主体”的含义主动得多。受众从传播的“靶子”成为传播服务的“主体”；他们可以按自己的意愿挑选自己喜欢的节目及其数量、时限、来源；他们从被动接受信息的“弱者”成为决定传播效果的“强者”；他们不仅可以“关停转换”，还可以与广播电视媒体进行交流和互动，发表自己的意见。从这个意义上说，传/受关系并不是此前的主/客关系，而是经过了主体“产品化”、客体“中心化”之后的平等关系。

① 杨允. 主持人与受众关系新论[J]. 新闻爱好者，2006(04)：16—17.

(四) 产消合一期

2014年8月18日，中央全面深化改革委员会第四次会议审议通过的《关于推动传统媒体和新兴媒体融合发展的指导意见》指出，要推动传统媒体和新兴媒体在内容、渠道、平台、经营、管理等方面的深度融合。以此为标志，媒体融合上升为国家战略，业界也开始进入了媒体融合的实践转型时期。

在融合文化时代，新媒体和旧媒体相互碰撞，消费者将拥有更大的权力，这便迎来了产消合一期。“产消合一”的概念最初来源于经济学领域，未来学家托夫勒在其作品《财富的革命》中提出产消合一者的概念，用以指代那些为了自己使用或者自我满足而不是为了销售或者交换而创造产品、服务或者经验的人，在此基础上，托夫勒全面提出了产消合一的经济概念，在这一经济背景下，企业利用消费者的产消合一行为，节约了企业的成本，获得了更多利润。①

如果说传统媒体时代下的用户期受众以和传者平等的身份出现在传播中，那么进入全媒体时代，受众的地位再次上升，即达到了与生产者(producer)和消费者(consumer)界限模糊的产消合一者(prosumer)时期。这一时期的产消合一者不仅拥有权利主体时期对节目的选择权、拒绝权、参与权以及理解和评价主动权，更成了节目和内容信息的生产者。

在传播工具与传输渠道多元化的今天，用户越来越成为互联网舆论场上的主角，从Web 1.0的大型门户网站，到Web 2.0的交互式社交媒体，再到Web 3.0所带来的元宇宙沉浸式体验，用户不断地接收多渠道信息内容，并在此基础上创作生产新的内容产品，进行自我价值的实现。近几年，短视频依靠趣味性的语言、情感化的表达以及碎片化的呈现方式迅速获得用户关注，成为社交媒体时代用户交流的主要平台，这一平台中用户的多元需求也催生了垂直领域的用户生产者的涌现。伴随着全媒体的兴起，成为产消合一者的受众既为节目主持人的内容生产与信息传播提供了机遇，同时也对节目主持人在舆论场上的话语表达与有效传达提出了新的挑战。

三、受众细分的现实要求

美国和英国拥有全世界最发达的电视产业，频道专业化程度也非常高。一般来说，美国的频道专业化分类有三种：一是以几家大的广播电视公司为龙头的综合性频道(新闻、娱乐、经济)；二是在某一大类内容上具有权威性意见的代表性频道(如CNN，侧重于新闻的新闻频道)；三是全部播映某一专门内容的专门性频道(播电影的HBO频道；播乡村音乐的Country Music频道；播天

① 孟庆春，曹晨，马硕.新产消合一理念研究[J].理论学刊，2014(05)：39—42，129.

气预报或交通状况的 The Weather Channel 频道；甚至有专播家居园艺的 Home & Garden TV 频道）。为满足受众个性化需求，美国电视形成了多层次的频道体系，各个频道在竞争激烈的传媒市场中寻找和创造出各自的媒介生存空间。

20 世纪 80 年代，中国电视还处于“三少”（电视台少、频道少、节目少）状态，而今天，电视业已经由“卖方市场”进入“买方市场”，电视受众也由集群化转向分众化，受众的主体地位日益加强，形成了多元化的收视需求，电视专业化频道应运而生。2003 年 7 月 1 日，中央电视台正式推出 24 小时新闻频道，2003 年 12 月 28 日，推出少儿频道。此后，中央电视台音乐、奥运、农业农村、4K 超高清频道陆续开播，至此，中央电视台的频道总数达到 18 个，涵盖了新闻、娱乐、体育、影视、经济、军事、农业农村、少儿、科教、戏曲等诸多内容领域。各省级电视台也紧跟中央电视台的脚步，不断增加频道数目与节目样态，北京电视台现有 11 套电视节目、10 套广播节目，上海文广新闻传媒集团也拥有 10 套电视节目、13 套广播节目，并把“节目更精彩，选择更多样”作为集团追求的新目标。2003 年以来，数字付费广播电视兴起，各地纷纷申办专业化的付费频道。据不完全统计，现有的全国覆盖的付费电视频道 85 套，省内覆盖的付费电视频道 16 套。有线电视网络整合与广电 5G 建设一体化加快发展。截至 2022 年底，全国有线电视实际用户 2.00 亿户，有线电视双向数字实际用户 9 820 万户，同比增长 1.23%。高清和超高清用户 1.10 亿户，高清超高清视频点播用户 3 981 万户，占点播用户的比例达 94.43%。[①] 上述传媒市场操作暗示这将是一个新的传媒时代，传媒对受众的满足由原先的大众化满足逐步走向小众化，传媒形态也由社会塑成型转向阶层塑成型。

在网络端，网络用户的年龄阶层逐渐分散。截至 2022 年 12 月，我国网民规模为 10.67 亿，其中，手机端网民规模为 10.65 亿，较 2021 年 12 月新增手机网民 3 636 万，网民中使用手机上网的比例为 99.8%。而从年龄结构看，截至 2022 年 12 月，20 岁以下、20—29 岁、30—39 岁、40—49 岁、50—59 岁与 60 岁及以上网民占比分别为 18.7%、14.2%、19.6%、16.7%、16.5%、14.3%。[②] 在最新的网民数据中可以看出，各个阶层的网民呈现出分散的趋势，且原有被数字鸿沟遗忘的老年人成了重要的网络用户群体。这也使得在网络媒介的主流媒体不能仅仅满足少部分年轻网民的需求，而应照顾到各个年龄层次网民的喜好。

从传播学层次看，这是受众分层的现实要求。不同的社会发展阶段，有不同的社会阶层空间结构。费孝通先生将 20 世纪中国社会发生的深刻变化，概括为“两个大变化”和“三个阶段”。[③] 他指

① 国家广播电视总局. 2022 年全国广播电视行业统计公报[EB/OL]. (2023-04-27)[2023-04-28]. http://www.nrta.gov.cn/art/2023/4/27/art_113_64140.html.

② 中国互联网络信息中心. 第 51 次《中国互联网络发展状况统计报告》[EB/OL]. (2023-03-02)[2023-04-28]. https://www.cnnic.net.cn/n4/2023/0302/c199-10755.html.

③ 费孝通. 创建一个和而不同的全球社会——在国际人类学与民族学联合会中期会议上的主旨发言[J]. 思想战线，2001(06)：1—5，16.

出,“第一个变化是中国从一个传统性质的乡土社会开始变成一个引进西方机器生产的工业化时期。一般人所说的现代化就是指这个时期”,而第二个变化则是“中国从工业化或现代化走向信息化的时期”。中国目前正处于由传统的农业社会向工业化、现代化社会变迁的转型时期。在这个急剧转变的过程中,中国社会空间结构出现了阶层的分化,由 1978 年以前的两个阶级(工人、农民阶级)、一个阶层(知识分子阶层)分化为多个阶层,包括:国家与社会管理者阶层、个体工商户阶层、商业服务业员工阶层、产业工人阶层、农业劳动者阶层和城乡无业、失业、半失业者阶层。并且,各阶层之间的社会、经济、生活方式及利益认同的差异日益明显。① 不同阶层需要不同的利益认同与不同形式的传播服务。只有满足了目标受众群的需求,才能成为受众选择的优先对象。

主持人通过自身的专业素养、亲和力、感召力和鲜明的个性,将节目的内容有效地传达给节目的目标受众,并对他们施加影响,不仅满足受众的需要,更能够实现媒介的传播目的,优化传播效果。如何有效地利用分众化所带来的有利条件,充分发挥主持人的传播特点和传播优势,不断实现自我发展和完善,将是主持人实现自身价值和获得更大发展的关键。随着主持人在目标市场上传播活动经验的积累,对目标受众需求满足的经验性技巧会逐渐提高,传播效率将大幅提升。

第三节 全媒体主持的传播新态势

全媒体环境对于传媒行业工作者来说机遇与挑战并存。新媒体拓宽了传统媒体的发展空间,传媒工作者的发展机会更多元,但是将传统的内容生产消费观念搬到新媒体中是万万不行的,应从过去的单一身份信息采集者传播者逐渐向全能型主持人转型,并且要掌握各种媒介特质,打造适合于全媒体平台的节目。具体而言,全媒体主持的媒介传播环境与传播行为出现了以下全新态势。

一、从现实表达到虚拟延伸

1998 年 5 月时任联合国秘书长安南在联合国第二十届新闻委员会年会上提到“在加强传统的文字和声像传播手段的同时,应利用最先进的第四媒体——互联网,以加强新闻传播工作”。网络视频伴随着互联网应运而生,随着 Web 2.0 时代的到来,宽带用户数的大幅度增加,2006 年

① 陆学艺.当代中国社会阶层研究报告[M].北京:社会科学文献出版社,2002:4,9.

成为网络视频的发展元年，网络视频网站开始成为兵家必争之地。基于网络视频网站这样一个能够充分展现互联网特性的平台，将传统的电视节目类型应用到视频网站，便产生了网络节目。目前对于网络节目的常见定义是：以宽带网络为载体，以视音频多媒体为形式，以互动个性化为特性，为所有宽带终端用户提供所需的节目。

网络节目也可以说是互联网与传统媒体的结合，依托于互联网技术和平台嫁接传统节目的传播内容与表达方式。网络传播的及时性、互动性、开放性等特点成为节目嫁接的依据和优势，但是在互联网大量的信息中，用户可选择渠道多了，选择依据却少了，可选择信息多了，选择能力却下降了，这就需要有一个引导式的角色在大量的信息中根据受众需求对有效信息进行筛选整合，然后传播给受众。在传统媒体中担任这一角色并且用更加生动、更加亲切的方式来传播的就是主持人，网络节目主持人的出现为冰冷的互联网赋予了人性化维度，增加了人情味。

作为网络技术发展的产物，虚拟主播可以算是网络节目主持人早期原型。1956 年夏，美国达特茅斯大学举办了主题为“讨论如何应用机器模拟人类的智能问题”的会议，正式提出“人工智能”这一概念。人工智能技术自诞生之日起，就以其创造力形塑着各个领域，传媒行业也是其中之一。2021 年 10 月 28 日，脸书(Facebook)在年度大会上宣布公司名将更改为“Meta”，大举进军“元宇宙”领域，也预示着由计算机模拟、与真实世界平行的虚拟空间元宇宙将成为下一代互联网风口。作为依托智能技术营造的虚拟产品，虚拟主播是媒体通向元宇宙的重要入口。虚拟主播又名虚拟主持人，是由高科技仿真合成技术与语音技术共同组成的媒介语言传播的新载体。具体而言，虚拟主播技术可以帮助真人获取其虚拟形象，以此代替自己在虚拟世界中活动，同时虚拟主播也可通过虚拟形象播报新闻，形成虚拟世界与现实世界观众的紧密联结，是智能时代的主持人的重要实践形式之一。虚拟主播的出现也为媒体深度融合背景下传媒业的发展再添筹码。

二、从独立主导到融合共赢

2014 年 8 月 18 日，中央全面深化改革委员会第四次会议审议通过了《关于推动传统媒体和新兴媒体融合发展的指导意见》，将媒介融合上升到国家政策高度，媒介融合的力度和深度都在强化，融合的形态和方式呈现出更加多样化的局面。

对于面临新媒体的冲击和挑战而处于困境中的传统媒体来说，融合转型是大势所趋。传统媒体纷纷尝试运用创新思维与方法探索与新兴媒体的对接。电视媒体是电子媒介时代最具影响力与传播力的大众传播媒介，电视媒体引领着媒介生态系统的变革，但是随着新兴媒体优势的凸显，电视媒体的生存空间受到挤压，新媒体与生俱来的受众媒介使用满足度的优越性，带来的必然是电视媒体受众的流失，电视媒体想要实现转型必须借助新媒体力量融合对接进行台网联动。

社交媒体是互联网一块蓬勃发展的肥沃土壤，网络赋予网民的主动权和话语权使社交媒体具有自发性的传播特征，人人都可以发表自己看法，吸引了大量受众的参与。而传统媒体与社交媒体相比有着完全不同的属性，传播者、传播方式都存在较大的差异，但不可否认的是传统媒体受众正在流失，社交媒体受众悄然崛起。同时，竞争也可以转化为共赢，社交媒体可以成为传统媒体转型的有力推手。如何跨越两者之间差异，实现融合对接，是传统媒体急需解决的问题。2012 年伦敦奥运会，推特(Twitter)网站与 NBC 签署合作报道协议，在奥运会过程中，推特整理来自奥运参赛选手、家人、粉丝和 NBC 电视台员工的数百万条推特消息，并在统一的页面中呈现出来，在奥运页面鼓励用户收看 NBC 的电视节目和在线直播，NBC 在电视报道中展开互动，弹出推特的奥运会标签，宣传推特的奥运报道。NBC 的收视率创下新高，这次合作跨越了两者的界限，从广告盈利和传播效应来说实现了共赢。

社交媒体为传统媒体创造了更多层次的受众，尤其是低年龄层用户，“根据皮尤基金会的调查，观看 NBC 伦敦奥运会节目的 10—19 岁的青少年观众上升了 54%”①。通过社交媒体，主持人的影响力和传播力都有所扩大，美国各大媒体官方推特粉丝数前十的电视台占到 7 家，粉丝数量最多的十大媒体人都与电视有关，CNN 主播安德森·库珀的粉丝数量位居榜首。

三、从各司其职到台网联动

技术手段的丰富使得信息获取越来越容易。在多家媒体竞争中，谁能更好地利用全媒体创新节目形态，深入挖掘节目特色，谁就能留住受众、提升传播力。2008 年美国总统大选的报道中，作为有线电视新闻频道鼻祖的美国有线电视新闻网(CNN)运用了全息影像技术，将远在芝加哥奥巴马总部现场采访的记者的影像再现在演播室中，与现场主持人面对面地进行交流，跨越时空限制，并且准备了连续超过 14 小时的直播报道，几组主持人在全息化开放立体演播室中，快速梳理着各方信息，反馈着受众的声音，在众多电视台报道中脱颖而出。

近年来，随着爱奇艺、腾讯视频、搜狐视频、乐视网、优酷土豆等新兴视频网站的发展壮大，传统电视行业面临着极大的收视威胁。随着越来越多的电视观众走向电脑屏幕，故步自封和坐享其成的传统思路，只会使电视台的原有受众进一步流失。在媒介融合时代，“触网”——互联网化转型，才是传统电视台应对互联网分流冲击的最佳策略。② 电视台的优质资源，尤其是一些具有

① 史安斌，刘滢．“我推故我看”：电视节目全媒体传播和社会化营销新趋势[J]．电视研究，2014，292(03)：13—15．
② 闫玉刚，魏茁．“TV＋”时代地方台台网联动之路[J]．中国广播电视学刊，2016(12)：48—51．

文化传播价值、社会认同的内容，更应该借鉴台网联动的形式，一方面通过受众互补、媒介特性互补、传播周期互补引起更广泛的受众关注和互动参与，另一方面为电视台和互联媒体带来商业价值上的双赢，提升传播力。

2015年春晚就是央视的一次全新尝试。春晚在中国人的心中是一个强大的文化符号，但"羊年"春晚首次与微信摇一摇红包联动，电视屏幕主持人一声令下，开启手机屏幕的双屏紧密对接。数据显示，"羊年"春晚微信摇一摇互动总次数超过110亿次，央视春晚摇红包创造了全民欢乐互动的历史，让"看春晚""抢红包""摇一摇"成了2015年亿万中国家庭的新年关键词。

由此可见，全媒体主持传播的发展以互联网为基础，其形式更加多样化，内容也更具时效性，节目更能满足人民大众的需求。全媒体主持传播的组成元素包含了与互联网有关的多种终端设备和基于互联网产生的众多媒体平台，这对促进电视节目的发展发挥着极为重要的作用。正是全媒体在电视节目中的广泛应用，使得电视节目主持人也不断向"融合型"主持人转变。

四、从传统大屏到移动小屏

长期以来，节目主持人的屏幕呈现形式集中于传统媒体时代的大屏播放，受众唯有坐在电视机旁通过你播我看的方式完成信息获取。在全媒体时代，新闻播报与信息传输逐渐从大屏转向小屏。

2020年底，中央广播电视总台文艺节目中心和央视创造联合打造了《朗读者》第三季的先导节目《一平方米》，全方位呈现了在北京、武汉、厦门同步开启的72小时新媒体直播活动的精华内容。该节目最初上线于新媒体平台，是《朗读者》第三季全媒体内容矩阵中的创新节目样态，也是总台首个小屏直播内容反输电视大屏的尝试。随着媒介技术的深度发展，小屏的价值与应用性不断提升，成为与大屏并行的重要节目呈现形式。2022年春节联欢晚会，总台首次尝试在央视频App和微信视频号推出竖屏直播，专门在晚会现场设立服务于竖屏移动端观众的摄像机，为受众提供了全新的视觉体验。

相较于传统大屏，移动小屏呈现出以下三点报道特征，如表3-2所示：

表3-2　传统大屏与移动小屏的报道特征对比

对比要素	传统大屏	移动小屏
报道时长	报道时长固定	报道时长灵活
报道内容	相对有限，关注结果	灵活多样，追踪过程
用户权利	相对被动	主动选择

一是报道时长更为灵活。小屏既能呈现1分钟以内的微型产品，也能进行动辄2—3小时甚至更长时间的直播报道。二是报道内容更为丰富。与传统大屏审核机制严格的有限报道主题相较，小屏直播关注的话题更为灵活多样。此外，传统的大屏直播注重结果呈现，而小屏直播主要是实践过程的追踪。三是大屏小屏的用户权利有所差异。传统的大屏节目中，用户只是节目内容的被动接收者。而在小屏之中，用户拥有更为丰富的节目选择权，同时能以弹幕、留言的形式展开与主播的互动，对主播的主持行为产生一定程度的影响。

五、从说教身份到交流姿态

节目主持人诞生之初，多以信息的传递者角色出现，因而对于信息的播报和内容的表达均是无反馈的播报模式，此时主持人只需进行单纯的稿件阅读工作。而随着媒介种类的多样化与新节目形态的出现，主持人的主持行为也发生了变化。主持人不再是高高在上的说教者，其在荧幕中多呈现为平等的交流者形象，要时刻心中有观众，与观众平等对话。借用主持人敬一丹的话说："节目主持人的对象感运用强调具体化，他一般不做'一对多'的设想，而把交流设想成'一对一''一对几'。这种心理状态是'我'与观众谈话的必然要求，他以个人对个人的形式来适应观众的接受心理，有时是和一位真实存在的观众直接呼唤，有时是把收听、收视对象设想成一位熟悉的朋友。"①

2019年底，尼格买提担任总导演与制片人的节目《你好生活》在台网端同时上线。在此档节目中，多位央视名嘴摆脱了立于舞台中央的光鲜亮丽角色，回归最本真、最纯粹的自然环境，在惬意闲谈之中，使观众感受生活之意义。正是实现了这一主持姿态的转变，《你好生活》寻找到了独特的发展空间，三季节目的收视、口碑的"双在线"也印证了这一点。

六、从受众模式到用户思维

互联网打破信息不对称的传播局面，使得信息更加透明化，受众获得更多的话语权。以受众为中心的观念对于传媒行业来说尤为重要。在互联网营销思维中，用户思维居于首位。媒介融合背景下媒体纷纷进行商业化运作模式的探索，进行规模化、集约化的媒介产品生产，在这样的前提下，受众从被动接受者变成了有自主选择权的用户，从吸引受众向打造用户转变。节目主持人要在节目中以服务型的用户思维对节目选材、制作、包装、营销等有全方位的考虑，需要在海量

① 俞虹.节目主持人通论[M].杭州：杭州大学出版社，1996：277.

信息中拥有洞察甄别的能力，了解不同媒介的传播特性，从而能够捕捉受众需求和预期，敏锐发现受众关注的热点。《罗辑思维》是一档自媒体脱口秀节目，话题涉及历史、经济、互联网、文化、民生等众多的领域，且由于节目"做你身边的读书人"的定位，不可避免地会遇到很多艰涩的专业知识。作为节目主持人，罗振宇清楚地认识到节目的受众群体不是科学家，也不是行业高手，而是普通大众。因此，运用浅显易懂的语言，把艰涩冷僻的学术用语、拗口迂回的古文诗词、深奥费解的科学原理自然而然地说出来，使听众能够明白自己在说什么，成为罗振宇所要做的最重要的准备。专业术语通俗化成为罗振宇语言的一大特色，充分体现了主持人的用户思维。

此外，《罗辑思维》在每一期的录制前会在其微信、微博等社交平台汇总粉丝们想要听的内容方向，然后选择多数人想听的主题进行创作，从而增加用户的参与感和认同感。《罗辑思维》每一期主题思想的表达，都会先对中外历史、当下社会事件和学者观点进行大量的资料收集，作为节目严谨的佐证，然后运用故事形式对枯燥事实进行通俗化、趣味化的讲述，最终通过故事来阐述道理，这都是符合互联网用户思维的体现。

综合思考题

1. 传播场景社交化转向对主流媒体提出了怎样的挑战？
2. 请简要谈谈智能化传播场景的表现。
3. 什么是虚拟主播？
4. 台网联动为全媒体主持带来了什么样的契机？
5. 在新的传播环境中，全媒体主持的传播姿态发生了怎样的变化？

延伸阅读

1. [美]马泰·卡林内斯库著，顾爱彬、李瑞华译：《现代性的五副面孔》，商务印书馆，2002年。

2. [美]保罗·莱文森著，何道宽译：《手机：挡不住的呼唤》，中国人民大学出版社，2004年。

3. [丹麦]延森著，刘君译：《媒介融合：网络传播、大众传播和人际传播的三重维度》，复旦大学出版社，2012年。

艺海拾贝

黑人名记:埃德·布莱德利

埃德·布莱德利(Ed Bradley)是第一位进入CBS工作的黑人名记,也是继丹·拉瑟之后CBS著名新闻栏目《60分钟》的王牌主持、记者。

1941年6月,布莱德利出生于费城西部的贫民区,由母亲格拉迪斯独自抚养。从大学毕业后,布莱德利成为一名老师。因为喜欢上爵士乐,布莱德利在费城广播台兼职做音乐节目主持人。1967年,他在纽约WCBS电台做地方报道。1971年,布莱德利到巴黎旅行,随后在CBS驻巴黎办事处担任特约记者,1年后,布莱德利成为越战的战地记者。从越南火灾到西贡被攻克,从战士吸毒到难民潮来袭,布莱德利冒着生命危险把"战火里的西贡"一一对外报道。越战结束后,布莱德利成为CBS驻白宫记者,参与1976年总统大选的新闻报道,打破了当时驻白宫记者清一色白人的职业藩篱。

1981年起,布莱德利加盟CBS新闻节目《60分钟》,接替明星主持人丹·拉瑟,成为CBS《60分钟》的新主持人和记者。臻于完美的采访方式使布莱德利获奖无数,包括4次皮博迪奖和19次艾美奖。可以说,布莱德利具备一流记者的职业素养,离不开他早期独特的生活经历。

1981年起,布莱德利成为CBS新闻栏目《60分钟》的新主持人和记者。以"尖锐提问"的采访方式著称的布莱德利,挖掘到许多独家新闻,其中包括对俄克拉荷马爆炸案凶手麦克维的采访、对天王巨星迈克尔·杰克逊的采访。2003年是布莱德利记者生涯中最辉煌的一年。在这一年里他一举夺得3座艾美奖,同时还获得全美黑人记者协会颁发的终身成就奖。

作为活跃在美国主流媒体里最成功的黑人记者,布莱德利的辉煌成就无人能及。然而,在2006年11月9日,他却永远闭上了他那深邃的双目,终年65岁。作为美国电视新闻荧幕成功转型的明星主持之一,布莱德利的悄然离去,令人倍感惋惜。CBS著名新闻节目《60分钟》中,再也看不到这位戴着标志性耳环、一把花白络腮胡子的黑人大叔的身影。

第四章

全媒体主持的
传播主体

知识点框架图

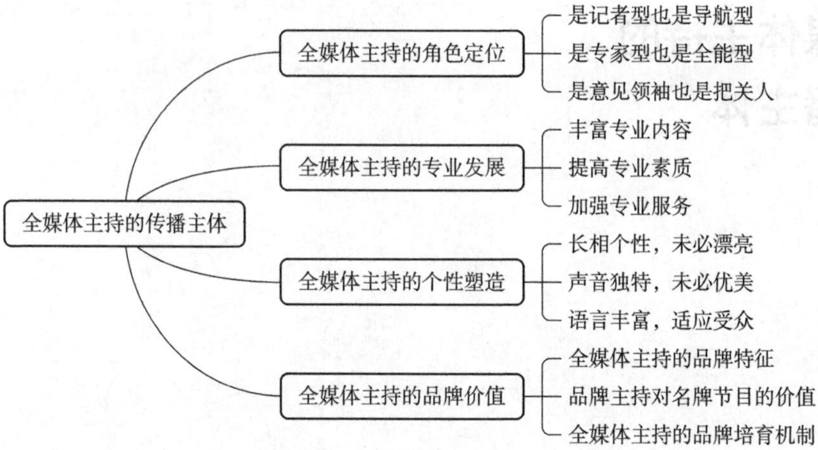

关键术语

角色定位　专业发展　个性塑造　品牌价值

对于新兴的网络节目来说，形式的改变是最为显著的，融合了图片、声音、视频、互动等多种元素。而对于媒介传播主体的全媒体主持人来说，其传播特征也不同于传统媒体节目主持人。作为一档节目的台前掌控者，主持人肩负着独特的任务，既是节目的门面，也是节目的标杆。传统媒体节目中主持人功能较为单一，角色较为固定。全媒体环境对主持人的身份加以重新界定，对主持人的个性进行重新塑造，全媒体主持人也不断在实践中培育自身品牌价值。

第一节　全媒体主持的角色定位

在我国传统媒体节目中大部分主持人不参与节目的选题、采访、编辑工作。当然，在全媒体环境中，主持人需要具备一定程度的选题策划、编辑制作的能力。但是，节目主持人最为基本的职责仍是将编导准备好的稿件在错误率最低的情况下传达给受众。

白岩松说："目前中国的主持人行业急需解决的首要问题是营造提升主持人的机制。从现实来看，他们把一个刚毕业的年轻人迅速塑造成一个主持人不难，但让一个主持人变得更好，能够红火10年、20年，这是现有机制无法办到的事情。所以媒体对优秀新闻主持人有着很强烈的诉求，是因为媒介融合时代竞争的现实和观众的需求使然。”[①]全媒体环境中信息纷繁复杂、瞬息万变，主持人要找准自己的角色定位，要对信息有足够的识别能力和解读能力，用户媒介需求的差异化又要求主持人对某一方面有所专长又能博采众长，同时全媒体使主持人意见领袖和把关人的功能进一步深化。

一、是记者型也是导航型

国外的记者型主持人大多有着丰富的记者从业经历，然后成为资深主播，多年的实战经验使得主持人对于新闻信息有着更深刻的理解和解读，在主持过程中有更好的驾驭能力。像克朗凯特、丹·拉瑟、迈克·华莱士等大牌主持人不仅是节目的标志，而且是其新闻运作的核心。记者型主持人具有敏感的信息辨识能力，能够抓住问题重点，在主持中能够一语中的，同时熟悉节目的选题和编排，在主持中能够言之有物。美国ABC新闻节目主持人詹宁斯在第一次担当ABC主持人时，由于缺乏知识和经验，经常将美国的历史地名读错。之后自己主动辞职，投身记者工作，10年后复出，成为经验丰富、学识渊博并备受受众青睐的著名主持人。记者型是对主持人信息化传播的初步要求——信息识别，导航型是对主持人更进一步信息解读和信息整合的要求。福克斯新闻频道(Fox News)知名记者威廉·拉·胡涅斯在节目中常常用数据来解答问题并对相关数据进行解读，回答提问时能够以最快速度找到提问者需要的历史资料、数据和观点，进行适当的解读后回馈给受众。[②] 这种事件解读和整合能力在全媒体信息环境中显得格外重要。

二、是专家型也是全能型

全媒体环境中整合传播与分众传播同样重要，单一功能的主持人已无法适应媒介、受众和市场需求，主持人要能够在领域中有所专长，能够匹配不同类型节目的细分。比如播客节目《摄影那些事儿》的主持人松列布本身就是一位摄影爱好者，从他节目的选题当中就可以看出他个人对于摄影领域的熟悉程度，如图片格式、镜头那些事、怎么摆和怎么拍等。这档看似小众的节目，其收听率和下载量都有不俗的表现。正是人们对主持人专业知识的需求与信赖，培育了对主持人

---

① 曾鸿. 节目主持人的角色生命力[J]. 新闻前哨，2006(11)：49—50.

② 郭凤云. 媒介融合环境下的主持人角色与功能转型解析[J]. 中国传媒科技，2012，212(21)：43—45.

专家型角色的需求。

所谓专家型的节目主持人并不是要求主持人变成专家，以研究和分析专业内的深刻学术问题为目标，而是要求主持人首先能在一个自己喜欢的领域中成为"行家"，对该领域的内容可以娓娓道来，如数家珍，然后再利用主持人本身传媒专业素养将该领域的内容与传播特点相结合，选题和解读能够做到既在专业的领域凸显报道的专业性，又能回答和关照社会的现实问题和大家普遍关心的话题。《今日说法》中的撒贝宁、《中国诗词大会》中的董卿都是专家型主持人的优秀代表。

所谓全能型的主持人，是指具备多种能力的综合型主持人才。相比于传统意义上的主持人而言，其能力结构更加丰富和科学。在当前融媒体时代十分成功的辩论类网络节目《奇葩说》里，主持人马东不仅扮演着主持人的角色，同样拥有着观众的第三方视角以及辩手们直观辩论的话语权。除此之外，马东更是参与了《奇葩说》的策划和制作。在这样的情况下，即便没有主持稿，他一样可以流畅地驾驭节目进程，使节目可以有序地进行下去。即便是即兴环节，也会更好拿捏尺度。全能型主持人就是参与节目的前中后期，是拥有多种主持能力的综合型主持人才。

三、是意见领袖也是把关人

"意见领袖"的概念由传播学者拉扎斯菲尔德在20世纪40年代提出，指在人际传播网络中经常为他人提供信息，同时对他人施加影响的"活跃分子"，他们在大众传播效果的形成过程中起着重要的中介或过滤的作用。人际传播情境的加入是新媒体与传统媒体最大的不同之处，赋予大众传播人际化的传播特征。美国《连线》杂志认为"新媒体就是所有人对所有人的传播"。[①] 传者和受者之间能够频繁互动，进行信息交流与交换，给人们提供了一个自由平等的空间来发表自己的观点。在这个空间里，主持人在议题设置和信息控制方面有一定的影响力，这种影响力在平民化的新媒体环境中被无限放大，意见领袖的地位也就更加凸显。

全媒体主持人的角色虽然更多元化，但主持人依然是传播中的把关人，并且被赋予了新的职责。互联网传播的内容在真实客观方面不如传统媒体报道，主持人要坚定媒介组织的立场，具有甄别能力，从中筛选利用有用的、有益的信息，从抑制和疏导两个方面对传播内容进行把关。尤其是互联网为众多自媒体节目提供了相对宽松的传播环境，在自由表达多元意见和价值观的同时，节目最后的落点应当是在积极的情感与价值观取向之上，避免节目沦为负面言论、情绪宣泄的场所。节目主持人在其中起到关键性的把关、引导作用，应重视积极情感引导。

① 毕一鸣. 言由旨遣　语随境迁——新媒体语境下主持人的话语方式[J]. 视听界，2013，175(05)：53—56.

第二节 全媒体主持的专业发展

无论是传统的电视媒体，还是技术发展后的全媒体，都对主持人提出了专业化方面的要求，主持人要遵循职业道德，在职业活动中进行自我教育、自我改造与自我完善。主持人既要对播音主持专业的丰富知识与专业素养有所掌握，又应具备多种传播手段与传播技巧，使专业内容深入浅出地抵达广大用户。在全媒体传播环境之中的主持人的专业化发展可从传统媒体处汲取营养，主要通过丰富专业内容、提高专业素质、加强专业服务等三方面提升自己的专业化水平。

一、丰富专业内容

专业频道和节目的内容是由节目的目标受众决定的，节目向其目标受众群体提供满足其需要的特定信息，因而专业化节目以及专业化节目主持人在传播内容上具有指向性明确的特征。专业化节目在传播的过程中，往往按照受众的不同属性和需求确定频道或节目的内容定位。如面向司机的交通频道和交通节目（北京人民广播电台交通台），以高端受众为主体的经济、访谈节目（《对话》），以受众的兴趣取向定位的专业频道或节目（主打历史的阳光卫视、央视科学教育频道《鉴宝》）等等。在频道专业化和节目的受众定位愈加明确的趋势下，主持人在主持节目时所传达的内容不再是泛泛的社会信息，而是具有专业性、针对性的内容——不追求满足所有受众的需要，重点向特定的目标群体传达相关的信息。

全媒体时代，传播环境呈现出多种媒介平台并立的现象，这一传播现象带来了更为丰富繁杂的传播内容，若要形成在海量互联网信息之中的媒介竞争力，既可依靠有冲击性、娱乐性的新媒体话语，亦可通过具有专业性价值的传播内容。作为专业的媒体主持，通过前者博取眼球固不可取，因而生产高质量的专业性内容变成了全媒体生存的重要方式。专业频道以及专业节目主持人，在传播的内容上较之大众化的传播更加明确和具体，这不仅是分众传播的内在要求，更有利于提高主持人和媒介的信息传播效率。

二、提高专业素质

“传统意义上的‘俊男靓女’‘漂亮面孔’逐渐被‘智慧大脑’所取代。观众对主持人知识的广泛性、实用性、专业性、幽默性的要求将超过对其外貌的欣赏性。”随着电视频道的窄播化，电视频道的专业化水平也在不断地提高。中央电视台现有的十多套节目中，就有过半的频道属于专业性的，要求电视节目主持人要在自己的领域内成为专家和行家。央视著名主持人赵忠祥认为：“无论你主持哪一类节目，必须是这类栏目所传达的知识和信息的拥有者，必须在工作的同时努力学习和总结，成为你所承担的这个栏目内容的专家。”①

对于主持人来说，电视频道的专业化和节目的细分化，意味着专业化主持人时代的到来，对主持人的专业知识的要求日益提高。像《今日说法》，具备北大法学硕士学位的撒贝宁深受观众喜爱与他以专业知识修来的气质分不开。中央电视台戏曲节目主持人白燕升，走的就是一条戏曲主持人的专业化道路，其节目拥有特定的观众群，人群虽然不广泛，但对戏曲都非常喜爱。白燕升本人对各地方剧种很熟悉，专门主持戏曲节目。

全媒体传播环境对主持人的专业素养提出了更高的要求，若要获得新媒体用户的青睐，还需拥有“一技之长”。上海广播电视台融媒体中心的主持人雷小雪就在“今日头条”建立了个人国际时评的专栏《一针见雪》，专门针对国际、军事等问题发布视频短评，其同事臧熹也在短视频平台开辟了《熹天取经》的专栏节目，专门向用户讲述航天相关知识，其在短视频平台的成功实践都是其高度专业素质的表现。

三、加强专业服务

在分众时代，由于受众的分化，电视媒体作为一种强势媒体的特征将越来越不明显，电视节目主持人也将进入一个大平民时代，这就要求主持人改变传统观念，改变“大牌”意识，不以明星自居，建立真正的服务意识。

在分众时代，每一个主持人都对应着一个特定的服务群体，主持人的最终目的是把自己所有的智慧都服务于特定的受众群体。主持人是一个服务者的角色，不能追求出风头、耍“大牌”。服务意识和“大牌”意识有着本质的区别，“大牌”意识强调一种“强势特征”，而服务意识是一种大平民的概念，要求主持人把自己看成平民中的一分子，甚至把自己位置放低去服务观众。孟非在《非诚勿扰》中，经常会中肯地提出自己的建议，他在节目中表示：“我们之所以愿意表达一些看法，是为了电视机前亿万的观众，这些话对他们或许有用。”“就世世代代地做下去吧，只要人民群众还需要我们。”这充分反映了一个节目主持人的服务意识，只有把受众放在心里了，用心说话，

① 央视国际. 从四届主持人大赛看主持人选才标准与培养方向[EB/OL]. (2003-05-14)[2023-04-20]. http://www.cctv.com/anchor/20030514/100845.shtml.

真诚沟通，受众才会喜欢他进而积极参与到节目中。在与用户深度互动，甚至实时反馈的全媒体时代，主持人更要秉持服务受众的意识。

主持人的服务意识主要体现在两大方面：一方面，是作为掌控全场、答疑解惑的核心，需要较强的专业领域素质来体现服务意识；另一方面，是作为代替观众参与节目的朋友，需要让自己的语言得体、情感恰当，主持人的服务意识才能被观众接受。不论是哪个方面，都要求主持人了解节目的整体内容、节目架构、播出目的，并系统了解当期节目内容相关知识，才能使观众接受自己的观点，体现服务意识。同样，主持人需要把握自身语言的尺度、情感的分寸。游离在受众之外，使观众对主持人缺乏信任，必将影响节目效果。主持人在电视节目中处于重要地位，树立自身形象，加强专业服务，才能有效提高电视节目质量。①

需要指出的是，全媒体主持的专业化发展并不意味着将主持内容与主持行为展示得高深莫测，而是要使用易于被观众接受的普遍性话语来展示自身的专业度。

第三节　全媒体主持的个性塑造

每一档节目都有属于自己的风格定位，主持人也是如此，既要与节目相匹配，也要有自己的特色。这一点无论是对传统节目主持人还是对网络节目主持人来说都是相通的，而互联网能够给主持人提供更大的发挥空间。网络的强交互和低门槛给受众提供了更多参与节目的空间，网络节目主持人在形象的塑造方面更亲民化、个性化，长相未必漂亮却有特色，声音未必优美却有较高的辨识度，有固定的风格却又不是一成不变的；网络节目的审查与编排制度和传统节目有所不同，播出环境较为宽松，节目编排没有严格限制，所以主持人在网络环境中的语言表达将更为丰富多样，兼具时代感。

一、长相个性，未必漂亮

节目是信息的传者，而主持人在节目中担任的又是直面观众的直接传播者，处在人类传播链条的第一个环节。主持人传播融合了大众传播与人际传播的特点，主持人的态度观点体现着节目的理念，主持人的主持风格和形象呈现了节目的特色。传统媒体电视节目主持人对主持人的

① 陈晨. 浅谈电视节目主持人的服务意识[J]. 西部广播电视，2017，406(14)：128.

长相身材有一定的要求,各高校在招收播音主持艺术专业学生时基本都会在招生简章中提到“身材匀称,五官端正”等条件,对主持人有着一个统一的审美标准,大多数的主持人都是在这样一套认同标准下选拔出来的。此外节目中不同的装扮体现出不同节目的特性,传统新闻节目主持人的装扮严肃、单一,一般身着正装,正襟危坐,以字正腔圆、准确传达新闻内容为基本要求,担任的更多是播报员的角色;综艺娱乐节目主持人展现的一般是活泼、青春、靓丽的形象,对主持人长相的要求较高。王小丫总是身着衬衫,给人以知性智慧的形象,董卿一袭晚礼服,端庄典雅,受众脑海中形成了对这个主持人和其主持节目的固定的印象。

网络节目主持人也会根据节目的风格和自身特点来塑造自己的形象,但网络的大众化使得网络具有低门槛的特性,与受众之间更具有贴近性,主持人的形象也因网络特性呈现出平民化的特征,主要体现在长相、个性、服饰、表情、动作等非语言符号有标识性的外在形象与主持人个人修养、人格魅力等内在形象的塑造。

电视节目作为视觉艺术的表达形式,画面是其传递信息的主要载体,同时兼具文字、语言、声音、音响、音效等。主持人的外在整体形象作为节目非语言符号,包括主持人的外表、着装与体态语言等,主持人的内在形象包括思想素质、人文修养、业务素质等方面,网络节目主持人也是如此。而今的全媒体环境中节目繁多,传统媒体涌现了大量融合节目,网络平台涌现出了大量的原创节目,凤凰网、CNTV等传统媒体网站,搜狐视频、爱奇艺等门户视频网站,暴风影音等网络视频点播平台都在打造自制的原创视频节目,涉及娱乐类、资讯类、婚恋类等等,甚至一个平台就有十几档节目,网络主持人竞争可以说是非常激烈。

在激烈的竞争下主持人的个性化选择是否具有辨识度在很大程度上决定了受众的喜好程度和忠诚程度。《麻辣书生》主持人林白清秀纤瘦,戴着一副大框眼镜,身着生活装在寝室录制的节目深受欢迎,成为一档颇具影响力的脱口秀节目。

二、声音独特,未必优美

我国自主持人诞生以来,主持人在节目中的有声语言运用便有了字正腔圆的播音主持风格,浑厚的发声、优美的声线、标准的吐字归音是主持人所追求的,也是受众对主持人语言的审美期待。全媒体环境是一个多元、包容、开放的空间,给主持人提供了更大的展现和创作平台,对主持人声音的审美标准也发生了变化。正如美国文化学者卡林内斯库在他的著作《现代性的五副面孔》中提到,“一种文化转变,即我们正在由传统的永恒性美学转变为一种瞬时性与内在性美学”①。以前

① 马泰·卡林内斯库.现代性的五副面孔[M].顾爱彬,李瑞华,译.北京:商务印书馆,2002:9.

我们对于播音员主持人的声音习惯了一种距离感和权威感的模式，习惯了单向度的接受，而现在全媒体将受众主体延伸，改变了感官的“瞬时性审美”，主持人声音未必优美，只要够独特，让受众过耳不忘，带来全新体验就够了。

全媒体节目涌现出来的主持人很多都不是播音主持专业出身，在声音上没有受过专业的训练，这有利于不同的特色和个性的发挥。郭德纲是相声演员跨界做主持的典型代表，多年的相声功底使他在主持中一张口就让人忍不住想笑，一听声音就知道是他。腾讯视频真人秀节目《你正常吗》主持人陈嘉桦是台湾流行演唱组合成员，节目中经常用搞怪的台湾腔和夸张的语气词，被网友赞为“释放天性”的主持风格。热情、讨喜和幽默的陈嘉桦，其声音未必是主持人中最优美的，但是她反应灵敏、机智幽默，跟她搭档不但事半功倍，更是能呈现活力十足、精彩非凡的效果，其主持风格在主持界也可谓是相当罕见。

三、语言丰富，适应受众

互联网海量的信息储存与飞速的信息更迭在给受众提供多样选择的同时，也使如何选择变为难题。节目主持人要针对受众的口味提供受众所需，就要从对信息的筛选、整理、解读入手，做出受众爱看的高质量的节目，使节目影响力扩大、收视率提高。语言丰富、适应受众是全媒体主持人的一大传播特征。

第一，主持人要有独到的见解，将受众早已熟知的信息从另一种全新的角度加以诠释，即努力寻找信息中的新亮点。《大鹏嘚吧嘚》中大鹏播报新闻的方式就很独特，形式上用类似于漫画的处理方式把主持人放大并且配合以丰富的面部表情，新闻内容多选择轻松有趣的软新闻。如在第574期节目中，大鹏有如下播报。

案例4-1：

《大鹏嘚吧嘚》，2015年3月26日

案例实录：

大鹏：上周一男子在北京王府井持玩具枪抢劫了表店之后，乘出租车逃走。你没有打车软件，是怎么打到的车，在哪个地方？两分钟后，距离事发地仅仅两公里的地方，被警方给擒获了。经调查，该名男子为马来西亚籍。想想也是，外国人，知道堵车，还能干出这样的事吗？

……

沈阳市的马女士，前不久跟团去韩国旅游，花了五千多人民币购买了一款高级声控电饭煲,拿回家以后发现,电饭煲竟然听不懂中文,幸运的是它还能听懂温州话。

大鹏“前半段正常播报+最后一两句简评”的模式,表达形式独特,评论简洁幽默、一语中的,既逗乐了观众,也在调侃中表达自己的观点,带给人们思考。

第二,肢体语言的配合往往会对有声语言的创作实践起到升华作用,惟妙惟肖的体态演示能够加深观众对节目内容的理解与记忆。在随访领导人去往中亚古国乌兹别克斯坦的一期时政Vlog中,中央广播电视总台记者沈忱介绍了一条从检阅台铺到国际会议中心的绿色地毯,为了检验地毯的场地,沈忱在Vlog中亲身试验了从中央大厅的一头走到另外一头的距离及所用的时间,并配讲解:

这一段超长的绿色穿行见证了中乌两国两千多年的友好交往,我这个时政Vlogger也算是用双脚丈量了这条“友谊之路”。

沈忱的这一举动用肢体语言配合了有声语言,也是此次Vlog中的一个亮点。本书的第八章第三节将对此类语言方式进行更为细致的讲解。

第三,主持人的语言要适应受众的多样化与分众化需求。新媒体开拓了新的发展领域和机会,也为主持人的未来发展提供了新路径。受众的选择在新媒体环境中越来越多样化。这就要求节目主持人必须结合节目特色与自身声音特点,打造属于不同平台的节目特色。中央电视台网络春晚是在互联网迅速发展的浪潮中开办的,与传统春晚并驾齐驱,成为中国人的新年饕餮盛宴。网络春晚与电视春晚相比更适合网络播出环境,主持人语言也大有不同。下面是2015年网络春晚的开场白。

案例4-2:

《2015年CCTV网络春晚》,央视网,2015年2月4日

案例实录:

张泉灵:各位电视机前、网络那一端的、手机前、电脑前、各种移动终端前的亲们,大家过年好!

张艺兴:1991年8月6日,3W这个词汇诞生,Internet也诞生了,我也出生了,大家好,我就是1991年出生的张艺兴!

柳岩:大家也看到,我们今年网络春晚的舞台很特别,大屏幕连着小屏幕,大方块连着小方块,其实我们的舞台也是这个世界一个小小的缩影,到处都是屏幕,到处都是窗口。发现了没有?我们和世界只有一个指尖的距离。

任鲁豫:过去的2014年,是中国接入互联网的整整20年,现在世界网民已经达到30亿,

而中国就占了6亿，创造这个奇迹的不是别人，正是正在使用互联网的你。

张泉灵：我们多幸运，我们生活在一个大时代里，无论怎样的大时代，都是由每个人的小日子组成的，无论怎样的大梦想，都是由每个人的小愿望拼成的，所以今晚我们来分享我们的小快乐，小日子，来过好这个小年。

主持群由两位央视主持加一位网络主持和一位明星组成，主持词处处围绕互联网这一主题，用更加轻松、活泼的语言表达。张泉灵运用了“大时代”与“小日子”的对比，拉近了与受众的距离。全媒体的时效性、创新性、广泛性、包容性、灵活性等特点为节目制作提供新的发展空间，网络节目不断优化升级，从量的增长到质的飞跃，传统媒体借力新兴媒体积极转型融合，台网联动为传统媒体提供新的契机。主持人在传统媒体和网络媒体的语言也因势而变，马东在传统媒体主持《挑战主持人》等节目而被观众熟知，他在爱奇艺原创节目《奇葩说》中，主持风格随意率性，表现出很好的临场反应能力，更符合全媒体环境中对主持人的要求。全媒体拓展了主持传播空间，主持人节目形象更趋于个性化，语言风格更具有表现力，呈现出了新的传播特征。传统媒体主持人涉足新媒体领域，只有不断调适自己的语言风格，借助原有的社会影响力，才能在新媒体平台继续延伸既有的传播优势。

第四节　全媒体主持的品牌价值

一、全媒体主持的品牌特征

全媒体主持的品牌概念涉及三个层面的意义：一是相对独特的风格和特点；二是在观众心中的知名度和接近性；三是相对稳定的质量和标准。

（一）独创性

栏目的背后站着人，人的“不可复制性”最强，尤其是以主持人名字冠名的个人专栏，在个性魅力上最具有先天优势。主持人的个性气质与栏目风格相辅相成、共生共鸣，展示为特色鲜明的“唯一”，很难被人“克隆”。因为他们的经历、素养、才华及敬业精神等，已融合沉淀为一种个性魅力，在作品中打下了鲜明的独创性烙印。《一丹话题》走向荧屏，借助的是敬一丹沉静睿智之风。《焦点访谈》《新闻会客厅》等专栏，也靠一批“名嘴”的个性号召力得以增辉。栏目个性化的重要途径之一，是主持人作为专栏的“名片”，在前台亮相，寻求“人”的名气与“栏”的名气最大之合，构建“双品牌”。这些栏目，还可依据主持人的个性魅力“量身定做”。专栏的形式可以被“克隆”，但“克隆”不了主持人的个性魅力。

在中央电视台的传统节目主持人里，撒贝宁绝对算是另类的一个。其外形条件一般，却成为央视节目主持人中的佼佼者，靠的是其为节目注入的活力和个性。作为2019年央视主持人大赛的主持人，撒贝宁在台上出口成章，金句频出，彰显其深厚的知识底蕴。和选手交流时，张弛有度，应对自如，展现其极强的控场能力。令人捧腹大笑的幽默段子，如沐春风的引经据典，义正词严的循循善诱……撒贝宁带给观众的都是新鲜的内容。这种独创性和特色，为树立品牌形象起到了很好的推动作用。撒贝宁的独创性色彩不仅体现在传统媒体端，在新媒体领域，由其参与的网络综艺、主持活动均能体现出其独创性个人风格。在赛力斯汽车重庆两江智慧工厂的汽车制造体验中，撒贝宁就延续了他幽默风趣的个人主持风格。

案例4-3：

《小撒·赛力斯造车记》，央视新闻，2023年6月28日

案例实录：

（造车前）

撒贝宁：我现在是在赛力斯汽车重庆两江智慧工厂，今天我要亲自动手打造一辆车。我一个文科生，什么自动控制、电子机械一窍不通，他们居然敢把造车的活儿交给我，我觉得他们简直是，太有眼光了！谁还不是个机械控呢，走，造车去！

（造车后）

撒贝宁：我参与打造的那台车，应该就在那，现在正在缓缓地向我驶来，太期待了，马上下线了。你还认识我吗？你这车门是我给你装的。

今天工厂给了我一个特权，我可以亲手为自己打造的这辆车贴上“AITO”的车标。这就像古代的书法家、画家，给自己的作品盖个章，一个新的成员诞生。齐活，大功告成！

（二）接近性

独特性能够让观众过目不忘、一见钟情，但是接近性才能让观众从骨子里接纳和喜欢。“一种真正相似的感觉会产生喜欢，而喜欢会增加相似的感觉。”[①]研究说服理论的学者卡尔·霍夫兰

① 威尔伯·施拉姆，威廉·波特. 传播学概论[M]. 陈亮，周立方，李启，译. 北京：新华出版社，1984：227.

(Carl Hovland)的传播实验证明："假如传播对象喜欢传播者，就可能被说服。如果接受者认为信息的来源是来自一个与他自己或她自己相似的人——即具有同一性，就更是如此。"[①]主持人要树立平民心态，要让观众觉得，你和他一样是一个活生生的人。

在《中国日报》新媒体端就有一款以记者彭译萱名字命名的"小彭 Vlog"系列作品，在节目中小彭像邻家妹妹般亲切可爱，脸上时常洋溢着灿烂笑容，因而其 Vlog 作品也获得了广泛关注。简言之，节目主持人只有在主持节目时，体现出对于观众的理解和尊重，观众才能喜欢和接纳主持人。主持人只有飞进千家万户，走进观众心里，才能拥有知名度。

(三) 延续性

独特性和接近性奠定了建立品牌的基础，接下来就要在节目中一遍又一遍地体现出品牌特色，这就是品牌的第三大要素：延续性。著名社会心理学家卢钦斯(Luchins)认为，在某种信息被连续感知时，人们总是倾向前一种信息，并对其印象深刻，此时起作用的是"首因效应"；而当某种信息被断续感知时，起作用的是"近因效应"，即最近的印象对人的认知的影响具有较为深刻的作用。由此笔者认为，名主持人在声名正盛的时候，如果马上要进行品牌延伸，就应该承袭其一贯的主持风格，因为这时起作用的是"首因"，新节目的品牌认知就会相对容易。这方面鲁豫是个很好的例子。在鲁豫凭借《凤凰早班车》一举成名后，凤凰台迅速延伸出《鲁豫新观察》《鲁豫有约》等栏目，都取得了令人比较满意的效果。

又如中央广播电视总台由康辉、撒贝宁、朱广权、尼格买提四位主持人组成的"央视 boys"，就在其节目主持的同时通过多渠道完成其立体形象的建构，康辉沉稳睿智，撒贝宁幽默又不失才学，朱广权金句频出，尼格买提活泼亲切，形成了各自独有的主持风格和形象符号，也收获了广泛的用户关注，只要这四人一出现，不论是何种传统媒体与新媒体节目，都能取得不错的效果。

二、品牌主持对名牌节目的价值

电视传媒的竞争不仅表现为节目的竞争，也表现在主持人的竞争上。可以说，不论是线下的传统媒体节目，抑或是线上的新媒体栏目，都离不开一个出色的主持人，而一个出色的主持人也需要一个优秀栏目的支撑。名牌节目与品牌主持人有密不可分的关系。

(一) 品牌主持是名牌栏目的人气赋予者

知名主持人不仅能带动频道收视率，而且也是促进广告收入和销售收入提升的主力军。对

① 威尔伯·施拉姆，威廉·波特. 传播学概论[M]. 陈亮，周立方，李启，译. 北京：新华出版社，1984：227.

于品牌节目，电视观众往往会产生一种“惯性收视”，拥有较高的栏目忠诚度。要培养受众的忠诚度，媒体产品要关注受众的“约会意识”。我需要你，你需要我，我就是你，你就是我，我喜欢你，你也喜欢我，忠诚度就由此建立起来了。

例如，湖南卫视《天天向上》节目在主持人一系列风波后陷入低迷，于2016年大胆起用了非科班出身的人气歌手、人气偶像，也因此实现了收视率的回升。无独有偶，当替代《快乐大本营》的《你好星期六》备受争议之时，节目组则邀请了一系列娱乐明星以回升人气，为《你好星期六》的节目品牌提升贡献了相当大的人气，同时也为节目的营收提供了保障。

（二）品牌主持是名牌栏目的方向掌舵者

每一个名牌节目背后都站立着一个优秀的节目主持人。很多观众是通过主持人记住某个栏目的。就像王小丫之于《开心辞典》、窦文涛之于《锵锵三人行》……他们的存在不但是收视率的保证，其个性特征更成为这些节目的组成元素，深刻地影响着节目的特色与方向。

主持人董卿以腹有诗书闻名，因而其参与主持的《中国诗词大会》《朗读者》等节目也同样体现出浓厚的学术气息。主持人白岩松在主持实践中总是能用犀利的语言阐释深刻的哲理，因而其主持的《新闻周刊》等节目也成了价值深刻的新闻节目。主持人杨迪总是以一副嬉笑姿态示人，其也将综艺性搞笑风格代入了参与的每个综艺节目之中。

（三）品牌主持是名牌栏目的竞争力提供者

广播电视台应该拥有一批卓有成效的主持人，发挥群体主持人的综合实力和综合效应，才能使媒体在竞争中立于不败之地。

不单单是何炅一人，湖南卫视十分擅长打造明星主持人，通过培养造就品牌主持人，提升媒体竞争力。在“快乐中国”的品牌核心理念指引下，何炅、汪涵、谢娜等一大批明星主持人成为湖南卫视的品牌代言人，为其栏目和湖南卫视带来了极高的知名度和美誉度。而进入全媒体时代，毕业于中国传媒大学的“90后”主持齐思钧也被湖南卫视有意挖掘，独立担当高人气节目《乘风破浪的姐姐》《披荆斩棘的哥哥》的节目主持人，其专业的主持技能也广受好评，成为湖南卫视及其线上视频平台芒果TV的核心竞争力提供者。

三、全媒体主持的品牌培育机制

一些经营理念先进的媒体，常把培养名主持作为打造媒体品牌的重要方面，利用一切机会培养、推介、宣传自己的名主持，以至于他们成为在社会上有广泛影响的明星。

(一) 创制激励

“创制激励”是指从体制、机制和观念上为创建主持人品牌提供重要保证。要在发展广播电视集团体制的过程中，建立一套品牌主持人产生的竞争机制、激励机制，并赋予主持人必要的创造权力，使人们意识到主持人品牌的重要性，共同支持、保护品牌主持人的产生和发展。在激烈的竞争中，如今各电台、电视台为了避免人才流失，在收入分配、创新激励等方面给予了一定的制度倾斜。

国外电视台更是不惜血本。CNN 为了在和老对手 FOX News 的血战中保证自己立于不败之地，甚至将年过七旬的拉里・金的合同 2005 年延长到 2009 年，每年付给他 700 万美元；CBS《大卫晚间秀》节目的主持人大卫・莱特曼年薪高达 3 150 万美元，而 NBC 谈话节目主持人奥普拉・温弗瑞在《福布斯》名单上净资产高达 10 亿美元，成为登上《福布斯》杂志亿万富翁排行榜的第一位黑人女性。

国内电视台也十分鼓励主持人的创新发展，让主持人成为“新的价值”的创造者。2016 年，广东广播电视台拉开了工作室改革的序幕，以广播主持人命名的工作室——“黎婉仪财富管理工作室”“尹铮铮工作室”正式挂牌成立。工作室跨界广播、电视以及网络，制作多种类型节目，并将节目内容产品化、市场化，打造新的传媒运营模式，成为节目生产、项目运营、媒体融合、市场化拓展的新平台。①

(二) 传播造势

传媒的巨大影响力是主持人得以成“星”的关键因素。在主持人这个日益明星化的职业队伍中，主持人的成功与其说是靠自己的专业水准，不如说更多是依赖了电视这个媒体平台。央视在平台方面具有其他电视台无可替代也难以比拟的优势，在中央广播电视总台 2019 年主持人大赛中，邹韵、王嘉宁、蔡紫、尹颂这些相对年轻的面孔走进大众视野，积攒了一波不错的人气。

与中央电视台相比，没有全国性赛事、大型活动等优先转播权的地方台，似乎在品牌运营方面没有太多的机遇。但大台有大台的好处，小台也有小台的优势。区域电视媒体由于少了许多条条框框，会给主持人更广阔的表现空间，让他们自由发展。擅长主持人培养的湖南卫视就经常在不同的节目中以不同的角度宣传自己的主持人，其王牌节目中时常出现自家主持的身影，如湖南卫视的女主持谢娜、吴昕、沈梦辰、李莎旻子、刘烨等都曾以参赛选手身份参与《乘风破浪的姐

---

① 曾少华，何新仕，邓东力. 让主持人成为“新的价值”创造者——广东广播电视台主持人工作室的探索实践[J]. 中国记者，2017，517(01)：28—30.

姐》的录制。

在重视整合营销传播的今天，品牌的建立离不开传播的辅助，其中广告是最为重要的环节。对于打造品牌型电视节目主持人，电视栏目或节目的密集定期播出是不可或缺的环节；同时还需要整合多种推广方式来取得认同。这些方式可以是报刊文章、网络对话，甚至是路牌广告。比如，凤凰卫视抓住一切机会为主持人大造声势。凤凰卫视宣传部创作经理李青芬说："我们非常重视宣传片和频道的包装，因为它们就如同商品的广告片一样，直接对观众说话，直接表达我们的立场，直接预告节目的内容。宣传片和包装在凤凰的策略中不仅仅用来提高收视率，更重要的是用于品牌的维护。我们把每个主播、每个记者、每个评论员当作品牌来经营。"①凤凰卫视的吴小莉、陈鲁豫等一批主持人，都有充分展现其个性魅力的节目和宣传片，主持人的品牌价值和凤凰卫视的品牌价值得到共同提升。

除此之外，节目主持人还走出荧屏，积极参与各种公益事业。上海文广新闻传媒集团综艺类、谈话类主持人出任了上海"无偿献血""文明交通""环境保护"等十多项公益活动的形象大使，树立起了"健康、快乐、公益"的整体品牌，也提升了主持人的个人品牌形象。

(三) 品牌延伸

延伸现有品牌，比将新品牌打入市场容易得多。品牌是一个商品透过消费者生活中的认知、体验、信任及感情与消费者所建立的关系。因此当品牌进行延伸时，由于带有熟悉的标志，消费者对现存品牌的美好印象很容易转移到延伸的新产品上。

例如，湖南卫视节目主持人何炅通过湖南卫视长盛不衰的综艺节目《快乐大本营》积累了广泛人气，因而在该节目停播后，《你好星期六》《向往的生活》《明星大侦探》等以何炅为核心的节目，成功实现品牌延伸战略，大幅缩短新品牌被认知的时间，巧妙地使相关品牌整合形成整体品牌。

不过，品牌主持人延伸需要慎而又慎，不能盲目图"名"，认为只要是名主持人就一定具有开创一个受欢迎的新栏目、吸引观众的绝对实力，实际情况往往并非如此。如主持人倪萍是比较感性的，但《文化视点》节目的所有设计都是在说理，这就无法发挥她的长处。所以在延伸主持人品牌时，一定要保持主持人独特而稳定的风格与个性。

品牌节目成型后，更换主持人是具有风险的。湖南经济电视台就曾有过惨痛教训。在如今风靡全国的《快乐大本营》诞生的初期，湖南广电的《幸运》节目是《快乐大本营》的最大竞争者，《幸运》节目开办以来，从《幸运 97》到《幸运 98》《幸运 99》，一直保持着和《快乐大本营》不相上下

① 彭波，阮超. 从凤凰卫视包装浅谈频道品牌形象的塑造[J]. 电视字幕(特技与动画)，2004(09)：41—43.

的收视率，其主持人孙明杰和吴鸣功不可没。1999 年夏天，《幸运》节目更换了主持人，结果收视率急剧下滑，观众纷纷换台看《快乐大本营》，最终湖南广电只好撤下这档不再“幸运”的节目。[①] 因此品牌栏目需要改版或创新，必须在全面调查、细致分析媒介市场和目标受众的基础上进行，而不能盲目跟风。

全媒体时代，信息的传播方式发生了巨大的变化，特别是近年来，随着新传播技术的发展，尤其是数字技术和网络技术的推广，传统媒体受到了前所未有的冲击。广播电视媒体与新兴媒体融合发展是大势所趋，身处其中的电视节目主持人只有转型发展，才能紧跟时代脚步，融合于全媒体环境之中。

因此，电视节目主持人不仅要明确自身角色定位和个性塑造，形成自身的特有品牌价值，而且要适应全媒体时代的新环境与新特征，下大力气转型升级、创新发展，具备全能型复合人才的能力，成为主导节目的灵魂，彰显出独有的个人魅力，这样才能更好地把握机遇，顺应时代潮流，发出好声音，传递正能量。[②]

综合思考题

1. 全媒体环境中主持人的角色定位有哪些？
2. 全媒体主持如何提升自己的专业化能力？
3. 全媒体环境中主持人的个性塑造有哪些方面的优点？
4. 全媒体主持有哪些独特的品牌特征？
5. 打造全媒体主持的品牌可以采用哪些方式和手段？

延伸阅读

1. 高玉祥、王仁欣、刘玉玲主编：《人际交往心理学》，中国社会科学出版社，1990 年。
2. 周晓虹：《现代社会心理学》，上海人民出版社，1997 年。
3. 应天常：《节目主持语用学》，北京广播学院出版社，2001 年。
4. 巩晓亮：《电视节目主持人品牌研究》，复旦大学出版社，2014 年。

① 丁志松．电视的品牌节目与主持人[J]．声屏世界，2003(05)：42—43.
② 闫丽琴．融媒时代播音员主持人的转型与发展[J]．中国广播电视学刊，2019(08)：91—93.

艺海拾贝

“最美丽的女主播”：简·波利

从1976年到1989年，简·波利和汤姆·布罗考、布莱恩特·冈贝尔联合主持了NBC的《今日》节目。电视指南称她是电视台最美丽的女主播之一。《人物》杂志称赞她为美国最美丽的人之一。

波利每天早晨5点50分到达演播室，这时街上一片寂静。她走进化妆室，迅速打开手提包，一边摆弄化妆品，一边谈论要播出的新闻。节目播完后，她去和编辑人员讨论第二天节目的安排事项。中午12点30分，她回家照看一下孩子，下午2点30分又回到办公室，一直工作到6点。她很熟悉背景材料，对采访的题目准备得相当充分。

直到下午4点30分，她才能明确得知第二天节目的主题是什么，而正式播出的新闻稿要在晚间9点30分才能送到她家里，这时她已上床了。但她说：我热爱新闻事业，再疲劳也能顶得住。

波利坐在床头，忐忑不安地拿起电话，向印第安纳WISH电视台的一个节目主持人谈了自己的愿望。不久，出乎意料，她竟被该电视台聘为记者兼周末节目主持人。3年后，她成为芝加哥市第一位晚间新闻节目女主持人。成功来得如此之快，简直令人难以置信，以致电视批评家们开始对她评头品足，百般挑剔。

然而，好事还在等着她：1976年她被NBC选中，担任《今天》节目主持人。一个26岁的地方台主持人一跃进入全国性的大台主持节目，这在美国是少有的。一般情况下，地方台的主持人要经过10年甚至20年的磨炼后，才有希望进入全国性大台。第一次坐在联合主持人汤姆·布罗考旁边主持节目时，她感到非常紧张。波利觉得布罗考具备主持人的一切素质，而自己则相差甚远。

1983年波利生了一对双胞胎，在过完产假的第二天，编辑部就给她安排了5条新闻，另加一个电视即席采访。她到节目制片人司各特的办公室说：我干不了这么多。当司各特表示同情时，波利又立即说：我再也不会说这种话了。我不能因为有了孩子就要求减轻任务。一次她患浓毒性咽喉炎在家休息了两天。上班后，编辑部答应给她派些轻松的任务，让她采访美国前国务卿约瑟夫·西斯科，了解利比亚领导人卡扎菲的情况，还让她采访一位苏联评论员，让他谈一谈有关苏联抵制奥运会的问题，而这一切只给她一个小时的准备时间。可见在NBC《今日》节目的13年，波利已经飞速地从一个青涩的主持人转变为业务纯熟的女主播。

2004年，简·波利出版了一部自传，推出了她的日间脱口秀节目。在这本自传中，简·波利从儿时在美国中部长大讲述到她后来近30年的媒体工作。从最初在印第安纳电视台到后来26岁进入NBC工作，波利毫不避讳地讲述一个梦幻般的职业生涯的跌宕起伏。她不仅仅是一张在电视上有名的面孔，她还讨论如何在中年重新定义生活并且发现自己的优点等问题。

第五章

全媒体主持的传播特征

知识点框架图

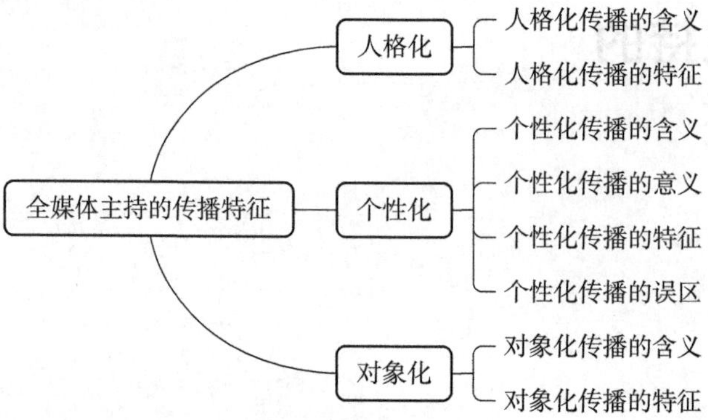

关键术语

人格化传播　个性化传播　对象化传播

一个传播过程必定具备四个基本要素：传播者、传播内容、传播媒介、接收者。在主持人传播中，传播者是主持人，传播内容是节目内容，传播媒介是广播电视以及网络新媒体等各类电子媒介，接收者是广播、电视受众，以及网络平台上的海量用户。在这四个基本要素中，传播媒介是全媒体时代的客观实在，而传播者、传播内容与接收者则是全媒体主持可做文章之处。本章关于全媒体主持传播特征的探讨即从这三个要素展开。

第一节　人格化

一、人格化传播的含义

美国著名心理学家、人格心理学创始人奥尔波特认为，人格可以简单地说是“一个人真正是什么”。《人格心理学》中人格的定义为：“人格是个体在遗传素质的基础上，通过与后天环境的相互作用而形成的相对稳定的和独特的心理行为模式。”[①]《现代汉语词典》对“人格”一词的解释为：

① 郑雪.人格心理学[M].广州：暨南大学出版社，2001：6.

“人的性格、气质、能力等特征的总和。”[①]而“人格化”则被解释为:“……对动物、植物以及非生物赋予人的特征,使他们具有人的思想、感情和行为。”[②]

传播学大师施拉姆在《传播学概论》一书中指出:“传播是各种各样技能中最富有人性的。”[③]自从广播电视媒介推出主持人传播这种传播形态以来,作为大众媒介与受众的中介,主持人能够更自由、更灵动地调动声音、画面、文字等综合表现元素,以人格化传播的形式向受众传播信息、传达节目内容。主持人的形象气质、语言内涵、个性魅力直接地呈现在受众面前,使节目深深地烙上了人格化的印记。

所谓传播的人格化,就是传播内容能够以人的情感、人的温度与用户对话。主持人传播的人格化,就是指节目主持人用自身的人格力量所赋予的文化品位、思想情感、语言修养和独特的个性魅力,去塑造形象、传达信息、沟通情感,使节目更具亲切感和人情味。

二、人格化传播的特征

(一) 营造人际传播的“拟态”氛围

大众传播具有覆盖面广、受众量大、传播周期规则等优势,但是随着高技术的迅猛发展,大众传播中人的地位和意义受到了前所未有的挑战。美国社会预测学家约翰·奈斯比特(John Naisbitt)在《大趋势——改变我们生活的十个新方向》一书中说道:“我采用了高技术和高情感相平衡这个说法来描述人们对技术的反应。每当一种新技术被引进社会,人类必然会产生一种要加以平衡的反应,也就是说产生一种高情感,否则新技术就会遭到排斥。技术越高级,情感反应也就越强烈。”[④]

20世纪有了许多科技创新,其中之一便是广播电视技术和电子工业。一个世纪以来,广播媒介从真空管到电晶体,从模拟信号到数字信号,技术渐趋完美。自电视诞生之日起短短的半个世纪,电视技术从有线、无线再到有线,从单向传递到多向传递,从微波接力传送到卫星传送,从间接覆盖到直接覆盖,正朝着操作简单化、功能多样化、图像清晰化、声像立体化的方向发展。技术进步使电视成为最有影响力的大众媒介,它构筑了一个新的现实,却割裂了人与人之间的交流与沟通。为了达到更好的传播效果,广播电视媒介便借助主持人,将人际传播的优势嫁接到大众传

① 中国社会科学院语言研究所词典编辑室.现代汉语词典(第7版)[M].北京:商务印书馆,2016:1096.
② 中国社会科学院语言研究所词典编辑室.现代汉语词典(第7版)[M].北京:商务印书馆,2016:442—443.
③ 威尔伯·施拉姆,威廉·波特.传播学概论[M].陈亮,周立方,李启,译.北京:新华出版社,1984:4.
④ 约翰·奈斯比特.大趋势——改变我们生活的十个新方向[M].梅艳,译.北京:中国社会科学出版社,1984:38—39.

播之上，取人际传播之长，补大众传播之短，营造出人际传播的“拟态”氛围。因此，“主持人形式是大众传播的个人化、人格化、形象化，它使受众在接受传媒提供的信息的同时，感觉不再是面对冷冰冰的媒体，而是活生生的、可亲、可近、可信赖的，与自己‘相同’的人。这样大众传媒便仿佛具有了人情味，受众也似乎能从中体味到交流与沟通的快乐了”。①

人格化传播的特定形式要求主持人在提供信息的同时，冲破大众媒介所造成的受众情感障碍，营造出充满亲近感和人情味的传播环境。人们在面对摄像机时往往不能像在通常情况下一样放松、自然地进行沟通或交流，有的人也许还要刻意维护自身的形象，这些都会使他们在表述观点时词不达意或避重就轻。凤凰卫视中文台主持人鲁豫就在节目中努力营造“很宽松很真实、没有被侵犯的氛围”。比如在鲁豫采访现代著名儿童文学家梅志老人的时候，是这样开头的：“来，梅老您坐在这儿，我们打扰您休息了，您是不是一般中午都要睡一会儿啊?”一个令被访者很和谐的谈话就此开始了，于是梅老说：“不要紧的，我恐怕配合不好。”谈话自然而然地引入了围绕梅志老人写的《胡风传》和《我陪胡风坐牢》两本书的一系列回忆。

全媒体主持之所以能够作为传媒连接受众最直接、最活跃的中介，正是因为这种方式最大程度地为大众传播活动注入了人的因素。尽管所有的传播内容中都有传播者个人的影子，但是我们在报纸上阅读一篇文章时，很少去关心文章的作者和编辑是男是女、长相如何。我们在欣赏一部纪录片时，也很少去想象节目编导和摄像的外貌、气质或性格。只有在收听或收看节目主持人的节目时，传播者本人与传播内容才一并成为受众接受的对象。

（二）发挥信息载体的能动性

美国的传播学者罗伯特·诺顿(Robert L. Norton)认为，“个人在传播的过程中不仅提供信息，而且还在以某种方式告示人们怎样理解和怎样对某一信息做出反应”②。节目主持人不是简单的“运载”工具，在发挥载体功能的过程中，主持人不是消极、被动地传递信息，而是具有较强的能动性。人格化传播要求主持人积极、主动地传播，并在传播中体现人格化的特点，面对特定对象有效地传播知识和信息。主持人的机敏、灵活、即兴应变的能力，对于发挥载体的能动性起着积极的作用。

1997年香港回归72小时的特别报道，是新中国成立以来规模较大的一次全方位、多角度、立体式的报道。香港直播室的主持人与各地的现场主持人以及现场记者彼此交流，以中央演播室为核心，将各地的信号进行串联，形成多点直播。这次报道不仅事件本身具有重大历史意义，在

① 东亚.主持人：在文化超越的背后[J].现代传播(北京广播学院学报)，1996(02)：55—58.
② 斯蒂文·小约翰.传播理论[M].陈德民，叶晓辉，译.北京：中国社会科学出版社，1999：191.

中国主持人传播发展进程中也具有里程碑性质。主持人在发挥主观能动性方面取得的成绩显著。比如在彭定康撤离总督府时，由于中间有降旗和士兵走队等场景，过程比较久，这时主持人及时补充总督府的建筑情况等背景资料，并介绍这里将来可能开辟为供人参观的历史博物馆，从而在电视画面视觉效果平淡时，通过丰富观众听觉来加大信息量，显示了主持人在直播中及时补充背景资料、丰富主题、现场调动灵活自如的能动性。

澳门回归直播报道在香港回归特别报道的基础上得到了进一步的提高。在澳门回归报道中不再设分演播室，各地信号由北京演播室的总主持人进行自由调度，主持人的能动性得到了进一步强化。演播室主持人作为整个报道的总调度，调用了道具、图板、大屏幕等多种手段来丰富视听。尤其在多达 25 次的记者现场报道中，主持人根据不同现场、不同时段的情况，巧妙设立了不同的问题，而现场记者根据不同时段的出镜要求，对该点的情况介绍合理分工，每一段有递进感，形成整体悬念。主持人和记者轻松的一问一答体现出对节目调控自如的风范。而且参与报道的 6 位主持人都没有使用提示器，而是基于编导的基础稿件，通过自己的领悟和理解来述说，在这种重大的直播中撤除提示器意味着主持人的主观能动性获得了质的突破。

2008 年 5 月 19 日为“5・12”汶川地震默哀日，中央电视台进行直播，3 分钟默哀之后，天安门广场上的群众仍然不愿离去，手举国旗，情绪激动地高呼：“加油中国！加油汶川！……”这时主持人康辉的表现如下。

案例 5－1：

《数万同胞聚集天安门广场高喊“中国加油”》，2008 年 5 月 19 日

案例实录：

康辉：在广场上的无数群众代表的是 13 亿中国人民，我们心中呼喊着一个同样的声音，我们一定能够战胜这场特大的自然灾害，把我们的家园重新建设得更加美好。

当 13 亿人民为同胞失去的生命，为同胞遭受的苦难，我们的泪流在一起，我们的心连在一起的时候，向世界传递出的是这样的信号：中华民族对生命有极大的尊重，中华民族有着顽强的钢铁一般的意志，可以战胜一切困难。当 13 亿人的泪水流在一起的时候，当 13 亿人的心、手都相连的时候，没有什么可以打垮我们！

中国挺住！四川挺住！

在那一刻，这段话不仅是对画面的及时解说，而且主持人作为信息载体，自始至终起着主导作用，其能动作用和理性思维活跃于信息交流的传播过程之中。

(三) 注入情感因素

以人格化为传播特征的主持人，在传播的过程中应该注入情感因素，体现双方交流精神。主持人与受众互相沟通内心思想，表达各自的想法和感受，以求获得情感共鸣，取得最佳的传播效果。

首先，在广播电视节目中，一些关于理性思维的报道内容往往需要主持人结合切身感受，现身说法。白岩松在《东方时空》的"面对面"板块中曾经谈到医生与病人的关系及医风医德问题，他没有从道德规范入手，却从父亲遇到的一件事讲起。

1974 年，白岩松的父亲从内蒙古到天津出差，临回家前去看了个病，当时医生就不让他走，要他马上住院，因为怀疑是癌症，但是父亲趁医生不注意偷偷溜走了。结果在火车就要发车前，他突然听到车站广播站在放找自己的广播，到门口一看，一辆救护车停在那里。原来医生看病时，记住了父亲的车票车次。这个故事是白岩松母亲说给他听的，最后白岩松用她的一句话结束了节目："虽然最后你爸的病还是没有治好，但是如果当时的医生加上现在的医疗技术，他的病是有救的。"白岩松是在以个人身份，带着个人的情感、情绪讲述这个故事，而由故事引发的观点也具有明显的真情实感。比起空洞的说教，主持人以个人角色讲述的故事更具感染力。它不仅以结论说服观众，更在叙述过程中感动观众，同时也不动声色地把远在发射信号另一端的主持人还原成一个具体而生动的人，很近、很真实，而且很有个性地推向了观众。在这个传播过程中，白岩松就是一个有效的载体，其传播方式具有明显的人格化，不再是一个冷冰冰的传声筒，而是一个有血有肉、有感情的人，使得观众更容易接受其观点。

杨澜在《主持无艺术》中讲述了这样一个故事：1995 年美国电视文艺界中年收入最高的是一位名叫奥普拉・温弗瑞的黑人妇女，其进账高达 1 700 万美元。温弗瑞是美国著名的谈话类电视节目主持人。这位中等身材、相貌平平的主持人，其成功的秘诀在于与观众真诚的感情交流，既敞开自己的心扉，又能设身处地地体会他人的苦乐。这种坦率与真诚就使观众真真切切地感到，电视屏幕上的就是一个自己可亲可敬的朋友。

在 2020 年 8 月 22 日的《开讲啦》节目中，主持人撒贝宁通过讲述自己陪伴妻子生产的经历，现身说法地表示："养儿方知父母恩，我目睹了自己的妻子经历产前的痛苦，我才知道孕育一个新的生命要付出的代价是什么。"

其次，在双向交流沟通的过程中，主持人不仅要表达自己的思想感情，还要把受众带到强烈的情绪体验和理性思考中，抓住重点，深化情感抒发。比如，倪萍在感谢观众对《综艺大观》的喜爱和呵护时，举了一个身患绝症的小女孩录下了每一期节目，渴望见到自己的例子。当她介绍小观众对节目的无比喜爱时，充满了深深的感激，讲述小女孩的病情时，更是悲痛中有内疚，感叹中带激励，使观众动容。观众不仅为小女孩热爱艺术的情操打动，也被主持人和小女孩之间的真情感染。倪萍曾经深有感触地说："电视节目主持人应该是大众的'情人'。当你从荧屏上出现时，家家户户，不论男女老少，文化程度高低，也不论什么职业，大家都能喜欢你，都觉得你不烦人，这才行。"[①]要做到这一点，主持人必须和受众沟通情感，建立密切的关系。在亲切感和认同感的基础上，实现传与受的汇合。

美国节目主持人凯蒂·库里克(Katie Couric)采访过无数政客和世界各国领导人。她报道硬新闻的手法得到业内赞赏，总能在软硬新闻之间转换自如，始终保持爽朗和搞怪的作风。节目中，她很容易被感动得热泪盈眶。一向以冷静著称的 ABC 新闻主播彼得·詹宁斯在播报"9·11"事件这一新闻时，发出的惊叹，被评论家巴巴拉·马图索称为"现场直播出现以来最扣人心弦的报道"。克朗凯特 1963 年在公布肯尼迪总统死亡的确切消息时，他的声音低沉压抑，表情悲痛；1969 年在直播人类首次登月之旅的时候，他异常兴奋，不住发出"哇噢"的感叹，激动地流下了热泪。

河南新乡"7·20"洪灾发生后，卫辉市内涝严重。7 月 26 日，卫辉电视台主持人张欣哽咽道："这就是我们的家，请大家把视线转移到北方的一座小城——河南卫辉，这里降水量已经远远超过了刚刚经历严重水灾的郑州，但无论是排水设施，还是整合资源方面都远远比不上郑州，现在城区的水还在上涨，大街上到处都是等待转移的亲人，卫辉需要你的帮助。"张欣感情真挚地将观众带入灾难视角，引发了网友关注。

在主持人出现之前，广播电视受众看到的只是一台冷冰冰的机器，传播者与受传者之间似乎有隔墙之感，有背对背之感。在播音员只需播读新闻而不必表达自己的时代，传播者对受传者而言，似乎是"熟悉的陌生人"，因为常"见面"而熟悉，又因为无交流而"陌生"。在主持人传播中，我们听到的不再是毫无生命的声音符号，看到的不再是毫无表情的图像信息，而是一个个活生生的人，主持人传播使传播者和受传者成为亲密的朋友。

第二节　个性化

一、个性化传播的含义

"个性化"是指在大工业时代走向信息时代的过程中，人们不同层次、不同思想内涵的一种表

① 白谦诚. 主持人　第四辑[M]. 北京：中国广播电视出版社，1995：242.

现。个性化的出现是一种社会文明进步的标志，从工业社会的少品种、大批量的流水线生产，到信息社会的多品种、小批量的量身定做，个性化绝不仅仅是产品制造工艺的改变，而是工业品走向艺术品的历程，是市场化的一个特征。在知识爆炸、信息多元化、媒体密集的全媒体传播环境中，只有个性鲜明、独具魅力的传播，才能成为被受众注意和选择的对象。日本民间放送联盟编写的《日本广播电视手册》指出：广播节目个性的好坏取决于个性化主持人、信息、音乐这三方面因素。他们用"personality"（个性）来注释广播中长时间直播节目的主持人，"这是因为其作用不单纯是进行节目的播出，正确地传达信息，而且还要以自身的人格和个性与听众进行面对面的交流"。[①]

全媒体主持所具有的人格化力量，使作为社会组织的大众传播媒介具有了个性化的特色。所谓个性化传播，是指主持人以朋友的身份及与大众平等的关系，以个性化视角和个性化的叙述方式进行传播，使传播更具有新鲜感和吸引力。

二、个性化传播的意义

（一）个性化传播是培养受众忠诚度的重要手段

节目主持人出现之后，主持人以"我"的身份面对听众、观众。虽然主持人所主持的节目都是主持人和编辑部一起策划确定的，最后由主持人来呈现，但是，当主持人出现在观众面前时，他总是以个人的名义来传达。节目主持人在镜头前虽然是在"传达"任务，但绝不等同于报纸上的印刷字——仅仅是没有个性甚至没有生命，只有不同规格字体、字号的符号，节目主持人给观众的最原始的印象应该是"一个在屏幕上向我传播信息的人"。所以，幕后那个看不见的机构——广播电视媒介，已经具化为台前这个活生生的人。受众与广播电视媒介的联系转化为受众与主持人的联系。这样，只要主持人赢得了受众，就意味着广播电视媒介赢得了受众。主持人直接面对受众，大幅缩短了传者与受者的距离。

当主持人真正向受众开放自我，把自己的价值判断与个性融入节目的时候，受众除了获得新闻事实和观点，更能感受到主持人的人格力量和个性魅力。当主持人的分析和判断在受众中产生共鸣的时候，传者和受者之间的心灵沟通才真正开始。经常性的共鸣为传受之间的默契和沟通搭建了桥梁。经过这样的沟通，主持人才不再是观众"熟悉的陌生人"，而是熟悉的朋友。观众与自己熟悉的朋友相约会产生愉悦、喜爱、尊敬、满意等情感体验，从而产生积极的收听、收视行

① 日本民间放送联盟．日本广播电视手册[M]．秦建，李俊，译．北京：中国广播电视出版社，2002：485．

为。观众对主持人的情感忠诚与行为忠诚将转化为对节目的情感忠诚与行为忠诚。主持人个性化传播对培养和提高受众的忠诚度有积极的作用。

（二）个性化传播反映了观众多元化的审美需求

改革开放以来，伴随着市场的细化和文化的多元化，人们的审美需求也呈现高水平的多元性。受众希望看到主持人个性的张扬，从而在某种程度上满足自己的信息需要和审美需要。这就迫切要求节目主持人的多元化呈现，需要话筒和荧屏提供符合个性化欣赏标准和欣赏习惯的个性化节目主持人，这便是个性化传播产生的客观社会推动力。个性化传播一方面使大众传播"小众化"，另一方面意味着对受众更为细致入微的关怀，用"小众化"的手段接通更深、更新层次的大众传播。

（三）个性化传播是拉动市场的重要推动力

个性化传播折射出的是市场营销的观念和气息。在广播电视传播领域，对节目主持人而言，创造个性化的实质就是要聚人气，要让受众锁定你的栏目，从而拉动收视（听）率，最终提升主持人和栏目知名度。在观众的期待中，个性化传播已经不再取决于个人魅力的表现，而是结合了栏目内容的特质。一个优秀的节目必须有一个优秀的节目主持人做支撑；一个优秀的节目主持人也可通过各方面的密切配合推出成功的节目。在众多广播电视节目中"个性化"是成功的一个标志，它实质上是被市场挖掘出来的。

三、个性化传播的特征

《国语・郑语》中史伯曾提出"声一无听，色一无文"的主张，韩愈也提出"惟陈言之务去"。作为主持人，没有独特的个性，便缺乏吸引人的力量。个性化传播不仅体现在传播主体的独一无二上，更体现在传播者个性化的传播手段、传播思想和传播环境上。

（一）传播主体的个性化

千人一面的形象是个性化传播的大忌，因此，树立节目主持人的个性化形象是情感传达成功的保证之一。无论是丹・拉瑟、克朗凯特，还是布罗考、詹宁斯，都以鲜明的个性取胜。就中国的主持人而言，赵忠祥博闻强记、宽厚仁慈，沈力亲切温和、自然大方。主持人的人格力量、个性魅力赋予节目更大的吸引力。节目主持人的个性魅力，包含了较好的外在形象、风度气质、语言能力和知识修养以及在这些基础上形成的有鲜明特色的主持风格。其中有天赋的条件，也有经后天努力所培养形成的能力和气质等因素。

天赋条件是无法选择的，如中央人民广播电台《午间半小时》节目主持人傅成励，他音域宽广、音质厚重，特别适合批评性新闻的播音主持。著名主持人陈铎最突出的形象特征是满头白发，这本来是显现衰老的形象特点，却表现出饱经沧桑般的成熟气质和别具一格的美感，因此当他主持重大政治历史题材节目时，便与节目主题浑然天成，相得益彰。中央电视台《为您服务》节目主持人张悦那双月牙一般的笑眼，那样充满热情、值得信赖，作为服务类节目主持人很有"观众缘"。中央电视台《开心辞典》主持人王小丫有姣好的容貌、甜美迷人的微笑，观看她主持的节目，不但能获得各种各样的信息，而且能获得美的享受。因此，如果主持人生来具有一副音质优美的嗓子，外貌端庄可爱，首先就给受众的听觉与视觉带来一种快感。

受众有理由对主持人的外表提出挑剔的要求。但是，我们也可以看到，有些相貌平平、音质普通的节目主持人照样能够吸引受众的注意力，满脸忧郁的白岩松、个头不高的撒贝宁都很难说具有较好的外在条件，但是他们主持的节目对观众的吸引力绝不亚于《午间半小时》和《开心辞典》。相反，由于受众看到的是与自己一样的普通人，反而会有认同感和亲切感。有"英国电视第一夫人"之称的加比·罗斯琳，在晨间节目《丰盛早餐》中的独特主持风格和幽默感为她赢得了大批观众。《丰盛早餐》的制片主任查利·帕森斯在谈到罗斯琳所主持的这个节目的时候说："罗斯琳很善于理解，并具有幽默感。她能在极短的时段里将观众从喜剧情绪带入冷静的叙述和深刻的分析中。"加比·罗斯琳并不是倾国倾城的美女，她的个性才是其永葆魅力的主要原因。

（二）传播手段的个性化

语言表达是节目主持人赖以运用的重要手段，语言的个性是节目主持人政治素质、生活经验、能力性格、年龄资历、文化修养、思考方式、审美情趣在语言中的综合体现，是主持人内在素质的流露。不同的节目主持人运用自己独特的思维方式和表达方式，可以表现出不同的语言个性，形成不同的个性化形象，或温文尔雅，或热情风趣，或老成持重，或洒脱自如，等等。

语言表达也是主持人风格的一个组成要素。主持人的个性化语言越鲜明越突出，就越能表现出特殊的魅力和感染力。例如在《加油，主持人》全国首届"金话筒"颁奖晚会上，主持人从信封里抽出了题目："目前综艺晚会的通病是什么？"叶惠贤面带笑容，即兴说道："节目老一套，掌声挺热闹。不看舍不得，看后全忘掉。"台下发出了热烈的掌声，接着他又说："刚才我说的这些通病在今天的晚会上一点也没有。"[①]台下发出了笑声，掌声也更热烈了。这几句即兴的话，有打油诗的错综，也有类似相声中的衬贴，充分体现了他的鲜明个性。

① 叶惠贤.荧屏瞬间——叶惠贤即兴主持100例[M].上海：上海人民出版社，1998：103—104.

《面对面》主持人王志的提问简洁明了，质疑时毫不留情。白岩松的评论充满智慧、蕴涵哲理，有着鲜明的个性色彩。在《东方之子》的一期节目中，他这样开场："我们将在中国最炎热的季节走过长江，走过这条也许在世界经济生活中最炎热的河。"用"最炎热的季节"类比中国正在经历的改革开放、经济腾飞的火热时期，又自然联系到世界经济生活中，用长江借代中国，认为它也是世界经济发展最迅速最惹人注目的国家，这里既有对中国激动人心的飞速发展的由衷赞美，又视野开阔，自豪地联想到中国将在世界经济中占有的重要地位，给人带来了诗意和美感。

1997年6月起，由日本人发明的电子宠物开始进入中国市场，一时迷倒了不少中国中小学生，有的孩子甚至因为迷恋电子宠物而影响正常的生活和学习。中央电视台在1997年7月至9月针对这种情况播出了两期节目，主持这两期节目的分别是两位不同个性的主持人白岩松和方宏进。

案例5-2：

中央电视台关于电子宠物的两位主持人节目对比，1997年

案例实录：

白岩松：日本人真是能琢磨，寻找人性的弱点，一抓一个准。你不是都在号称自己是新人类？你身边的绿色不是越来越少吗？你养动物、看动物的机会不是越来越少吗？你孤独、烦闷到了感情不是已经没有寄托了吗？那好。电子时代的最大好处便是可以寻找替代品，让你找到了一份安慰。于是电子宠物大行其道，迷倒了那么多人。

方宏进：玩电子宠物的孩子的爱心是虚拟的，他将这种爱的行动投入了一个电子玩具上，因为他在这方面有了更多的沟通，反倒可能对他自己真正的那些亲人、父母、小朋友增加了隔离的感觉。

两段主持词展示了两位节目主持人全然不同的个性，白岩松个性犀利、爽直，方宏进沉稳平和、朴实诚恳，体现出对青少年的理解，又在两代人之间架起了一座相互理解的桥梁。

个性语言应该根植于丰满的性格和深厚的内涵，而不是提倡怪腔怪调。有的主持人一味模仿港台主持人的腔调，或吐字含混、言语不通，全然不顾主持人应有的语言的纯正和规范。长此以往，广播电视语言被污染，主持人的个性形象流于庸俗，这远不是我们所追求的。

（三）传播思想的个性化

主持人的思想及审美倾向在主持传播中是十分重要的。有时，深邃的思想和正能量的审美思维形成了一个节目的灵魂。即使是在一些时事性和政论性较强的节目中，主持人要服从于社

会、民族和意识形态的制约与规范，但也可以体现出自己强烈的情感特色和基本审美倾向，以此感染受众。

元元在北京电视台《第七日》节目中的个性化点评在地域新闻中堪称一大亮点。她的平民情结与人文关怀结合了幽默风趣，味道十足。元元善于在人情味上琢磨，在风趣幽默中把该批评的地方点到为止，讲究一个"劝服"。

案例5-3：

《第七日》，北京电视台

案例实录：

（评论卢沟桥石狮子受损严重现象）

元元：有人反映，卢沟桥的狮子损毁严重，因为每天早晚总有一群锻炼身体的人把它们当健身器，有抱着打飘悠的，有拿肩膀撞的，有在上边压腿的。按说这些狮子多少年的风吹日晒甚至战火硝烟都能挺过来，这点花拳绣腿应该不在话下，可也架不住这种日复一日的消磨。这些石狮子辛苦艰难了大半生，熬到了和平的好年月，就别让它们再接受新的考验了。

（评论一些考上大学的学生谢孔子而不谢老师的现象）

元元：据说一家餐厅推出过"谢师宴"，是专为金榜题名的学生准备的，让他们感谢老师，请老师吃饭，结果问津者寥寥。原因有两个：一是因为想谢老师的学生不多，二是因为即使有人想谢，老师也不会来。感谢老师不必请客吃饭，说几句感谢的话，告个别，老师也就满足了。遗憾的是，人们往往只想着高高在上的，缥缈的；而忘记身边为你默默付出的，真实的。我就想，今天门前热热闹闹的孔子，当年在教书的时候，是不是也没人谢？私塾里的学生毕业的时候，他收获的是不是也是满把凄凉呢？

在这段述评中，元元表现出的是一个主持人的个性化思考。这些平民化、个性化的主持语言并不按常理出牌，而是把石狮子拟人化处理，幽默趣说，并不直接"打板子"，而是俏皮地"劝服"。对于如此富有个性思想的语言，难怪很多北京观众会竖起大拇指说："元元这丫头说话，就是让人爱听。"

如果缺乏个性思维，人云亦云，主持人就无法使节目提升到新的高度，无法引导受众去对节目内容做出更深层次的思考。

（四）传播环境的个性化

美国电视界很早就强调电视的个性，应当给人温暖感（warm）、愉悦感（easygoing）、亲切感

(amiable),节目主持人的传播环境应当体现这种“个性”。英国和美国一些电视新闻节目的演播室按书房和客厅的风格设计,并配以温暖的色调,与观众夜晚在家观看电视的情景很相似,给观众较强的放松感、温馨感。在CBS新闻杂志《48小时》节目中,主持人丹·拉瑟经常在仅使用台灯或壁灯的“书房”里向观众讲述“今天的故事”,整个“书房”充满暖意。

当然,传播环境不仅是指直播室的环境,也包括室外的特定情境。当主持人全身心地投入不同于日常节目的特定情境中时,观众更能感受到主持人展示的个性风采。1998年,当全国军民共同抗洪的时候,观众在电视上看到了去抗洪前线采访的主持人倪萍。她穿着肥大的军裤坐在战士们中间,略显疲惫的脸上显然缺少了往日在演播室里的神采。然而也就在这时,倪萍在观众心中的形象更加真实,观众更能体会到她作为职业女性的坚定、朴实和锲而不舍的精神。

随智能技术的发展,主持人所面临的传播环境愈发多元化,由录制播出到实时直播,由大屏到小屏,无疑使传播实践更为复杂多样。

四、个性化传播的误区

“个性”通常是指“事物的特性,即矛盾的特殊性”①。“个性”常与“共性”相对,“共性存在于个性之中,个性表现并丰富共性”②。由于一些主持人对个性化的曲解,出现了以“怪异”“另类”为个性,“为个性而个性”的偏差。

个性化是主持人自身声音、形象等先天条件及文化素养、生活阅历、人生感悟、性格能力等后天素养,在传播中与栏目个性、与受众审美相契合的独特形象或语言特征。在这个前提下,个性化表现为独特的思维方式、独到的视角、独辟蹊径的见解、独创的构思、独有的感受、独具特色的表达和气质形象。不论什么栏目的主持人,没有文化做支撑,很难保持长久的魅力。一些形象并不英俊漂亮、语音并不纯正明亮的专家、学者型主持人能够稳稳占据栏目主持人的位置,游刃有余,独领风骚,正是这个道理。

近年来,由康辉、撒贝宁、朱广权和尼格买提四位主持人组成的央视第一男团“央视boys”走红网络,四位主持人凭借其较强的专业能力、幽默的语言,赢得了众多网友的喜爱。2020年1月28日,“央视boys”在《经典咏流传》第三季的舞台上首度合体献唱《岳阳楼记》,随后在“新消费·爱生活”主题直播以及《开学第一课》等活动中,四人又多次合体。在共同主持的活动中,四人幽默风趣又不失专业素养,获得了观众的广泛好评,也展现了主持人的品牌价值。

---

① 中国社会科学院语言研究所词典编辑室.现代汉语词典(第7版)[M].北京:商务印书馆,2016:442—443.

② 《简明社会科学词典》编辑委员会.简明社会科学词典[M].上海:上海辞书出版社,1982:334.

康辉1993年自北京广播学院(今中国传媒大学)毕业后进入央视工作,2016年起开始担任《新闻联播》主播。2015年,康辉担任了春节联欢晚会的主持人,让观众看到睿智的主播也有轻松幽默的一面。2019年11月9日,康辉在央视新闻发布了第一支Vlog,在其中他向观众介绍了跟随领导人出访前自己的准备,以及在出访中的所见所闻,Vlog中的他积极与网友互动,当录音效果不太好时,他自嘲"自拍菜鸟的经验太欠缺了",一系列举动拉近了与网友的距离。

撒贝宁虽是法制节目主持人出身,但在后来的综艺节目主持中,幽默的风格让他脱颖而出,成为央视主持中的重要"流量"。2016年起撒贝宁加盟芒果TV的《明星大侦探》节目,再次以金句频出的风格广受好评,在其主持的《开讲啦》《经典咏流传》以及《典籍里的中国》等节目中,都有着不俗的表现。

朱广权是央视《新闻30分》《共同关注》等节目的主持人,在《共同关注》直播过程中,遇到工作人员突然闯入镜头,他全程无视并淡定播报,体现了主持人的专业素养。朱广权主持语速快,词汇量密集,节奏性强,形成了鲜明的个人主持风格。在2017年1月26日晚的一次播报中,朱广权因在回应网友提问时说道"亲爱的观众朋友们,地球不爆炸,我们不放假,宇宙不重启,我们不休息,风里雨里节日里我们都在这里等着你"而再次出圈。在"小朱配琦"的带货直播中,朱广权的"烟笼寒水月笼沙,不止东湖与樱花""门前风景雨来佳,还有莲藕鱼糕玉露茶""凤爪藕带热干面,米酒香菇小龙虾"等金句也体现了其文学修养。

尼格买提是央视综艺频道又一位幽默随和且亲切的节目主持人,从《开心辞典》出道,到后来的《开门大吉》以及中央电视台春节联欢晚会,尼格买提不断提高着自己的影响力。2019年底,尼格买提担任总导演与制片人的节目《你好生活》在台网端同时上线,三季节目均保持着收视、口碑的"双在线",也使"小尼"这一主持IP更加响亮。

个性化传播并不是标新立异,不是刻意与众不同,是节目宗旨和主持人气质的集合体。主持人在个性化的挖掘中要时刻关注自身的特质。这种特质在一定程度上是与生俱来的,是主持人举手投足间有意无意的表达,而不是刻意的表达。这种个性化特质被主持人挖掘和利用,必须有一个前提:他必须让观众感受到一颗善良、诚恳、关爱的心。

当然,个性离不开共性,主持人的个性化植根于节目共性的土壤。从客观工作环境讲,如果没有积极的工作机制,不给有潜质的主持人机会,总是简单的重复,主持人的个性也难以形成。从主观角度看,对于年轻的主持人来说,不要把个性化作为首要的目标,急于寻找个性,更忌离开栏目硬去设计和孤立地追求自我的个性。① 只有当主持人坚持全身心地融入节目,用眼观察社

① 罗莉.电视播音与主持艺术[M].北京:北京广播学院出版社,2004:155.

会，用耳倾听民意，用口传达真情，用心服务受众，主持人的个性才会渐渐凸显和形成，个性化传播的最高境界就是个性与共性的完美结合。《东方时空》四位“开山”主持人便是典型：敬一丹端庄睿智、亲切朴实，以一种平等心态对待来访对象，对“小人物”予以深切的关注，使人感受到她对普通人的理解、宽容和尊重；白岩松犀利尖锐的评论透出他的人格优点——社会责任感和热情；方宏进在调查性报道中的评点沉稳庄重、从容深刻，让人感受到他的忧国忧民之心、正气凛然之气。正所谓“白岩松的言辞犀利、鞭辟入里；敬一丹的用语恳切、舒缓委婉；方宏进的评论沉静缜密、朴实恳切，可谓各具风采”①，这些主持人的个性因为契合了时代特点和栏目的个性，而具有不可比拟的优势。

第三节　对象化

一、对象化传播的含义

对象，是指行动或思考时作为目标的人或事物。在传播学中，对象通常是指大众传播内容的指向者或接受者。主持人传播不是凭空、盲目、随意的传播，而是有特定对象的传播。不了解读者，就写不出好的作品来；不了解观众，也就主持不好节目。

所谓对象化传播，是指主持人在主持节目时和特定观众群体之间的“一对一”交流，是一种“有的放矢”的传播过程。在这个意义上，对象化传播的最大特点在于具有很强的针对性，强调具体化。

二、对象化传播的特征

（一）针对性

广播电视媒介的专业频道和节目以不同的受众群体作为收视或收听群体，和其他媒介的专业化传播一样，广播电视媒介的专业化传播的特点之一就是拥有明确的目标受众。专业化的电视频道和电视节目，按照目标受众的职业、教育程度、文化背景、接触媒介的方式以及接受信息的

① 杨乘虎.《面对面》：人际传播与大众传播结合的新支点[J].现代传播（北京广播学院学报），1998(04)：17—20.

能力、习惯、心理等方面的不同，进行有指向性的信息传播。

由于专业化节目对受众进行了不同方式的具体划分，因而较之大众节目主持人，专业化节目主持人面对的是更明确的收视或收听群体，受众怀着对特定信息的需求收看或收听节目，主持人在节目中传达给受众的信息也必须是明确而具有针对性的。因而在节目中，主持人需要比较了解“对谁说”，这是把握分众传播的最基本也是最重要的环节。只有首先明确说话的对象，才能准确地把握传播的内容和具体方法，从而对传播的整体方向和目标形成准确的认识和理解。例如《夕阳红》节目是一个老年节目，《大风车》是一个少儿节目，面对的观众截然不同，主持人的对象感也就存在个性差异。《夕阳红》节目主持人眼前浮现的是老年观众，《大风车》节目主持人心里想的是儿童观众，这是面对特定群体对象，主持人产生的特定对象感。主持人在传播时要做对象化联想，即主持人无论处在什么场合从事传播活动，他的心目中总会有一个或几个假设的受众，也就是“眼前无人，心中有人”。借用主持人敬一丹的话说：“节目主持人的对象感运用强调具体化，他一般不做‘一对多’的设想，而把交流设想成‘一对一’‘一对几’。这种心理状态是‘我’与观众谈话的必然要求，他以个人对个人的形式来适应观众的接受心理，有时是和一位真实存在的观众直接呼唤，有时是把收听、收视对象设想成一位熟悉的朋友。”①

(二) 亲切感

作为对象化传播的使者，主持人不仅在屏幕上给人以亲切感，而且自始至终给人以亲切感。亲切感指的是主持人以平和、真诚、友好的态度面对受众时带给受众的温暖感。观众曾经每天早晨7点钟都会看到中央电视台二套节目《第一时间》主持人欧阳夏丹亲切的微笑，许多中老年观众都把夏丹看作自己的“闺女”；听众更不会忘记中央人民广播电台主持人徐曼甜美悦耳的声音；虹云、傅成励带给大家温馨的《午间半小时》，他们以真诚的“微笑”赢得了观众的喜爱和尊敬。

“平民意识”使主持人离我们每个人越来越近，长得像我们的邻居，说话像我们的朋友，讲述的是我们身边的事情。在主持实践中，主持人使用“我”“我们”“您”“观众朋友”这类词语的频率很高，不断地对观众提出呼唤，仿佛要把受众拉进节目，与主持人一起对话交流。对象感是主持人工作时需要具备的一种重要心态。比如一般主持人会说，“您好，欢迎您来现场”，或者“您今年高寿？您这么大岁数都来，谢谢您支持我们节目”，而倪萍会说，“大妈，今天这么大的风，那么大的雨，谁陪着您过来了，您受得了吗？您老辛苦了”。当主持人面对镜头和话筒时，交流的对象越明确越好，对象感越强，越接近现实生活的交谈效果，主持人与观众则越能形成亲密、平和的心灵

① 俞虹.节目主持人通论[M].杭州：杭州大学出版社，1996：277.

沟通。

(三) 有效性

对象化传播的第三个特征是有效地传达信息。只有通过传达活动，节目制作才能最后得以完成，只有有效传达，节目才能收到传播效果。主持人的传播活动就是围绕这一目的进行的。节目主持人要使自己主持的节目为观众所接受，关键在于实现有效传达。

主持人的有效传达在本质上是对节目的一种再创作。主持人要把各种内容的话题、材料有序地串在一起，经过创造性地发挥，再现和描绘事物感觉上的具体性，为观众认识事物引路。所以，观众不仅对节目的思想内容感兴趣，而且对节目主持人的表达形式也感兴趣，即欣赏者在把握节目的思想内容的时候，并不完全抛弃主持人的传达形式。①

中央电视台《焦点访谈》节目曾经报道过美日贸易摩擦的新闻，他们用了“两个经济巨人的相扑”这样一个形象生动的题目，来帮助观众理解。同时，主持人找人借了部日本的“大哥大”，再将自己的“摩托罗拉”拿出来一起摆在镜头前，说：“这个是日本的，这个是美国的，最近就是因为这两种东西，美国和日本爆发了一场贸易战。”这种通俗易懂的语言便于观众理解主持人所要传达的思想内容。

相反，有些节目主持人为了追求节目的有效传达，过分强调内容的形式化，反而会进入误区。这里有一个典型的例子：1997 年 4 月 13 日，某电视台“访谈”节目，主持人托起一个小碟子，问观众能否分辨出碟子里两种黄豆的不同，让人不知所云，结果主持人讲的却是黄豆掺假的事件。将非常严肃的话题用一种不伦不类的方式表达出来，本身就是一种主持的失败。电视节目受时空限制，每一个画面、每一个镜头出现的内容都要求与报道主题有直接关系，绝不允许画面和镜头上出现可有可无的情境。如果主持人手上拿着东西，那么他就应该考虑：我为什么要拿这个东西？这个东西与报道主题有直接关系吗？它在画面上能产生与主题相关的效果吗？

大众传播活动一般都采取“一对多”而不是“一对一”的传播模式，主持人传播的出现，使这种“一对多”的传播模式开始在拟态的人际传播中有了新的变化。在传播中，主持人不仅要重视传播的目的，也要注意受众的需求、接受能力和接受习惯，使传播更易于被广大观众接受，从而有效地缩短传受双方的心理距离，使大众传播媒介一下子“从工具客体转化成了一个可供交流的对象主体”②。

---

① 赵淑萍. 电视节目主持[M]. 北京：北京师范大学出版社，1995：95.
② 丁未. 回归人际性：大众传播的另一个视野[J]. 现代传播(北京广播学院学报)，1997(06)：12—15，34.

综合思考题

1. 怎样理解人际传播的“拟态”氛围?
2. 简述个性化传播的意义,并结合实际谈谈有哪些误区。
3. 对象化传播具有哪些特征?试举例说明。

延伸阅读

1. [美]威尔伯·施拉姆、威廉·波特著,陈亮、周立方、李启译:《传播学概论》,新华出版社,1984年。
2. 刘京林:《大众传播心理学》,北京广播学院出版社,1997年。
3. [美]斯蒂文·小约翰著,陈德民、叶晓辉译:《传播理论》,中国社会科学出版社,1999年。
4. 郑兴东:《受众心理与传媒引导》,新华出版社,1999年。

艺海拾贝

广播新闻界的元老:大卫·布林克利

23岁时起,大卫·布林克利(David Brinkley)就开始为电视台工作,他在新闻领域度过了将近60年的光景。在布林克利的事业生涯中,他共获得10次艾美奖,3次皮博迪奖,以及1992年有美国最高平民荣誉之称的总统自由勋章。布什总统曾称他为“广播新闻界的元老”,克朗凯特评价他“是一个以冷幽默和睿智著称的有力竞争者”。但布林克利从来不在意这些所谓的称谓,他说:“我所做的工作只是编写、报道并且评论一些事件而已。”

布林克利曾笑称:“如果我现在才开始工作,一定很难被接纳,因为我和大家想象中的新闻主持人太不一样了。”然而实际上,在1956年,布林克利和切特·亨特利合作主持的新闻节目《亨特利-布林克利报道》(“Huntley-Brinkley Report”)就已深入人心。当时,NBC大胆起用还未出名的记者布林克利和亨特利,来报道美国两党代表大会。布林克利对当时流行的政治家们富有色彩的演讲颇有兴趣,他为这次报道做了充分的准备工作,在笔记本中记下了所有参加竞选的政治家的简历、主要活动、观点以及轶事。切特·亨特利是个嗓音深沉、面型粗犷的蒙大拿州人;布林克利则喜好挖苦,常常对时事发出犀利见解。他们俩报道风格各异,却又相辅相成。两人一起设计了一种招人喜欢又合乎逻辑的“怀疑主义”,即不一味地说好,而是以怀疑的眼光和态度进行报道。

他们的首次报道获得了成功，这对黄金搭档继而开始了长达14年的合作。这是美国历史上第一档两人搭档主持的新闻节目，在20世纪50年代后期，布林克利的语言风格几乎成为一种人们难以忘怀的标志。他在报道国会辩论和总统竞选之夜的演说时说："请听我说，我对这里正在进行的报道是严肃的，这并不是我对自己有多么严肃。我们都需要一种幽默的态度来对待一切，但是这里的有些事情，不仅仅是幽默，有些事情它是荒谬的……"

在1968年CBS得势之前，这档节目一直占据着美国两党代表大会的主要报道地位。他们分别从纽约和华盛顿——世界最大的新闻来源地——向NBC的观众报道新闻。亨特利和布林克利还突破当时固有的模式，在节目中随时巧妙地插入自己的见解、现场报道、人物专访、突发事件的材料等，让节目形式多变，观众也耳目一新。比如在1967年7月，布林克利就曾公开批评美国卷入越南战争，主张美国停止对北越的空袭。他们的报道受到观众和评论界的一致认可，为NBC新闻报道解释性风格的创立奠定了基础，他们也成为最早的主持人明星，知名度甚至已经超过披头士。每天新闻播报之后，他们互致晚安的问候"晚安，切特"和"晚安，布林克利"也成为当时年轻人经常模仿的语言。

遗憾的是，当切特于1970年退休之后，黄金搭档难再寻。布林克利尝试着和另外几位主持人合作新的节目，都无法再找到昔日的辉煌，事业进入了低谷。直到1981年，60岁的布林克利再次独挑大梁，主持每周日早晨播出的《本周与大卫·布林克利》（"This Week with David Brinkley"）。他彻底改变了这个节目原本闲谈的性质，用自己独到的政治眼光和见解，使其在随后的15年间收视率一直居高不下。布林克利再次达到了事业的巅峰。

布林克利还精通写作，笔调清晰，才思敏捷，他能把最复杂的消息高度概括成一听即懂的内容。从电视台退休之后，他编写了3本书，其中最为知名的《走向战争的华盛顿》（*Washington Goes to War*）讲述了二战是如何改变一个国家的首都，淋漓尽致地将他的文采和多年来累积的政治素养体现出来。

第六章

全媒体主持的传播策略

知识点框架图

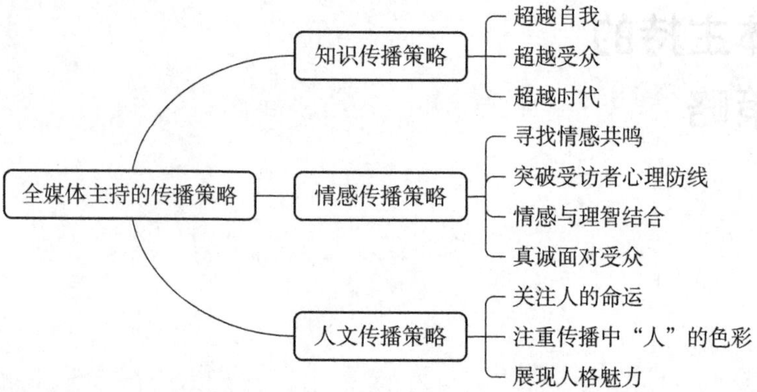

关键术语

知识传播策略　情感传播策略　人文传播策略

为达到高效的传播效果，主持人在传播过程中，应依据具体的节目属性和主持风格等做出相应的方案，或以知识育人，或以情感动人，或富人文色彩等，通过不断实践相关策略，从而确立自身的形象与主持特色，增强竞争力。本章将介绍主持人传播的三种主要策略：知识传播、情感传播与人文传播。

第一节　知识传播策略

传媒是社会文化的直接传播者，全媒体主持既是文化产品的传播者又是制造者。然而在现实中，大部分的全媒体主持自身却缺乏行使这种话语权力、生产名副其实的社会文化产品所应有的视野和素养，由此出现了现实中的文化能力与传播中的文化地位的错位。

我们稍加注意，就会发现：有的主持人把自己当作思想贫困、缺乏思考的“工具人”，只需根据编导意图张口露脸即可，对其文化价值没有给予更多注意；有的主持人文化意识不强，放松对自己的要求，不能有效承担起文化传播的重任；还有的主持人举止不得体、观点认识肤浅、说话白字连篇，热衷于把庸俗无聊当作睿智幽默，文化底蕴不足、品位不高、格调低下；有的主持人不能正确区分较低层面的传播效果与整体文化建设的轻重关系……种种错位直接导致了“在其位”而不能“谋其政”、享有权利而责任缺失的消极后果，不仅使主持人无法代表时代文化的主流，而且对文化的未来发展带来消极影响。这使得完善全媒体主持的知识结构、重申主持人的传播价值被提上议事日程。

新的传播环境对全媒体主持的知识结构提出了新的要求：新兴技术的引入要求知识面的拓宽，机器智能的提升促逼人类知识的转向，情境的多元化则召唤知识的专精。当前快速变化的传播环境要求全媒体主持既要拥有横向的知识广博度，又要具备纵向的知识深度，因而与之相匹配的知识素养培育对全媒体主持至关重要。在知识传播的维度上，全媒体主持应努力做到以下三点。

一、超越自我

全媒体主持都具有一定知名度，却又是普普通通的社会人。他们在节目中总是精心选择最美好的“曝光面”，电视媒介也千方百计进行“提升性包装”，这就使全媒体主持在节目里难以“普通人”的面貌出现，而且精心的“包装”也把主持人推到公共性的“具有道德典范意义的文化形象”的位置。既然主持人头上有着这样耀眼的光环，他们就要不断更新自己的知识结构，不断提高自己的文化品位。否则，节目行为或社会公共行为稍有不慎，就会遭到受众不留情面的批评和指责。比如，一位央视主持人曾在介绍国外一种大型飞机时，竟把“铆接技术”中的铆(mǎo)错读成了(liǔ)，不少观众写信到央视反映该情况，并呼吁央视少出“白字先生”。央视领导对此非常重视，并表示此后主持人在节目中犯低级错误将得到重罚。可以说，这位主持人连最起码的基础知识都不具备，又怎么能胜任主持这样一个高素质要求的岗位？①

因此，主持人必须根据节目的需要，重建自己的知识结构。他们应该在原有的经验型和专业型知识结构的基础上建立新的、适应节目需要的知识结构，实现自己的文化超越。著名节目主持人曹可凡曾用海明威的“冰山理论”强调主持人知识积累的重要性，认为主持人在节目中最终呈现的可能仅仅只是案头准备的冰山一角，但正是由于前期冰山的积累，才使主持人有了厚积薄发的能力。如在主持东方卫视文化节目《斯文江南》时，曹可凡前前后后阅读了所涉及的相关资料大约500万字，这也是主持人自我知识积累的鲜明体现。同样作为文化类节目主持人的董卿，在《中国诗词大会》的主持中凭借着自己深厚的文化底蕴给予了用户良好的观看体验。

在《中国诗词大会》一期节目中，一位从事语文教育的选手在谈到自己盲人父亲坚持盲文阅

① 陈莉，等.《半边天》主持人被开除[N].文摘报，2004-06-24.

读并给自己讲述诗歌的故事时,董卿的表现如下。

案例6-1:

《中国诗词大会》第二季第八期,2017年2月6日

案例实录:

董卿:我很感动的一点是他的老父亲双目失明这么多年,直到现在依然还在看厚厚的盲文的书,始终保持这样一个阅读的习惯,这个倒也真的是很让人感动,他这种学习的精神和态度会影响到自己的孩子,这也是一种传承。我突然想到阿根廷著名作家博尔赫斯,他是在双目失明之后被任命为阿根廷国家图书馆的馆长,所以他写下那首非常著名的诗:上天给了我浩瀚的书海和一双看不见的眼睛,即便如此,我依然暗暗设想,天堂就是图书馆的模样。所以无论在什么时候,什么样的境遇,书文,永远能给我们带来一个彩色的世界。

在观众看来,董卿的此番言论是一番恰如其分的美言,而对主持人自身而言,这是无数文化知识的积攒而迸发的结果。因而加强自身的知识储备,在此基础上博采众长,才能实现主持人的自我超越。

当然,建立新的知识结构并不一定非要成为某一方面的专家,而是把握某个知识门类的基本框架,扩大知识面,有比较丰富的知识来支撑自己主持的节目,克服知识结构不合理、知识面窄造成的节目内容概念化、推演公式化、结论简单化以及缺乏说服力的不足,从而达到驾驭自由、游刃有余、举重若轻的状态。

二、超越受众

主持人是以双重角色出现在节目中的。作为一个知识传播者,主持人应该考虑受众的社会心态和接受心理。主持人应竭尽所能认识及把握受众的需求,并能追随受众进而引导受众。主持人应用真实的、非虚构的空间交叉组合的结构方式来传播,把复杂的社会问题置于知识背景之上,把深奥的知识性问题化为具体的社会生活现象。

1997年,白岩松在进行香港回归报道之前,一直不知道该如何表达,非常苦恼。在街上散步的时候,他看到了地上的一条线,感到很疑惑也很好奇,于是咨询了专业人士。专业人士告诉他这是香港和内地之间的分界线,一脚跨过去就是内地,跨过来就是香港。他便顿悟了,这个细节可以作为直播的切入点,于是他将报道地点选在了这条线附近。他在现场是这样表现的:

案例 6－2：

《重返 10 年前直播点》,《东方时空》特别节目《岩松看香港》,2007 年 6 月 25 日

案例实录：

白岩松：好的，各位观众，我现在是在落马洲的大桥上。大家可以看一下，这里有这样的一条线，在桥的中央。可以这样说吧：我现在左脚这一面就是香港，那么在右脚的这一面就是深圳。按理说这条线是不应该存在的。因为深圳和香港自古就属于同样的一个县治。但是 150 多年前，英国人侵入，后来便拥有了这条线，便拥有了这条深圳和香港之间让很多人感到伤心的线。但是再过 3 个多钟头，这条线就只具有区域线的意义了。一面，是我国的经济特区，一面是我国的特别行政区。

各位观众，这条线并不长，车速也并不快，但是今天驻香港部队，越过管理线的这一小步，却是中华民族的一大步，为了这一步，中华民族等了百年。

在香港回归的一系列新闻和报道中，白岩松的报道让观众的印象十分深刻。而这一对于分界线的主持词，既道出了知识性的地理区位界限，也把这一段我国的历史信息精准传递；不仅让观众对香港回归有了更深刻的认识，而且能引发受众的共鸣。

三、超越时代

全媒体主持不仅要深刻理解当前国家建设与社会主义发展道路，更应勇立时代潮头，进而超越时代。超越时代包含两层意思：一是站在时代前列，引领时代风尚。作为知识传播的主体，主持人应该保持自己的趣味选择。趣味选择意味着创作主体要运用自己的判断，不盲目跟随时尚的变化而变化，密切注视着时尚中与时代精神、民族精神的整体氛围相一致的有益成分。主持人要善于分辨时代当中符合爱国主义、集体主义、社会主义、中华民族精神要求的方面，因势利导，使之成为主流时尚、主导时尚；同时又要善于培植乃至创造出符合时代精神要求的新趣味，使其发展为时代的新风尚。

超越时代的第二层意思是：跨越时代局限，针砭时代弊端。主持人作为专业新闻媒体的发言人，不仅要进行信息的传递，同时要承担起舆论监督的职责，对社会中的假恶丑现象进行评判，发挥媒体的价值功能。《新闻 1＋1》曾关注过一个非常严肃的话题。该期栏目的标题是“牛奶＝蛋白质＋脂肪＋……＋监管”，具体内容是关于三鹿奶粉事件的。在该期栏目中，白岩松对于国家食品检疫制度——《产品免于质量监督检查管理办法》有这样一段解读。

案例 6－3：

《牛奶＝蛋白质＋脂肪＋……＋监管》,《新闻 1＋1》,2008 年 9 月 19 日

案例实录：

白岩松：我觉得可能有很多的原因,但是造成三鹿奶粉这样的一个事件跟免检是有一定关系的。免检是一种信任,但是他们对不起我们的信任。其实在这样一个食品安全质量非常不稳定的特殊时候,我们可以应该先把它想象成坏人,然后制定相关的政策,让它做不了坏人,反而会赢得大家的信任。其实不仅目前,我觉得长久的政策出台的前提都应该是这样的。

董倩：是国家已经取消了食品类企业的免检制度,我们就有必要回顾一下：当 2001 年实行食品免检制度的时候,背景是什么？为什么要实行这么一个制度？

白岩松：我先插另外一句话,其实我希望将来这个制度被取消了之后,也永远不要再回来,因为这里的确存在着一些有可能被钻空子的漏洞,比如说回到你这样一个问题,在 2000 年的时候我们看一下,《产品免于质量监督检查管理办法》当时是为了什么,“为了鼓励企业提高产品质量,提高产品质量监督检查的有效性,扶优扶强,避免重复检查,规范产品免于质量监督检查工作”,制定了本办法。心是好的,用意也是好的,那我们接下来看一下,《产品免于质量监督检查管理办法》,很多条,尤其这条大家看一下,“产品经省级以上质量技术监督部门连续三次以上(含三次)监督检查均为合格就免检了”。

那我问你一下,董倩,你是企业的老板,你招工,然后你下了一个规定,“白岩松们”,你们如果要是每次穿的衣服都很得体,我连续抽查三次,你们穿的衣服都很得体,以后就不抽查了。我为了获得这样一个抽查的结果,那三次我一定要,还不是抽查,是直接检查,那我那三次一定要穿得非常得体,然后发给了我一个免检的品牌,那我以后再穿短裤,穿拖鞋,你管得着吗？

白岩松针对《办法》中关于产品免检的资质认定提出了疑问,认为“连续三次以上(含三次)监督检查均为合格就免检”这个做法不妥。为此,白岩松做了一个形象的比喻,他把《办法》中的规定比作企业老板抽查员工衣着,只要抽查三次员工的衣着都得体,以后就不查了。

白岩松并没有对于该文件中的条例去进行“抠字眼”解读,而是打了一个比方,用一个非常生活化的场景“穿衣”来作比较。这个比较,一下子就把该款条例非常形象地表达清楚了,通俗而不失客观,而不是教条般的照本宣科,观众更加容易接受这样的说法。同时,白岩松还在打比方中巧妙地表达了自己的观点,最后的反问,无疑是一种问责,也问出了百姓的心声。

每一个时代都有其特定的局限,我们所经历的大众文化时代也是如此。指出时代的局限,针

砭其弊端，不仅是人们基于切身感受的现实需求，也是时代、社会发展的迫切需要。只有立足当今社会、敢于针砭时弊，才能充分体现全媒体主持作为公共舆论载体不可推卸的责任和推动社会历史发展的重要作用。否则，就无法真正地超越时代，甚至无法超越一般观众。

全媒体主持知识传播能力的养成绝不是一朝一夕之事，这对全媒体主持的培育提出了不小挑战。为培育这一横纵相交的立体化知识体系，全媒体主持应从基础层、支撑层、核心层三重维度进行知识素养的培育：首先是基础层知识培育，即从艺术学、新闻传播学、中国语言文学、戏剧与影视学等基础学科的学习中夯实主持职业的基础素养。其次是支撑层知识培育，要求全媒体主持既要掌握传统文科大类的基础知识，还要根据实践情况调整知识结构，尤其是对数据运算、人工智能等计算机学科知识有所把握，形成文理兼备的知识体系。最后是核心层知识培育，即在广泛实践与自身价值识别的基础上，在某一专精领域深耕，以形成自身的核心知识竞争力。

第二节　情感传播策略

当代著名文艺评论家余秋雨先生曾经说过："他（主持人）必须长期关注和研究普通的社会心理现象，在某种意义上他应该是一名实践型、感受型的社会心理学家，他对广大观众日常生活中正在遇到和关心的问题有足够的发言权，而他的发言水准又应高于多数观众，具有广泛启发性。"①在这里，余秋雨先生所指的是主持人应该对不同阶层、不同年龄层次、不同性别的人的心理有精深的研究，并有丰富的心理咨询实践经验，可以应对面临各种困惑的人们，为他们排忧解难，用真情实感来打动受众，完成传播任务。

施拉姆认为"动感情的呼吁较之逻辑的呼吁更可能导致态度的改变"②。勒庞也提出"在同理性永恒的冲突中，失败的从来就不是感情"③的论断，这充分说明情感能动是主持人传播的重要策略。因为，主持人面对受众的时候，"不是在应付理论的动物，而是在应付感情的动物"④。全媒体主持只有加强内部素质的修炼，并在传播过程中熟练运用各种技巧，才能达到以情动人、以理服人的效果。也只有这样，全媒体主持才能真正走入观众心灵深处，才能担当社会转型期不良情绪

① 祁芃. 播音主持心理学[M]. 北京：北京广播学院出版社，1999：203.

② 威尔伯·施拉姆，威廉·波特. 传播学概论[M]. 陈亮，周立方，李启，译. 北京：新华出版社，1984：228.

③ 古斯塔夫·勒庞. 乌合之众——大众心理研究[M]. 冯克利，译. 北京：中央编译出版社，2000：57.

④ 戴尔·卡耐基. 人性的弱点[M]. 童玲，译. 乌鲁木齐：新疆人民出版社，1999：13.

的泄洪渠的职责,从而成为一个城市、一个地区、一个国家范围内民众精神的梳理者。[①] 主持人必须注意以下四个方面,才能在情感交流方面更上一层楼。

一、寻找情感共鸣

节目欣赏虽然不排除理智的认知因素的参与,但欣赏主体和欣赏对象之间主要是结成一种审美的情感体验和评价关系,它是人们用心灵和情感来感知客观对象的典型形式。作为受众,主要借助于音响的感知、想象的联想、情感体验以及理性把握与观照,一步步地接受欣赏对象的情感,从而在心灵深处产生对假丑恶的憎恶与摒弃、对真善美的向往和追求。所以节目欣赏对于受众是多种心理要素的综合运动过程。在赏析节目的过程中,我们常常产生情感的对流和宣泄,悲苦时泪湿青衫,畅怀时笑入彩云。正如托尔斯泰所说:“人们用语言互相传达自己的思想,而人们用艺术互相传达自己的感情。”这就要求全媒体主持能够沉潜于节目所表达的情感交流之中,充分调动自己的情绪记忆,去体验,去玩味。缺少了相应的敏锐的情感体验,主持人就很难进入作品的规定情境,也就不能带领受众获得心灵上的震颤和灵魂上的净化。

别林斯基说:“感受诗人的作品——这就意味着要在自己心中体验和感到作品内容的一切富藏、一切深度,痛其所痛,苦其所苦,并且为其中的欢乐、胜利和希望而兴高采烈。”[②]朱自清说:“欣赏是情感的操练,可以增加情感的广度、深度,也可以增加高度。欣赏的对象或古或今,或中或外,影响行动或深或浅,但是那影响总是间接的;直接的影响是在情感上。”[③]所以,要想调动受众情感,让他们产生共鸣,主持人首先要有感情投入,要与受众同喜、同悲、同哭、同笑。主持人只有与受众交换内心的思想,找到情感上的共鸣,才能取得最佳传播效果。

在文化情感类节目《朗读者》中,主持人董卿便通过深厚的文化底蕴和充沛的情感深深打动了观众,在主题词为“陪伴”的一期节目开场白中,董卿是这样表现的。

案例6-4:

《陪伴》,《朗读者》第一季,2017年2月25日

案例实录:

董卿:为什么是陪伴,其实我们每一期的主题词的选择是非常慎重的,有时候为了一个

---

① 赵建国.双重说服 情理交融——从说服学角度谈电视情感交流节目的对话艺术[J].现代传播(北京广播学院学报),1998(04):96—100.

② 别林斯基.别林斯基论文学[M].别列金娜,选辑.梁真,译.上海:新文艺出版社,1958:14.

③ 朱自清.朱自清古典文学论文集(上册)[M].上海:上海古籍出版社,1981:28.

主题词会反反复复讨论很长时间，但是陪伴是最早确定下来的主题词，而且从来没有改变过。

我想因为陪伴很温暖，它意味着这个世界上，有人愿意把最美好的东西给你，那就是时间。当然陪伴也是一个很平常的词，日复一日，年复一年，到最后陪伴就成了一种习惯。就像我们的朗读者，郑渊洁、乔榛都谈到了自己夫妻之间的陪伴，父母对孩子的陪伴。

在这期节目当中，最让我感动的是杨乃斌，一个在八个月的时候失去了听力的孩子，为了能够让他像健全人一样地成长，他的母亲在他上小学的第一天开始，就成了他的同班同学。

所以我觉得陪伴也是一种力量，在这个世界上没有一个人是孤岛，失去了陪伴，也失去了生存的意义。所以希望这一期以陪伴为主题词的节目也能够带给大家一段美好的陪伴。

在文化益智类节目《中国诗词大会》第四季第八期的节目中，主持人董卿同样运用了情感的传播策略，在探讨家国情怀的话题时发表了自己的感悟。

案例 6－5：

《中国诗词大会》第四季第八期，2019 年 2 月 12 日

案例实录：

董卿：随着你离开祖国越远，你越能够感受到属于自己的那种语言之美。我记得很多年前路遥曾经在文章里写过一段话，他说：这世界上有太多美好的地方了，但是那里有黄河吗？那里有黄山吗？那里有长江吗？那里有长城吗？没有。所以自己的祖国是不可替代的一个地方。

我们刚才也在说岳飞，在说文天祥，在说辛弃疾，在说他们身上的那种民族精神和爱国精神，那在我们今天这样一个和平时代从何体现？爱自己的语言，爱自己的文化，就是一种体现。这是一个公民、一个中国人最起码的素养。这样的一种爱国的力量虽然小，汇聚点滴之后就可以成为庞大的中国力量，推动我们国家的进步，推动民族的复兴，这是我们每一个人的责任。

无论是对家人的陪伴，还是对祖国的爱恋，董卿总能找到广大观众的情感共鸣点，这也成就了其在观众心中的优秀形象。

二、突破受访者心理防线

中国古代思想家荀子、孟子、鬼谷子在“揣摩之术”方面均留下了大量著述，鬼谷子说：“摩之

以其所欲，测而探之，内符必应；其所应也，必有为之。”在鬼谷子的说服术中，“摩”字被赋予特殊含义，即指在“揣摩”实情之后，顺应对方的意欲去反复试探、激发，诱导对方做出回应，就一定会取得预期效果。

主持人通过“说服”访谈对象克服各种心理障碍，讲出真实、曲折、动人的人生故事，并升华成有启迪性的人生哲理，从而进一步说服受众（主要是失意者人群）达到心理平衡并促进人心向善。在节目中，主持人通过种种对话手段来达到说服效果，从表面上看是技巧与经验的作用，实质上却要复杂得多，离开内在素质的修炼，外部技巧的作用将十分有限。

亚里士多德曾主张劝服应将逻辑的推演（logos）和感情的激发（pathos）相结合，有助于产生积极的效果。他对说服者提出了三项要求：(1)必须通晓逻辑论证术；(2)必须通晓人的性格、道德及它的各种表现形式；(3)必须通晓人的感情——各种感情的定义、起因和唤起这些感情的方式。传播学先驱霍夫兰在将态度分解为认知、情感和行为三部分之后，进一步指出，在态度中起关键性、支配性作用的要数情感成分。在《你好生活》的一期节目中，任鲁豫、尼格买提、撒贝宁、王冰冰共同走进了三亚的田地，拜访了玉米育种专家程相文老先生。在请教育种事宜之后，任鲁豫将话题转向了老先生的生活。

案例 6-6：

《种子》，《你好生活》第三季，2021 年 9 月 16 日

案例实录：

任鲁豫：你有几个孩子？老爷子。

程相文：三个孩子。

撒贝宁：他们还在搞农业吗？

程相文：也搞农业，就是我的一个女孩。

任鲁豫：你也顾不上孩子，孩子对你有怨言没有？孩子有说你不好没有？生你的气不？

程相文：他们都习惯了我不在家。从高中和初中都是勤工俭学，因为当时也是班干部，都留校。因为我家离郑州 22 公里，也在农村，所以都习惯了。

尼格买提：错过了很多本来可以享受的天伦之乐，家庭时光。

任鲁豫：对家庭、对孩子，有遗憾不？

（程相文老人哭）

程相文：没有遗憾。把工作干好了，我干的工作，那时候父母，连我老伴都不在了。

任鲁豫：（为老人翻译）父母不在，他也没到跟前去，没顾上。

尼格买提：老伴也是。

任鲁豫：老伴生孩子好像都没在跟前。

程相文：她去世也没在家。

撒贝宁：那您干的这个工作真的是为这个民族的子孙后代(造福)。

程相文：所以说我的孩子都习惯了，因为搞农业让大家吃饱饭了，他们都习惯了。(笑)

尼格买提：所有的苦水都自己咽下去了。

在此次对玉米育种专家程相文的采访中，任鲁豫以家人的话题突破了老先生的心理防线，一个为了大家牺牲小家的科研工作者形象也清晰地展现在观众面前。

三、情感与理智结合

情感与理智结合，为人们接受情感找到了一个理论支点，应该说是目前公认的最佳传播方式。凤凰卫视著名主持人吴小莉有一句话："重重地思考，轻轻地放下。"①意思是说要注重与受众的情感交流，以情动人，以理服人。

运用情感，主持人通过感染受众的内心情绪而达到良好的传播效果。在某档禁毒宣传特别节目中，主持人被安排采访禁毒英雄的妻子，节目前期已经做了很多情感铺垫，包括播放短片和请出访谈嘉宾、营造仪式感等等。真正进入访谈环节后，主持人的提问却相当简单，如"现在家里还好吗""想他吗"，不仅直接说到了受众心里，也将访谈嘉宾的情绪从现场仪式性的环境带回到生活之中，情感因此得以释放和表达。当访谈对象回忆到送别丈夫，将自己的一缕头发放进丈夫的兜里，希望来世还能做他的妻子时，现场观众为之动容，主持人也流下热泪，所流露的真情实感再次与受众的情感形成共鸣，现场静默了几秒钟，留白的处理手法将节目氛围推向了高潮。随后主持人没有任何话语，只是给了访谈对象一个深深的拥抱。②

在即时效果的产生上，情感诉求的力量大于理性诉求；但在维持长久效果时，理性诉求会起决定作用。所以，《东方时空》为了保证评论能被观众接受并发挥持久效力，运用了将理性诉求与情感诉求结合的说服模式，力求情理交融。面对前些年"不争气"的中国足球，主持人白岩松做了如下评价。

案例 6-7：

《东方时空》，1997 年

① 钟大年，于文华. 凤凰考——建构一个新传媒[M]. 北京：北京师范大学出版社，2004：16.

② 李思思. 电视节目主持人的情感表达[J]. 电视研究，2017，326(01)：50—51.

案例实录：

白岩松：没钱的时候不行，有钱的时候也不行；业余的时候不行，职业化之后还不行；穿红衣服不行，穿白衣服也不行；苏永舜不行，戚务生也不行，中国教练不行，外国教练还是不行……442不行，352不行，451更不行……裁判向着我们不行，向着对方也不行；主场不行，客场也不行；你骂它不行，你表扬它更不行……①

白岩松一口气列举了19个“不行”，造成无比强烈的语势，锋芒直指中国足球的“软肋”，表达出众多铁杆球迷的失望与痛心。情感率真坦荡，表达理智犀利，融情于理，情与理并重。正如白岩松自己所说：“情感无数次想挣脱理智的束缚，想最大限度地发泄愤怒，但最后还是在气愤与理智之间寻找到结合点。”

白岩松曾在采访中说道：“我心目中比较理想的主持人，他应该是一个年过四十岁的男人，他会更加客观、冷静，但是穿透力极强；他思想更加成熟，并且具有极大的悲悯之心；他做任何事情，都会把激情藏在心里，而状态却很平和，且每句话都能让人感受到背后的汹涌澎湃。”②应该说，这种主持风格就是情感与理智结合的典范。

四、真诚面对受众

主持人在广播电视媒介与受众之间所处的位置表明主持人是一种信息载体，载体的主要功能是把媒介要传播的内容有效地传达给观众。一切努力最终都是为了观众。为了更有效地传达，主持人要与观众沟通情感，建立密切的关系，在和谐的气氛之中实现传与受的汇合。主持人在传的过程中注入了情感因素，体现双方的交流精神；主持人与受众交流内心思想，表达各自的情感意境，以求获得感情共鸣，从而收到最佳的传播效果。但情感的传导也是有技巧的，主持人的言行举止就是一种情感的流露。主持人的情感流露应该是自然的、真诚的，而绝非矫揉造作。

在公众社会里，真诚是一个人赢得依赖和尊敬的最关键因素，也是信誉和形象的基础。对主持人而言，更是如此。观众对主持人的第一要求是什么？据调查，大多数人的答案是真诚。他们认为，主持人与观众的交流应该是发自内心的，是充满真诚的，而不是逢场作戏、曲意逢迎。我国著名节目主持人沈力说：“电视艺术是家庭艺术，那么，作为电视节目主持人就应该成为电视观众家里的客人，成为观众的朋友。我常想，朋友之间最珍贵的是什么？是真挚的感情，能够平等相

① 白岩松.痛并快乐着[M].北京：华艺出版社，2000：31.
② 郭红.中美节目主持人现状对比之我见[J].声屏世界，2003(12)：56—57.

待、相互尊重和信任。”①

在《中国诗词大会》的一期节目中，导演组在前期联系上场挑战选手的家人时得知某位选手的母亲处于癌症晚期，将要进行重大手术，在征得了选手同意之后，主持人董卿在节目中介绍了选手母亲的情况：

案例6-8：

《中国诗词大会》第二季第七期，2017年2月4日

案例实录：

董卿：他母亲是癌症晚期，是比较严重的情况，所以我觉得我们有必要让选手知道，如果我们不知道我们就不知道，可是当我们知道了，我想我们还是应该告诉你。

我觉得人生冥冥之中仿佛有一种安排，如果不是帅克突然病倒，轶隆就不会替补上场，如果他不替补上场，我们也不会给他的家人打这个电话，那也许他就真的没有能够在母亲最需要他的那段时间陪在母亲的身边，如果真是这样，反而我们会觉得那是一种遗憾。《中国诗词大会》一方面是为了传播知识，但更重要的也是为了传承精神，孝老爱亲，本来就是中华民族几千年文明当中一直在传承的最宝贵的一种品质。今天在这个年轻人的取舍之间，我们又一次看到了这种品质的闪光。轶隆，你所在的那个位置我们会一直空着，百人团不会再招募任何新的选手，看到这个空位我们会想到你，它是一个空缺，但是它更是一种圆满，我们也再次祝福你的母亲早日康复，我们也等着你早日归队，加油。

真诚的前提是主持人要尊重观众，不能觉得自己高人一等，而要放下居高临下的架子，和观众做知心朋友，坦诚地对待观众，使观众对他产生“自己人”效应。美国社会心理学家吉普在列举影响人与人之间沟通行为、造成“防卫性传播”的几种现象中，就有一条是“好为人师，招致反感，产生戒心……如果自己的意见是临时假设的，乐意让人讨论、实验，就不会引起防卫性传播的行为”。② 事实也是如此，那些尊重观众并善于同受众保持亲切商讨态度的主持人往往更受观众尊重和爱戴。

心理学认为，传播与接受的关系包括地位关系、空间关系。地位相近的人易产生接近感，空间距离近的人易产生接近感。要想得到传播过程中好的效果，就要缩短传与受之间的心理距离。主持人要摆正与受众的关系，逐渐建立彼此间的亲和关系，方不失为上策。

① 李力．难能可贵是品格——感受沈力[J]．现代传播(北京广播学院学报)，1996(03)：81—85．

② 叶家铮．电视传播理论研究[M]．北京：北京师范大学出版社，2000：153．

第三节　人文传播策略

所谓人文主义，“从原意上讲，指的是文艺复兴时期借助于古典，主要是希腊哲学与艺术，来反驳经院哲学与神学，提倡人的个性发展与思想解放的思潮，是一种与以神为本的神本主义相对立，反对野蛮、愚昧与迷信的世界观。但现在，人文主义已经泛化为一种强调人的价值、地位与作用的世界观或意识形态”①。根据对人文主义的这种理解，我们再来理解主持人传播中的人文传播策略就容易多了。人文传播，就是“主持人通过自己的职业行为，传导出对人的尊重以及对人的本质、利益、需要、价值的关注，使自己成为一个人文意义上的主持人”。②

一、关注人的命运

“人文精神”主要体现为知识分子的一种生存和思维状态，它是对“人的价值、人的意义的关注，是对人类命运、人类痛苦之解脱的思考与探索”。③ 人文精神对职业方式的优化具有特殊意义。人文精神是由优秀文化孕育而成的内在于主体的、十分自觉的一种精神品格，它集中体现在人的气质和价值取向上。有人文意识的主持人会关注人的命运，关注人的生存状态，关注人与环境的关系。

央视寻亲类节目《等着我》于2014年首播，不同于高端人物、艺术人物和娱乐类的访谈，这个节目自带公益和社会属性。这个节目的嘉宾被称为委托人，他们来到这个节目都有着相同的目的，而前来寻人的大多是被苦难碾过面容或精神的普通人。从年过半百的抗美援朝老兵寻找因掩护自己而牺牲的战友的后人，到被人贩卖到异地的苦命妈妈为寻找孩子哭瞎双眼，节目展示出普通人的痛苦、挫折与抗争，将最纯朴、真实的情感呈现在世人面前，唤醒人们对于情感的珍视、对于人性的思考。④

在这样一个节目里，倪萍身着黑灰色调的宽松休闲服饰，挽着最普通的发式，甚至不去遮掩带有明显岁月痕迹的面容，她就像一个阅历丰富、淡定从容的邻家老大姐安静地坐在那里，等待

① 高亮华. 人文主义视野中的技术[M]. 北京：中国社会科学出版社，1996：2.
② 乔静. 电视主持艺术初探[J]. 采写编，2016(01)：149—151.
③ 陶东风. 人文精神与世俗精神[N]. 南方周末，1996-01-12.
④ 曾祥敏，翁旭东. 突破边界　重组要素——媒介融合进程中的内容创新[J]. 中国电视，2017(12)：75—79，1.

着来人走近她。她不是个简单的提问者，也没有刻意去设置节目的开头结尾，而是一个真实、生动、带有真情实感的主体，在整个节目过程中她几乎没有长句子表达，不会强调自己的口才，而是静静地坐在那里接受着委托人的倾诉。她仍然亲切，却多了一份平和从容。她偶尔也会感动落泪，但更多的时候，她显示着冷静的控场能力。她有思想、有观点，遇到不平，甚至会严词批判。她不再是每个人心目中那个嘴角含笑的倪萍，她身上有着和多数求助者一样被岁月留下的社会印记，这也恰恰使倪萍与《等着我》有着高度契合的形象和气质。①

二、注重传播中"人"的色彩

主持人首先不是做主持，而是做人。这体现对人的关怀、对受众的关怀，也正体现了现在的"以受众为中心"的传播理念。

20 世纪 90 年代以来，商业化大潮涌动，把市场机制引入大众传媒领域，引起了传播意识的深刻变革。曾被冷落与忽视的信息服务、娱乐欣赏等多种功能得以很好地发挥。在传播观念上，具有现代传播观念的大众传媒，一方面坚持为特定的政治、经济系统服务，一方面又特别注意满足受众的各种要求，同时"更加注重传播中'人'的色彩，更加注重自己作为'人的传播者'"。②

从传播的社会效益角度看，受众毋庸置疑是广播电视进行大众传播活动的唯一的也是终极的目标。因此，主持人在节目构思时，绝对不能忽略受众这一要素。要想取得最佳的传播效果，就要调查研究受众的收视需求，准确地把握受众需求的脉搏。检验传播效果应从受众方面来衡量，因为他们不仅是"消费者""译码者"，同时还是"参与者""反馈者"。观众已不再满足于传播过程中极为被动的你播我收、你说我听的现状，而产生了参与节目的强烈意识。他们不仅在荧屏外对节目评头论足，与屏幕上的人物同命运共呼吸，他们还要走进节目中，参与传播过程，即席发表意见，参加讨论，或抑或扬，使发自内心的情感态度都毫不掩饰地得以表露。

白岩松在《东方时空》栏目里采访了烈士邵云环的儿子曹磊，在采访中，白岩松首先与曹磊在布加勒斯特的监护人对话，询问曹磊的情况，随后与曹磊展开对话。而在这期节目的最后，白岩松选择了用这样一段话来结束节目：

案例 6-9：

《东方时空》，1999 年 5 月 9 日

① 吕新丽. 倪萍在公益节目《等着我》中的主持风格[J]. 西部广播电视，2016，383(15)：135.
② 黄旦. 80 年代以来我国大众传媒的基本走向[J]. 杭州大学学报(哲学社会科学版)，1995(03)：121—124，130.

案例实录：

白岩松：也许我们该看一下日历，5月9日，母亲节，原本这该是充满人性温情的一天，在遇难者中有一位母亲和未来很有可能成为母亲的年轻妻子，然而几枚凭空而至的导弹却改变了这一切，她们再也体会不到这种人间温情，而我们所有的中国人也将在这一天分担她们家人的痛苦和悲伤。然而面对1999年5月8日，我们仅有悲伤、痛苦与气愤是不够的，我们必须拥有清醒的头脑和冷静的认识，这个世界并不像人们相信的那样善良，霸权与侵略一直就在我们身边，要想世界真正和平，中国必须强大，让我们一起加油，把心中强大的中国梦尽早变为现实！

同样是那一天，敬一丹去朱颖家采访，第一句话就是深深地致歉："真不应该在这个时候来打扰你们，但是全国的观众都非常惦记你们。"①

因此，要实现主持人的人文化，就要将传播视角从俯视转向平视。诚然，大众传媒对受众起到宣传、引导的作用，但是，随着受众逐渐成熟，那种高高在上的强加的、说教式的传播视角必会引发受众的厌恶与反感。"电视不应该出现威胁和伤害主人（观众）感情的东西。假如出现了说教的或蛮横的内容时，主人可以拒绝接受，关掉电视机。"②这就需要主持人开启平民化的视角，保持一颗平常心，在生活中不要居高自傲、目中无人，在镜头前要努力与受众平等交流，从而给人以真实、亲切、朴实、随和的主持形象，缩短与受众之间的距离，更有策略地实现传媒的传播效果。

三、展现人格魅力

"要成为一个优秀的主持人，最首要的条件是，应当看他是不是一个独立而大写的人，是不是一个拥有内涵、并在主持人这个位置上释放自如的人。主持人最后的成功体现在人格的高尚里。"③

主持中蕴含人格力量。主持人必须以人格面对广大受众，接受人们的品评；必须用坚实有力又富有个性色彩的人格去整合节目，塑造形象。主持人的人格魅力是建立在对人生的丰富性体验上。丰富性体验的概念来自心理学丰富性动机的概念。丰富性动机是指"以经验享乐、获得满足、理解和发现、寻找新奇、有所成就为特征的动机"。主持人的丰富性体验，指的是获得爱、友

---

① 白岩松. 我们能走多远——关于主持人话题的胡思乱想[J]. 现代传播（北京广播学院学报），1996(01)：39—45.

② 叶家铮. 电视传播理论研究[M]. 北京：北京师范大学出版社，2000：222.

③ 白岩松. 我们能走多远——关于主持人话题的胡思乱想[J]. 现代传播（北京广播学院学报），1996(01)：39—45.

谊、尊重和成就时的内心感受，并以此作为主持节目时的情感动机。得到别人的爱的人，往往更容易健康发展。对爱的体验影响着主持人自身人格的形成。

根据心理学家罗杰斯的观点，当我们得到爱时，便对一切新鲜的经验是灵活的和敞开的，并在此基础上发展了自己“情感移入”能力。“情感移入”能力指的是理解他人心情的能力，从思想上、情感上感受他人心理，把自己纳入他人心境的能力，而这正是主持人传播交流沟通活动的先决条件。

首先，主持人台上做人和台下做人应该是统一的。为了维护自己的形象，有些主持人在屏幕上、话筒前还能对受众及相关人员表现出应有的尊重。而一旦出了节目，马上就与受众形同陌路，或对受众嗤之以鼻。做人的统一性，实际上是主持人人格的自然流露。主持人应具有朴素的人生观、平等待人的思想观念和爱岗敬业的职业意识。这样，主持人才能自然流露出平易近人、谦虚热情、不恃“宠”傲物的职业风范，才能为广大观众所接受和喜爱。一个好的全媒体主持应该不断完善自己的人格，向真、向善、向美。

其次，出现在观众视线之内的主持人在人格上应具有榜样和示范作用，带给受众非凡的影响力。这种榜样示范作用既体现在节目之中，更体现在节目之外。在 2021 年“7·20”郑州特大暴雨灾害事件中，中央广播电视总台河南籍主持人张泽群通过河南省红十字会，捐出自己一年工资 21.7 万元，作为抗洪救灾的救援款。前总台主持人、现河北卫视主持人方琼也多次参与居住地社区的志愿服务，彰显出屏幕之外的人格魅力。

最后，主持人人格又是与民族心理紧紧联系在一起的。优秀的主持人大都富有强烈的社会责任感和历史使命感，这种责任感和使命感的心理前提即是，主持人把自己看成祖国、民族的一员，同时也把民族、祖国看作是“我的”，由此产生强烈、真挚的爱国情感。在 2019 年 5 月 13 日的《新闻联播》中，主持人康辉播报了一篇关于中美经贸摩擦的国际锐评《中国已做好全面应对的准备》，铿锵有力的声音展现了“中国气派”。在广大电视观众眼中，康辉的形象已经不属于他个人，而反映的是中国人的气质、精神以及中国人特有的文化素养和立足于世界的自信。

综合思考题

1. 全媒体主持的知识传播有哪些基本要求？
2. 全媒体主持超越时代的知识传播策略有哪两层内涵？
3. 主持人应怎样寻找与受众的情感共鸣？
4. 全媒体主持应如何使主持更具人性化？

延伸阅读

1. [俄]别林斯基著，别列金娜选辑，梁真译:《别林斯基论文学》，新文艺出版社，1958年。
2. 老舍:《老舍文集》，人民文学出版社，1981年。
3. 朱自清:《朱自清古典文学论文集》，上海古籍出版社，1981年。
4. 王力:《中国语法理论》，载《王力文集》第1卷，山东教育出版社，1984年。
5. 曾志华:《中国电视节目主持人文化影响力研究》，北京大学出版社，2009年。

艺海拾贝

CNN首席主播:伯纳德·肖

1991年海湾战争炮火纷飞的场景留在了世界亿万人的脑海里，与此同时展现这些场景的电视屏幕右下角几乎永不隐去的CNN台标也一同刻入人们的记忆中。在开战后的十几个小时里，CNN是独家现场报道海湾战争实况的电视台，3名记者阿内特、霍利曼和伯纳德·肖冒着枪林弹雨，从开战第一天起就在巴格达拉西德饭店9楼的一个房间里，不间断地进行战况直播，留下了有关这场战争的珍贵镜头。

伯纳德·肖(Bernard Shaw)是一个非裔美国人，在20多年的CNN工作生涯中，棕色的皮肤一度让他饱受争议。面对这些偏见，他说:“我并不认为我是一个‘有色’的记者，我只知道，我是一名记者，一名努力做到最好的记者。”

22岁时伯纳德加入了美国海军，成为美国海军陆战队中的一员。在夏威夷的军队中时，他便对媒体展现出浓厚的兴趣。每一期当地报纸上的每一篇新闻，他都不会错过。也是从那时起，伯纳德暗自将爱德华·默罗和克朗凯特作为自己的偶像和奋斗目标。一次偶然的机会，克朗凯特来到夏威夷州的威基基海滩做采访。伯纳德从报纸上得知这个消息后，兴奋地往克朗凯特入住的酒店打了34次电话，留了34条信息。几天后，伯纳德竟然收到了克朗凯特的回复，并答应抽出15分钟在酒店大堂和伯纳德见面。在后来的采访中，伯纳德提到这个“冲动大胆”的行为时，称“这是一次令人振奋鼓舞的谈话”。

在芝加哥和华盛顿电视台几经辗转之后，1980年，伯纳德正式成为CNN的首席主播。当时，伯纳德以1988年美国民主党总统大选时对迈克尔·杜卡基斯的尖锐而犀利的发问而闻名。

伯纳德称自己是一个“严厉、过时、坚持事实”的新闻人。同事说:“他总是冷静、简明、清晰，如果你告诉他世界末日要到了，他也会有条不紊地如实播报。”在第一次海湾战争中，炮弹在耳边呼啸而过，伯纳德却一次次地在防空洞之间穿梭，镇定自若地采访，冷静沉着地在摇晃的桌底进行播报。对此，布什这样评价他："伯纳德总是直击要点，提出深刻的问题，却不会让人措手不及。对 CNN 来说，失去伯纳德，意味着他们将失去一个偶像。"

第七章

全媒体主持的策划艺术

知识点框架图

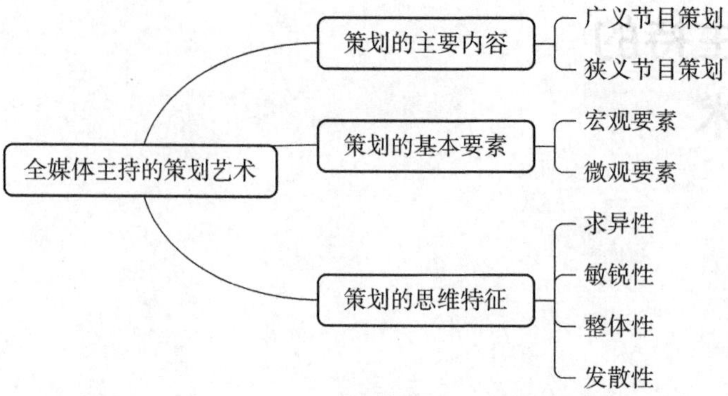

关键术语

节目策划　求异性　敏锐性　整体性　发散性

节目策划，就是策划者根据节目生产和运作的规律，对节目的目标主旨、选题内容、采拍制作、播出销售等生产和运作过程进行总体性和未来性的筹划。凡事预则立，不预则废。尤其是在当今竞争激烈的全媒体环境中，用户所接收的同质化节目相当之多，一个好的策划对节目的重要性就更为凸显。

主持人参与节目策划，了解熟悉和掌握节目的定位、选题的意义、各结构的内在联系等，才能更准确深刻地把握节目本质，对各种手段运用自如。这不仅能使自身和节目融为一体，将节目的采编播各个环节以及节目的各个单元紧密结合，还能增强自身的责任感，不断激发主观能动性，以多样的个性化创造活跃收听收视氛围，从而增强受众对于节目的亲近感，使主持人的传播活动保持旺盛的生命力。因此主持人应当重视策划，研究策划，积极参与策划，掌握节目的策划艺术。

第一节　策划的主要内容

策划是在对客观事物的认识基础上，对未来的理论思考和分析、判断和把握。节目策划有一套详细、系统、科学的工作程序，有广义和狭义之分。

一、广义节目策划

从广义上来讲，节目策划需经历创意策划、样片生产、试验播出、环节创新、配套考核五个部分，具体内容如下。

(一) 新节目的前期创意策划阶段

新节目的前期创意策划主要手段有头脑风暴法、集体攻关和调查分析(如图 7－1 所示)。

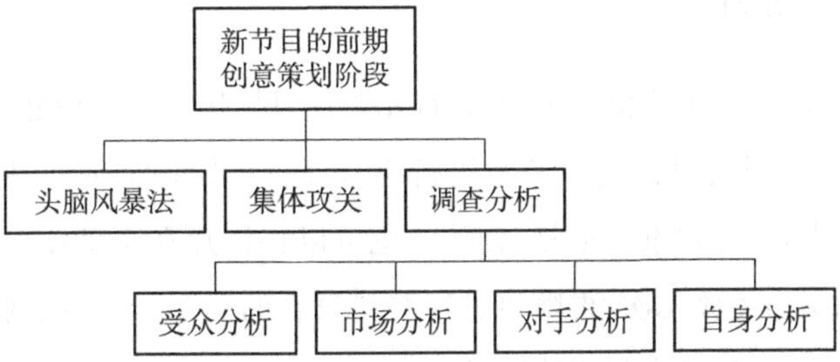

图 7－1　新节目的前期创意策划阶段流程图

头脑风暴法是美国创造学家 A. F. 奥斯本于 1939 年首次提出、1953 年正式发表的一种激发创造性思维的集体训练法。一般通过小型会议，让与会者围绕一个特定的问题提出各种构思，通过不同观点相互诱导和激发，从而追求产生一种创造性的意念。其核心是高度自由联想。

集体攻关指节目研发部门组织专门的精干力量，成立强有力的策划执行团队，进行专业策划，形成最终策划方案。《超级女声》节目在策划时，聘请了专业节目咨询策划公司。策划人员集中观摩国外同类节目，并对“海选”出的优秀创意进行二度策划，使其本土化。

调查分析对于节目是非常必要的。节目在播出前要考虑三个核心问题：第一，有没有市场；第二，确立什么样的受众群；第三，怎样吸引这样的群体。要做到这三点，就要对受众、广告市场、对手以及自身进行周密的分析。

用户分析对节目策划至关重要。节目竞争很大程度上取决于收视率的竞争，只有赢得了受众，才能真正赢得市场。受众分析可以采取两种研究方法：一是资料研究，即对过去的资料进行认真细致的分析；二是定性研究，可通过召开小型座谈会、设计调查问卷等手段确定最终策划方案。

广告市场分析的核心问题是如何成功进行广告预售。应当综合考察消费者群体与广告主的目标消费群是否契合。

对手分析是通过分析同类型竞争节目的形式和内容，发现其节目优势与存在的问题，努力找出自己节目的不可替代性，进而确立自己节目在当前市场的地位和身份。

自身分析是根据本媒体与本频道自身的优势、长处与弱势、短处确立自己的节目发展战略，不要盲目跟风，贪大求全。

（二）样片制作及制片人的产生阶段

两者的选定有两个方案：第一，由本台节目研发部门组织选拔相关人才进行样片制作，再综合各方面条件，指定新的栏目制片人。第二，面向全台对制片人进行公开竞标，通过开展各种答辩活动，阐述对方案的理解以及方案的筹划，从中优选出制作样片的负责人。

（三）新节目试验播出阶段

节目样片制作完成后，为了确保播出效果，首先要从目标用户群体中随机抽取部分用户观看（收听）样片，让其完全按照自身感受对节目进行综合评价。如果结果好，那么其预期收视率看好，可以推出，如果结果差，必须重新策划、创作。也可以将样片在企事业单位、社区闭路系统或是在小范围的网络圈层内播放几次，再随机进行看与没看的问卷、电话或网络调查，根据调查结果统计预期收视率，作为节目播出与否的依据。

（四）不断在各个环节上进行创新

节目组可设立与节目相对应的课题研究和跟踪小组，密切关注国内外最新动态，并及时对可借鉴的内容进行分析研究，特别是国内外节目中可借鉴的各个环节，进而设计出适合自身节目的创新方案。这种创新机制能够为节目不断注入新鲜血液，形成出其不意的节目亮点，从而保证节目极强的竞争力和生存能力。

（五）新节目的配套考核

要保证节目常办常新，提升节目质量，必须有规范和先进的管理机制，制定综合评价体系和警示淘汰办法。如果在一段时间内收视收听指标、趋势指标和品牌价值等连续不达标，节目将被警告，直至暂停播出，进行休整改版或更换制片人等；重新播出后，仍连续多期不达标，栏目将被停播。

以上是从广义上阐述节目策划的基本内容。在这里，CBS节目研发流程值得我们借鉴，主要有四大环节（如图7-2）。第一，每年以公开招标的形式，从CBS节目部或社会电视制作公司搜集1 000个左右的节目创意案；第二，CBS节目部负责人从1 000个个案中挑选出100个；第三，要求提案者进一步完成具体文字策划方案以及节目前6集脚本25—30个，并提出改进意见，然后交给提案者制作样片；第四，CBS节目研发中心对这些样片进行专门的观众测试，调研观众对样片的反应，最后将观众满意度最高的 8 个节目作为 CBS 年度新节目推出。

图 7 - 2　CBS 节目研发流程图

二、狭义节目策划

狭义的节目策划只有选题立项和策划书的撰写，而且这两个部分常常合而为一。具体到每期节目中，明确的目标、独到深刻的选题、翔实生动的内容、贴切的形式都是节目策划构思的主要内容。

(一) 明确目标

明确目标是策划构思环节中首要的部分。节目策划目标是指策划者根据节目本身的主客观条件而制定的要达到的目的和期望产生的效应。策划目标规定了策划涉及的范围，提供了努力的方向，能使工作从无序转为有序，对于整个策划具有指导作用。同时，目标还是检验策划成功与否的标尺。因此，在策划前首先要制定具体的目标。

2019 年，中央广播电视总台推出了成立后的第一个电视大赛节目——《中央广播电视总台 2019 主持人大赛》，这也是央视在时隔 8 年后再次面向全社会举办主持人选拔活动。该节目在策划之初，就旨在为优秀主持人搭建一个展示平台，为中国广播电视事业输送主持人才。节目中涌现出邹韵、王嘉宁、蔡紫、尹颂、张舒越等一批优秀的新生代主持人，尹颂、张舒越更是在比赛结束后直接担任了 2020 年中央广播电视总台春节联欢晚会主会场的主持人。从这一点上说，《中央广播电视总台 2019 主持人大赛》很好地完成了节目策划时设定的目标。

(二) 确定选题

确定选题也就是解决"选什么"的问题。好的选题是成功的一半，是节目的源头活水。谈话节目中，一个好的选题能够激发嘉宾的谈话兴趣，营造热烈的谈话氛围；新闻节目中，一个好的选题，能够提升新闻价值，增强节目内涵。下面介绍选题的主要来源以及要求。

1. 选题来源

(1) 国家政策

国家政策包括党和政府在一段时期内所出台的方针政策、制度规定等。节目策划首先要保持高度的政治意识、大局意识和责任意识,做好党和国家事业的宣传工作。

中央电视台《新闻 1+1》所呈现出的新闻,其选题很多就来自时事政策。如 2012 年 1 月 4 日的节目《实名制,怎样购买火车票?》就是据铁路局发布的自 2012 年 1 月 1 日起全国所有旅客列车实行车票实名制这一政策而确立的选题。节目及时从这些最新、最热的新闻话题中还原新闻全貌、解读事件真相,使节目内容真诚,制作精良,思想深刻。

(2) 社会热点

社会热点指引起舆论广泛关注的事件、话题等,可对热点开展针对性的策划。

最典型的是新闻事件所引发的热点。如各种自然灾害发生后,新闻节目可报道事件进展,娱乐节目可举行相关的赈灾晚会,社教节目可策划与之相关的知识性介绍,解释前因后果等。又如人们较为关注的健康问题、道德问题、环境问题、食品安全问题、交通安全问题等。凤凰卫视《一虎一席谈》每周选取社会、文化上的焦点和热门话题,邀请当事人、专家等进行讨论。如归真堂事件中"活熊取胆"该不该被叫停这一事件被舆论炒得沸沸扬扬,节目组使话题对立双方亚洲动物基金会中国区对外事务总监张小海和福建归真堂药业股份有限公司董事张志鋆首次同台沟通对话,并邀请了各界学者、专家、名流等针对此事各抒己见。节目通过思想交锋,使观众更加理性地看待此事。

(3) 特定时间、地点、人物

特定时间包括节假日、主题日、纪念日等,可以策划与之相关的选题。如 2010 年的七夕节,即俗称的"中国情人节",各大卫视纷纷举办了丰富多彩的综艺晚会。如湖南卫视的《今夜,我们歌颂爱情》,由汪涵与杨乐乐这对"夫妻档"首次搭档主持,晚会别出新意地独创了"七夕体",没有了一般意义上的主持词,改以小剧场的话剧表演形式和以"我爱……"开头的"七夕体"诗歌朗诵,营造了浪漫纯洁的爱情氛围,歌颂了爱情的纯洁与坚贞。这档特别节目旨在打造七夕品牌,弘扬中国传统文化,歌颂爱情,呼唤真爱。湖南卫视的导演组不仅在节目中邀请到吴克群、齐秦、孙楠等明星嘉宾,还通过征集邀请到 77 对模范夫妻和求爱勇士来到晚会现场,让广大观众享受了一场视觉与心灵共同震撼的演出。而安徽卫视推出的《七夕爱传万家》晚会则采用差异化竞争策略,弃用夫妻档、情侣档的方案,改请了更有舞台表演经验和唱功的实力派明星,来打造七夕情歌会。此档节目以"7 月 7 爱传万家"为主题,邀请了 77 位明星歌手参与,并把主要力量放在即将全国首播的新版《红楼梦》演员身上,让大小宝玉、黛玉、宝钗、探春的饰演者们齐聚一台。此外,安徽卫视的主持人搭配方面也是一大亮点。节目请来了湖南卫视的谢娜、浙江卫视的朱丹与安徽卫视的张杨果相搭,凸显新意。另有安徽卫视的马可、罗彬、王小川和马滢 4 人上阵,形成了 7 大主持人联袂 77 位明星的阵容。湖北卫视也打造了"情动中华,爱传万家"主题情歌大会,将传统与现代紧密融合。另外,8 月 5 日晚,2011《快乐女声》举行总决赛 9 进 8 晋级赛。导演组充分利用"七夕"佳节前夜的时机,特意将歌唱主题选定为"我爱你",邀请 9 名"快男"对"快女"进行帮帮唱。选手们谈初恋、忆往事，通过节日引发的爱情主题掀起娱乐高潮。由此可见，传统文化盛事已经成为各大广播电视台争夺的热点。而在竞争当中，采取错位策略，进行差异化编排，突出自身的特色，实为一种上策。

又如各种春节特别节目、寒假特别节目等，均属此类。

特定地点是指选题可以从地点做文章，诸如某个重大事件的发生地，又如有着丰富的自然、人文资源的旅游胜地，或者某些重要人物的故居等皆可构成策划来源。像湖南卫视《爸爸去哪儿》选取的每一个地方均与其独特的魅力相关。

特定人物包括先进典型、历史伟人、名流明星等，可围绕关于人物的具体事件展开策划。如在全国掀起“学雷锋”活动热潮之际，湖南卫视策划了《我们都是活雷锋》特别晚会，于 2012 年 3 月 4 日晚播出。节目大力倡导和弘扬了新时代永不过时的雷锋精神。

2. 选题要求

(1) 时效性

信息爆炸时代，在第一时间反映客观世界的变化，对各种新闻事件、社会热点进行宣传报道，成为节目竞争力的主要组成因素。凤凰卫视中文台台长王纪言说：“全世界判断媒体的一个尺度就是，当重大事件发生的时候，第一个声音由谁最快发出来。”①因此，节目策划应当注重节目内容的时效性，争取第一解释权。时效性不仅仅指时间上的快慢，也包括其内容能否符合一个时代、一段时期的主要特征。

时效性在新闻节目中体现最为明显，也渗透在各种综艺、服务节目中。其中，现场直播这种形式最能反映广播电视节目的时效性。通过直播，观众能第一时间感受事件的变化、现场的气氛。

(2) 价值性

所策划选题应具有一定价值，或能起到舆论引导的作用，或能愉悦身心，或能提供某方面的服务和指导，具有一定的社会效益。策划时要注意选题价值的高低。

2010 年上海—台北《双城世博会》特别节目，不仅能够使大陆与台湾地区互相了解各自的展馆、生活、文化，而且对于促进两地和谐发展有着重要作用，彰显了节目的价值。又如各种医疗、农业、法律节目，要选取那些能够切实帮助受众解决实际困难的选题，从而增强受众的健康意识、科技意识和法律意识。

(3) 可行性

可行性是选题策划的一个重要标准，主要考虑节目制作过程的难易程度。可行性具体包括三个方面：第一，选题应当充分契合国家政策、媒体制度以及发展趋势等内外环境要求；第二，应

---

① 钟大年，于文华. 凤凰考——建构一个好传媒[M]. 北京：北京师范大学出版社，2004：140.

当结合媒体自身的人力、财力和物力等方面的条件，做自身能力范围内的事情；第三，所策划选题要符合媒体自身传播特性，具有可操作性。策划不仅仅要明确自己能做什么，更重要的是要知道自己不能做什么。

(4) 独特性

新颖独特的选题让人耳目一新，能更加吸引受众。选题策划时应全面搜集各个媒体的策划内容、角度，尽量不做重复性的工作，避免雷同，使节目内容丰富多彩。

2012 年 3 月 11 日，当时国内最大的两家视频网站优酷网和土豆网签订最终协议，双方以 100％换股的方式合并，土豆网退市。这一选题因其重要的新闻价值迅速进入了各大节目的视野中。普通的评论一般会从经济角度分析合并的利弊，从行业角度分析对其他视频网站乃至整个互联网视频市场的影响等。正如央视《共同关注》所报道的：有关人员分析优酷土豆联姻将在国内互联网视频市场形成垄断地位；网络视频业将加速洗牌。而凤凰卫视《锵锵三人行》针对这一选题，则从两个新颖的角度来谈。一是收购行为中所体现的阴性和阳性意识。节目列举了网民对这次合并的一些调侃，他们均将优酷看成男性，而把土豆看成女性，反映了人们一般把强势的一方当作是男的，而相反则是女的这一现象，这实质是一种大男子主义观。二是以这个事件为契机，探讨了我国媒体的演变。节目通过对比的方法讨论了网络媒体的特质对于现代人收视行为的影响。这两个选题角度不落俗套，提升了谈话的内涵，给人以更多的反思。

(三) 精选内容

选题是抽象的，是对节目大方向相对笼统的性质描述。在对选题进行阐述时，往往需要具象化的个体。要选择具体的事件、地点和人物。广播电视节目具有可听、可视的特点，对于内容的选取要符合这两种媒介的特性。首先要选择音响效果好、视觉效果好的素材；其次，构思者应选择最具典型、最富有表现力的素材去阐释选题、架构内容。

2012 年央视春晚的选题(主题)为“回家过大年”。对于如何表现这个选题，节目组首先选择了和家相契合的歌曲，如陈坤的《好久没回家》、宋祖英的《叫一声爸妈》、蒋大为的《思乡曲》、朱之文的《我要回家》等；同时选择了很多和家相关的元素，比如在开场歌舞中打“成双配对”牌，邀请了娱乐圈中形象良好的恩爱夫妻。另外，2012 年央视春晚进入了自己的“而立之年”，节目组特地设计了“致敬三十年”这一板块，将过去 30 年亮相春晚舞台的部分歌手聚到了一起：1983 年央视第一届春晚亮相的张明敏，再度演唱《我的中国心》，引发了全场大合唱；费翔深情演唱了 1987 年首次参加春晚的曲目《故乡的云》；韦唯演唱了 1989 年的表演曲目《爱的奉献》；李谷一演唱了 1990 的曲目《前门情思大碗茶》；蔡国庆演唱了 1999 年春晚红极一时的《常回家看看》，这些经典曲目勾起了人们对春晚的美好回忆。

江西卫视栏目《传奇故事》中，策划兼主持人金飞经常使用一些寓言故事、俗语、谚语、古文等，使得节目的串词和点评简明到位，观众喜闻乐见。他对故事进行总结和评论，不用长篇大论就能表达情绪和观点，发人深省，给人们带来更多的思考、启迪和人生经验，富有积极的社会意义。在一期节目的串词中，金飞就借助杨万里的诗把观众带入了充满悬念的故事中："宋代诗人杨万里写过这么两句诗，平地跳雪山，晴空下霹雳。平地里忽然冒出一座雪山，大晴天突然下一个雷，这两件事听上去很突兀，也很吓人，所以后人就用晴天霹雳这个词，来形容生活中的一些突如其来的厄运，而今天这个故事，说的就是这么一场猝不及防的灾难。"金飞借用"晴天霹雳"这一成语的古诗来源形象地表达了主持人对于所讲故事的感受，有效地抓住了受众的心。

在浙江卫视《我爱记歌词》金曲回顾季中，节目精选属于每个时代记忆当中的年代金曲作为选手比赛曲目。其中，一首《李雷和韩梅梅》唤起了众多 80 年代、90 年代出生的人对初一学习英语情景的回忆以及对于成长的感悟。尤其是主持人拿出的英语课本以及节目播放的课文录音，让人们倍感亲切。又如另外一首歌曲《大风车》更是引起了人们集体合唱，勾起现场观众对于童年的美好回忆。这些内容都属于那些年代独有的记忆，有效契合了节目的选题。

(四) 设计形式

形式是为了更好地表达节目内容而采用的表现手段和元素。构成节目形式的要素主要包括：节目类型、播出长度、编辑特点、结构方式、交流方式、形象包装等。[①]

从外在形式看，包括直播、录播，单人主持、多人主持，演播室进行或者室外进行等。从内在形式看，同样是谈话节目，可以是叙事的，也可以是讨论的；新闻事件，可以采用系列报道，也可以采用深度报道或者连续报道。这些都是策划构思时需要权衡和对比的。

中央电视台《今日说法》栏目创办于 1998 年，在节目诞生之前，策划团队讨论和实验了多种电视节目形态，包括谈话、辩论、真人扮演等，最终采用了个案分析的形态，以故事承载事件，通过一定的冲突、纠纷，利用故事的曲折、动人等特性，达到普法的宣传效果，播出后轰动一时。如今，电视新闻节目和专题节目的故事化叙事手法已非常普遍，使得《今日说法》的收视率出现了下滑的趋势，个性化和可识别度下降。因此，节目应当时刻关注形式，不断改革。

美国 CNN 在 2009 年的改版中，一个标志性的变化就是在演播室里设计了很多区，在不同位置放置 LED 显示屏，每个屏是一种不同的讲述视角。例如根据地域区分，不同屏幕播放不同地域的新闻，如亚洲新闻、欧洲新闻。这样节目内容虽然没有变化，但是立体化、分层次的新的演播形式，让受众更容易识别新闻的来源。

① 胡智锋. 电视节目策划学[M]. 上海：复旦大学出版社，2006：45.

同样是嘉宾出场，新颖的出场方式能够取得更好的传播效果。在《感动中国》、“3·15”晚会等大型节目中，人物的出场形式极具仪式化：上场时需要走过高高的台阶以及长长的红地毯。重复使用该表现手法使得这种充满仪式感的方法成为该类节目能够被识别的符号。《非诚勿扰》的出场形式也大获成效。男嘉宾的出场顺序是从脚到头，这种立体化设计区别于其他节目，使观众充满好奇。在音乐设计上，男嘉宾出场时背景音乐为*Can You Feel It*，振奋人心；女嘉宾出场音乐为著名歌手艾薇儿的*Girlfriend*，节奏欢快明朗，展现了女嘉宾的青春活力。这种独特的出场形式，深得受众喜欢，节目中的背景音乐一度成为网上搜索的热门话题。

2021年获得广泛热议的文化综艺节目《典籍里的中国》，聚焦中华优秀文化典籍，以“文化节目＋戏剧＋影视化”的方式，将“国学典籍”“影视表演”“访谈”融为一体。节目采取古今对话的方式，主持人撒贝宁化身穿越时空的读书人，在舞台表演之中与先贤对话，立体生动地向观众诠释典籍中的中国故事，是文化类节目的一次有益尝试。

第二节　策划的基本要素

节目构思的基本要素，是指策划者在构思的过程中需要考虑的必要因素。对基本要素的把握，能使创作者把握策划方向，并在相关框架中获得灵感，使策划更为完善。

一、宏观要素

从宏观上来讲，策划时要始终保持六种意识，这六种意识成为构思最基本的要素。

（一）栏目意识

节目在构思时要始终保持栏目意识，也就是要对节目自身的风格、定位、宗旨了然于心。同时策划者应当熟悉栏目的生存环境，了解其他栏目的特点，扬长避短。唯有这样，节目策划的成功才有保障。每一个栏目都有其自身独特的定位。节目策划者要明确不同节目之间的差异。

敬一丹认为针对麻风村这一个选题，就可以做很多节目。选择不同的角度和案例，可做出不同栏目风格的节目。以下是敬一丹关于麻风村的联想①（节目并未制作）：

① 央视新闻评论部. 新闻一线[M]. 北京：中央民族大学出版社，2007：2—3.

如《焦点访谈》——标题：他们何以没有公民权利。演播室导语：记者在四川凉山越西的大营盘村发现，村民们既没有户口，也没有身份证。拥有这些证件是公民的权利，而村民的权利是如何失去的呢？

《纪事》——标题：一个被遗忘了的山村。这个村的人口、土地都没有准数，政府也不要求统计，这里没有村民自治组织，据说是书记的人又据说不是党员，还有一多半孩子没能上学……

《百姓故事》——标题：一个也不能少。王老师的女儿翠平小学五年级失学，现在却每晚站在讲台上，她的学生年龄都比她大，上的学都比她少。她教书，没有资历、没有指标、没有报酬，有的是一种自我的满足。她严厉的样子酷似可爱的魏敏芝。

《新闻会客厅》——标题：准备好了吗？“麻风娃”今年第一次有小学毕业生了，中学能接受他们吗？外面世界的歧视会不会断送了他们的学业、前程？

《央视论坛》——标题：麻风村的生存状态说明了什么……

《实话实说》——标题：假如你身边有麻风后代……

从以上敬一丹的思考中，我们发现，不同的栏目在选题角度、题材内容、语言表达上都有很大差异。唯有确立栏目意识，所策划出来的节目才会有特色，有辨识度。

（二）受众意识

“使用与满足”理论认为，受众使用节目具有主动性，会依据自身的需要选择相应的节目。因此，大部分情况下，策划者只有明白受众需要什么，最大程度满足受众的需求，才能使节目更好地传播。要想群众之所想，贴近百姓，贴近生活，贴近现实，科学分析受众需求。

一次，歌手蔡琴要在北京开演唱会，当时中央电视台《文化报道》的主编王阳，对去工体采访蔡琴彩排的记者提出了这样的要求：出镜做现场报道，要站在不同票价的区域分别出镜。王阳表示：“您的采访是不是成功，关键看观众满不满意。您要是想着这是给我爸我妈我媳妇儿打听消息呢，这样的定位就对了，您要是想着明天花钱买演唱会票的是自己，您采访的角度肯定就能与众不同了。”[①]以下是节目最终的解说词。

案例 7－1：

《文化报道》

案例实录：

观众朋友，这里是场地票的贵宾席，票价是 1 800 元。蔡琴和我的距离也就有十几米。

① 王阳.电视人侃策划：另类思维做节目[M].北京：中国广播电视出版社，2008：11—12.

我在这儿看蔡琴，我都能看到她眼角的鱼尾纹，旁边给她伴舞的小伙子，他背带裤上少了扣子我都注意到了。十几个大小伙子在台上一蹦，都扬起了尘土，我都能闻到土腥味。

如果您买了500块钱的门票，您能坐到这儿。我视力是1.2的，凭着肉眼，我能看到蔡琴眼角下的黑痣。这儿虽然看不到好多细节，可这个距离足以掩盖好多舞台上的不足，朦朦胧胧的，还挺好看。这个距离不远不近，票价也挺合适。

我站的位置是体育场的最后一排，在这儿看演出，只需要50元钱，这里离舞台有300多米，就是借着望远镜也看不清蔡琴的眉眼。可体育场里音响效果不错，在这儿听歌，跟前几排听歌效果差不了多少。因为这里居高临下，全场的整体效果一收眼底，在这儿感受现场的气氛，挺好！

正是王阳以受众为出发点所做出的指导使得节目报道新颖独特，满足了不同层次受众的需求。

（三）媒体意识

媒体作为社会意识形态的重要组成部分，受到国家、民族和社会集团利益的制约、影响和支配。我国的广播、电视媒体具有社会主义性质，是党和人民的喉舌。因此，节目策划要始终坚持为人民服务、为社会主义服务的基本方针，坚持正确的舆论导向，宣传党的路线、方针、政策，不断满足群众的精神文化需求，维护人民的根本利益。

《焦点访谈》作为一档舆论监督栏目，受到群众的广泛关注和喜爱。这和节目的媒体意识密切相关。节目取舍选题的标准为：是否坚持正确的舆论导向，是否符合宣传的需要，是否符合老百姓的根本利益，是否具有良好的社会效益。根据这个标准，《焦点访谈》确立的选题原则是“政府重视、群众关心、普遍存在”。[①] 在这种意识的指导下，节目对推动解决社会发展中存在的大量问题起到了重要作用，真正做到了服务人民、服务国家。

（四）市场意识

在全媒体的背景之中，媒介技术的便捷性一方面为专业媒体提供了传播渠道，另一方面又使得媒介环境更为严峻复杂。在节目种类多样的今天，受众的选择极大丰富。能经受住市场考验的节目才能持久生存下去。没有市场的节目即使制作得再优质，最终也会被淘汰。市场意识就是要按照市场的需求来谋求节目策划的方略。面对复杂的受众，没有一种节目能够覆盖整个市

① 梁建增. 选题是《焦点访谈》成功的源头活水[J]. 电视研究，2004(05)：8—11.

场，要善于通过分析调研活动了解同类竞争节目的市场状况，找到空隙，求生存、谋发展；要瞄准节目市场的空白，抢占空间。

自央视《绝对挑战》沉寂后，关于职场招聘类的节目很少出现。然而近年来，人们的就业压力不断增加，如何在新的环境下找到合适的工作成为求职市场关注的热点。各个卫视迅速抓住这一空缺，创办了相对应的节目，例如天津卫视的《非你莫属》以及江苏卫视的《职来职往》等，为受众提供了求职的舞台。

（五）效益意识

节目策划时要注重经济效益和社会效益的统一。所谓经济效益就是通过节目能创造更多的经济财富，以最少的投入换取最多的回报。社会效益就是指通过节目，能够起到服务大众、促进社会进步和发展的效果。策划人要时刻保持责任意识，提高节目效益。

《快乐大本营》始终坚守主流媒体的使命感和高度的社会责任感，在开辟公益板块以来，致力于研发、创新媒体公益模式，所取得的突出成绩有目共睹。2015 年节目组打造新板块“我想静静”，提倡降低噪声，绿色环保，获得了广泛好评。2017 年 11 月 4 日，“温暖有你，快乐出发”公益活动开始在全国各地进行，帮助贫困地区的孩子们。除了以明星的名义捐款捐书，节目组还为孩子们送去棉袄、蜡笔等用品，真正做到将娱乐转化为正能量，身体力行地帮助贫困地区的孩子们，为他们创造更美好的明天。[1]

2019 年 4 月，腾讯视频播出关注认知障碍的公益节目《忘不了餐厅》，同时节目也在东方卫视播出。该节目由三位明星嘉宾与五位患有认知障碍的老年“素人”共同经营一家餐厅，在节目中真实展现了患病的老年人积极参与社会活动的过程。节目通过“综艺＋科普”的形式，激发受众对认知障碍与老年群体的关注，有较强的社会价值。

相较而言，有些媒体策划的节目单纯以低级趣味的性、享乐等话题来取悦人们，或者不顾职业道德盲目猎奇，忽视被访人的尊严等，严重违背了节目的效益意识，是极度不可取的。

（六）品牌意识

节目的风格、内容、音乐设计、主持人等都是品牌的组成要素。品牌是节目的无形资产，能够被受众迅速识别。同时，受众往往会因关注一个品牌栏目进而关注一个频道，甚至整个媒体。因此策划时要注重打造并维护自身的品牌形象和价值。

很多品牌节目注重片头曲的精心制作，旋律歌词深入人心。如由孟卫东作曲的《新闻联播》

---

① 谭皓天.《快乐大本营》：电视综艺节目的文化担当及创新路径探究[J]. 戏剧之家，2019(17)：108.

片头曲和《大风车》主题曲，旋律悦耳，容易识别，家喻户晓，无形中增强了节目的传播力量。湖南卫视的《快乐大本营》非常注重自身品牌的维护，在节目的主持阵营更换后，推出了着力打造的新片头曲《快乐你懂的》，做到了与时俱进，有助于品牌的维持。

又如很多以主持人为品牌的节目，具有很强的吸引力。这些节目不仅充分利用了名人资源，而且个性独特，不易被抄袭。如以主持人名字直接命名的《鲁豫有约》《杨澜访谈录》《王刚讲故事》《可凡倾听》等，又如与名字有关的节目，如《康熙来了》《非常静距离》等。这些节目使主持人的名字反复在受众前出现，极大地增强了受众的认知度，有利于培养受众对节目的忠诚度。

二、微观因素

（一）人

人是构成电视节目的最基本的要素，主要有以下两类人群。

1. 主持人

主持人是节目的重要标识。主持人能力的高低往往影响节目质量的好坏。主持人策划就是要考虑寻找最适合节目的主持人，使其与节目本身统一协调起来，符合受众审美需求；同时对其形象进行包装，对宣传推广等做出规划设计。

同样是相亲节目，对于主持人选择的不同，会导致不同的结果。《我们约会吧》的主持人是具有丰富的综艺节目主持经验的何炅。而《非诚勿扰》则选择了有着多年民生新闻主持经验的孟非。事实证明，交友不仅是一个娱乐话题，更是包含着复杂现象和观念的社会问题，选择一个新闻节目主持人效果不比娱乐节目主持人效果差。

浙江卫视在2011年11月23日启动了浙江卫视中国蓝2.0版明星打造计划“青春梦想”，用以打造伊一、左岩、沈涛、陈欢四位主持人，通过对主持人的策划，达到提升整个卫视品牌形象的效果。

2. 嘉宾

目前，无论是新闻、综艺还是生活服务节目，嘉宾都已作为一种要素被广泛应用其中。嘉宾的表现很大程度上决定着节目的成效。嘉宾的功能主要有以下四个方面：一是提供某方面的建议和指导，帮助受众理解、克服或处理他们所面临的各种内部和外部问题，多为某方面的专家；二是为了使节目的有机组成部分在阵容上更为强大，达到助阵的效果而邀请的助唱嘉宾、明星选手以及嘉宾主持等；三是为了活跃节目气氛、提高节目收视率而邀请的影视娱乐明星；四是信息告知，如一些新闻报道中邀请的当事人等。根据嘉宾在节目中的形式，可以分为固定型和流动型。

在策划时，可根据功能及形式对嘉宾做出恰当的策划。另外还需要注意嘉宾是否健谈等因素。

（二）表现方式

1. 悬念

好的节目必定不是平铺直叙的，而是以悬念为支撑。节目悬念构成了节目的关节点，随着悬念的出现、发展和结束，节目也完成了自己的起承转合。[①] 悬念能够抓住受众的心，使其在整个过程中积极思考，保持猜测和怀疑，对真相充满期待。

美国“探索”频道的《荒野求生》节目在讲授求生知识的同时，设置了大量悬念，让故事情节曲折跌宕，产生强烈的艺术吸引力。构成这些惊险刺激情节的主要因素有：主持人的命运，比如在里贝斯丛林，主持人贝尔·格里尔斯(Bear Grylls)深入地穴，在漆黑的地下水道中，他和摄像潜入水中寻找出路，观众对于前方会出现什么，和主持人一样一无所知，所以会抱以强烈的好奇心关注主持人最后能不能走出来；最后的结局，每一期节目主持人都会受困于某地，当节目开始，观众就会关注最后主持人究竟是如何脱身的，进而对节目保持高度集中；引人关注的问题，比如在蒙大拿穿越隧道时，摄制组与飞驰而来的火车走了一个对面，他们转身一路狂奔，在贝尔飞身扑出隧道的最后一刻，火车擦着他的身子驶过。[②] 这些情节惊险刺激，都是常人所不敢做的事情，也是野外运动吸引人的地方，充满悬念，成功留住大批观众。

2. 互动

互动的形式多种多样，有信件、电话、短信、传真、电子邮件、QQ、微博等互动途径，有现场采访、有奖竞猜等多种方式。互动的表现方式使得受众能够自由地发表意见，直接与节目的各个部分进行交流和对话，有助于提升节目的交流性。中央人民广播电台《千里共良宵》是一档晚间文艺类直播互动节目。节目每期探讨一个话题，除了短信形式，听众可直接将感悟发送给主持人如姚科等的微博。主持人会筛选部分留言进行播报。节目充分利用了微博互动这一快捷、免费的形式，有效抓住了受众渴望表达的心理，增强了受众的参与性。

上海新闻广播自1992年开播至今的直播访谈节目《市民与社会》在节目播出时就遵循了新媒体的共时性原则，在与电话端的听众进行直接对话的同时，主播与编辑也实时浏览网络社区中的听众反馈互动内容，分享社区网友观点，解答其疑惑，实现多空间、宽领域的用户交流。

3. 节奏

节奏通过节目的要素组合来实现。节目能否做到张弛有度、逻辑合理是节目策划必须要考

---

① 叶子.现代电视新闻学[M].北京：中国广播电视出版社，2005：309.

② 康菊霜，林纪辉.Discovery 频道《荒野求生》节目的特色分析[J].东南传播，2012，94(06)：165—166.

虑的。

目前很多新闻节目采用穿插导视的办法来控制节目的节奏，如《面对面》等，通过节与节之间的导视，将节目结构间隔开，既能放松观众紧张的神经，又能调动其观看下一节的兴致。

2010年改版的《挑战主持人》在节奏把握上则不够到位。首先，节目时长为60分钟，只有4位参赛选手、3个环节，每个环节的设置相对来讲比较拖沓。整个赛场过于轻松，缺乏紧张的气息。其次，板块与板块设计之间，没有一定的高潮和发展。题目的设置按节目的初衷是难度递增，但是因为第三环节的可准备性，使得节目松了下来，最终导致整个节目的节奏不能一以贯之。

第三节　策划的思维特征

节目策划从本质上看，是策划者调动自身经验和储备，运用脑力、智力进行的理性认识、分析、判断、想象、规划、创造等一系列思维活动。具体来讲，节目策划构思的思维特征表现为以下四个方面。

一、求异性

目前，节目形态雷同，不同节目之间的选题重叠度高等现象非常普遍。这种重复和相似往往会降低节目的竞争力。而好的节目总是能独占鳌头，鹤立鸡群。

一个好的创意经常引来大量模仿，往往在一段时间内出现多个同一种形态的节目。湖南卫视的《超级女声》走红后，各种选秀节目接踵而来；浙江卫视《我爱记歌词》播出后，音乐类综艺节目也出现大量跟风撞车现象；江苏卫视《非诚勿扰》取得成功之后，各个地方电视台相继推出相亲类交友节目。节目制作者盲目跟风，不仅是对社会资源的浪费，而且会使受众视觉疲劳，扼杀了此类节目的生命力。要想在激烈的竞争当中脱颖而出，应当与众不同。

2017年起，湖南卫视、浙江合心传媒联合推出生活服务纪实节目《向往的生活》。《向往的生活》摒弃了以喧嚣都市为背景的节目拍摄思路，给明星和嘉宾提出的要求是：自己去田地里采摘，搭炉灶，利用农居里仅有的传统生活用品，过自给自足的生活，如果再有额外的需求，则需要用相应的劳动来交换。这成为国内综艺中的一股清流。截至2022年5月，《向往的生活》已播出6季节目，广受观众好评。

美国媒体人泰德·特纳(Ted Turner)是一个善于抓住机会的人，从最初的不为人知到最后创办了全美最大的有线电视新闻网——CNN，这一成功和他独特的节目构思理念密切相关。在早期每个电视台都播新闻的年代，他以娱乐节目与之对抗，赢得不少观众；而就在大家普遍认为电视新闻节目不景气的时候，他开创了世界上第一个全天候24小时连续播送新闻的频道，通过独家报道海湾战争等多起重大事件而家喻户晓。正是这些与众不同的节目内容、别出心裁的新闻报道，才使得泰德·特纳主办的电视节目受到观众青睐。

二、敏锐性

策划者应当及时、敏锐、准确地判断社会、经济发展进程的热点现象、发展趋势，能从繁杂的事物中找出必须加以解决的矛盾，能从看似普通的事件中挖掘事物的闪光点和价值，从而立即投入构思策划，使策划具有超前意识和前瞻性。

在2022年北京冬奥会的预热期间，央视总台也敏锐地察觉了广大用户的冰雪热情，推出了冬奥会系列节目作品，包括《带你一起看冬奥》《艺术里的奥林匹克》《冬奥山水间》《大约在冬季》《冰球旋风》《冰雪梦想团》《荣誉殿堂》等。其中，央视频于2021年12月推出的《冬日暖央young》受到了广泛关注，节目以冬季“冰雪”特色为主题，增加冰雪运动的真人秀内容，用主持人的第一视角带领观众体验冰雪运动的魅力，同时普及冰雪知识、传递挑战极限的精神内核，为北京冬奥会预热。

三、整体性

节目策划应当是对节目的整体构思和把握，在全局构想的指导下，按照一定的逻辑，将每个细节统一协调起来。同时，应当注意每个因素的变化所引起的其他环节以及整体的变化。如果仅仅是每个细节很好，但是构思不完整，缺乏整体感，会使节目散乱而无序。

在谈到节目理念时，天津音乐广播DJ欧阳认为，做音乐节目，容易让人懒惰的一点就是简单的歌曲堆砌，好的音乐节目，如同听专辑一样，一整张专辑从头听到尾，好的是一个整体，差的是拼凑，当然除非每首歌都好听也可以；最优的状态就是每首歌串在一块就像一个大故事，音乐节目也是如此。[①] 因此，构思时能否将各个部分紧密结合，关系到节目的最终质量。

一档节目，从前期策划到节目流程的拟定，都是一项整体性的工作。在《朗读者》节目中，策

① 北方网.荣获中国播音主持“金话筒奖” 用声音记录岁月[EB/OL].(2011-08-08)[2023-02-26]. http://news.enorth.com.cn/system/2011/08/08/007083748.shtml.

划团队就采取了“访谈＋朗读＋轻解读”的节目模式，通过主持人的访问与节目嘉宾的故事分享，改变了经典作品曲高和寡的刻板印象，使文化内容更易于被用户接受，便于文化价值观的传递。与此同时，《朗读者》还注重打造文化 IP，设立遍布全国多座城市的线下“朗读亭”，倡导用户参与朗读实践，在此基础之上将节目内容整理成同名书籍，真正培养用户阅读习惯，强化用户的文化认知，是一次整体性极高的节目策划。

四、发散性

发散性思维是一种以多角度、多侧面、多层次的思维方向寻求问题答案的思维方式，使视野开阔，不依常规，新颖独特。发散性的思维能够获得多维度的信息，调动全面的可用信息和思想。

从同样的事件中，每个人因看事物的角度不同，对于含义的提炼也就各不相同。节目策划者根据节目定位、受众心理等因素并受自身个人经历和喜好等影响，最终决定了选题和内容的走向。如今的一些新闻节目中，我们可以看到各个节目选用的新闻素材都是一样的，而评论的角度、方向、层次却各不相同。

例如，就“莫言获得诺贝尔文学奖”这一新闻事件而言，《新闻 1＋1》与《时事开讲》便采用了两种不同的新闻关注角度。

案例 7－2：

《白岩松连线：诺贝尔文学奖获得者莫言》，《新闻 1＋1》，2012 年 10 月 11 日

案例实录：

白岩松：您听到获奖的消息的时候恰恰在这块让你走向文坛或给了你声誉的红高粱的土地上，这可真是一件很偶然的巧合。但是莫言先生，说句良心话，比奖金更早到来的是记者，会不会已经开始有点烦了？

……

白岩松：您看，我刚才特意在想，您今年 57 岁，这个诺贝尔奖来得不算早也不算晚，恰恰在作为一个文学家来说创作的中间来的，它不是你岁数很大了快退休了才来。它会不会打乱你原来的一些设想，接下来的一些创作计划？

莫言：我想可能接下来这一段时间里要接受一些采访，可能一些社会活动比较多吧。但是我想很快就会过去，这就是一种心态，你自己不要把这件事当成是什么了不起的惊天动地的大事情。它就是一个奖，你得了这个奖也并不证明你就是中国最好的作家，我心里很清楚，中国作家有很多，写得很好的作家也是成群结队，具备获得诺贝尔文学奖资格的中国作

家也有很多。所以我想我是很幸运地获得了这个奖，但是自己的头脑要很清楚。绝对不要轻飘飘的，要站稳脚跟，作家最重要的还是作品，而不是奖项。作家能让他站稳脚跟的还是对现实生活的一种关注，对土地的一种热爱，最重要的还是一种脚踏实地的、勤勤恳恳的、忠诚的写作态度。所以我想尽快地从这个状态下摆脱出来，赶快写作。

《新闻1+1》运用“双人谈话”模式，节目在白岩松与莫言的不断交流中逐渐推进，且在评论过程中运用声音、图像符号和其他表现手段，做出既深入中肯又具体生动的论述。评论内容主要围绕诺贝尔文学奖获得者莫言的个人感受与写作历程等展开，并融入新见解、新材料，不讲套话，触及时弊，整体评论生动而细致。而在凤凰卫视的《时事开讲》节目中，莫言获奖这一选题就有了另外一种策划思路。

案例7-3：

《时事开讲》，2012年

案例实录：

鲁韬：咱们注意到莫言获奖的前后，官方是给以很高度的重视，你看昨天《新闻联播》插播他获奖的新闻，另外今天宣传部门专门给中国作协发贺信，你是怎么来解读的？

鲁韬：诺贝尔奖和平委员会今天是颁布了今年度诺贝尔和平奖，颁给了一个国际性的组织欧盟，为什么把奖项颁给欧盟呢？委员会的主席贾格兰德就说，欧盟与其前身60多年来致力于和平与和解、民主与人权，是不是名副其实呢？我们继续和李炜先生来讨论。您觉得是名副其实吗？

《时事开讲》节目通过主持人鲁韬与评论员李炜两人问答的模式展开，评论员是意见性信息的传播主体，主持人扮演“发球者”的角色，且始终将评论员置于此次评论节目的“压轴”位置。除阐述莫言获得诺贝尔文学奖的事件经过外，《时事开讲》还着重探讨了诺贝尔文学奖评选背后的变化。

这样，通过发散性思维，可以选择的选题角度就很多。因此节目构思时，可以对一种事物进行发散性思考，不局限于一种思路，从中选取最适合的、最新颖的角度。

综合思考题

1. 简述节目策划构思的主要内容。

2. 如何寻找选题？选题的注意事项有哪些？

3. 节目策划构思的基本要素有哪些？

4. 节目策划构思有哪些思维特征？

5. 请简要谈谈节目策划中的整体性思维。

延伸阅读

1. 陈振、田方编著:《主持人节目策划艺术》,中国广播电视出版社,2003 年。

2. 胡智锋编著:《电视节目策划学》,复旦大学出版社,2006 年。

3. 翁如编著:《主持人思维训练教程》,中国传媒大学出版社,2007 年。

4. 潘知常、孔德明主编:《讲“好故事”与“讲好”故事:从电视叙事看电视节目的策划》,中国广播电视出版社,2007 年。

艺海拾贝

金融明星:卢·多布斯

卢·多布斯(Lou Dobbs),美国电视新闻的明星主持人。曾任 CNN 副总裁和经济新闻执行编导,因主持 CNN 经济和金融类节目《卢·多布斯今晚》(“Lou Dobbs Tonight”)而名声大噪,现服务于福克斯商业网络(Fox Business Network)。伴随着 CNN 角逐国际新闻市场的 30 年光阴,多布斯也由 24 岁的“金融小生”摇身一变成为 64 岁的“老牌名嘴”。

1945 年 9 月,多布斯出生在得克萨斯州奇尔雷斯镇。他从哈佛大学经济学专业毕业后,先后在政府、银行工作,也曾在西雅图等地方电视台担任过新闻节目的编辑和主持人。1980 年 CNN 刚刚创立,多布斯就成为财经栏目《金融线》(“Moneyline”)的首席财经记者和常驻主持人。2003 年 6 月 9 日该栏目正式更名为《卢·多布斯今晚》。2009 年 11 月 11 日晚,在电视栏目《卢·多布斯今晚》中,这位金融名嘴向观众辞职。2011 年 3 月 14 日,多布斯加盟福克斯商业网络之后,福克斯版的《卢·多布斯今晚》全新上线。

CNN 在 1980 年 6 月 1 日开播的《金融线》,一度被认为是美国具有标杆意义的经济新闻。1988 年,多布斯主持的《金融线》对于股市即将进入暴跌的深度报道,让他一举斩获皮博迪奖。

2003 年 6 月 9 日,《金融线》栏目正式更名为《卢·多布斯今晚》,调整后的《卢·多布斯今晚》的报道范围涵盖每日重大政治、经济新闻,是 CNN 收视率最高的栏目之一。在经济新闻领域拥有高屋建瓴般的卓越学识,使得多布斯相继收获艾美奖和“有线电视杰出奖”。

第八章

全媒体主持的语言艺术

知识点框架图

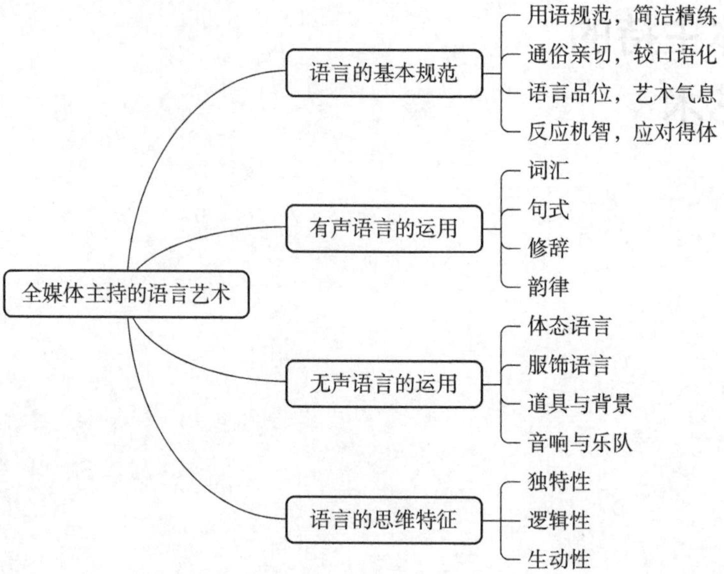

关键术语

有声语言　无声语言　口语化　大众化　修辞

语言是社会交际的工具，是文化的载体和显现，是人类传递信息的最有效的符号体系。[①] 主持人的语言分为有声语言和无声语言，有声语言是指主持人开口说出的话，这是主持人与受众进行沟通的主要途径，也是主持人传达节目宗旨和自身素质的重要手段，因此在主持人的语言功力、语言表现力、语言魅力等方面都有较高的要求。而无声语言主要是通过面部表情、体态和手势的变化来交流思想、表达情感的一种辅助性言语表现方式，在交际中主要对有声语言起辅助作用。

语言在本质上属于一种有意义、有价值的语言创造活动，主持人在其中承担着传播者的角色，在实施主持活动的过程中达到向受众传递信息并与之交流情感的目的。

① 黄瑛，曾致. 主持语言技巧与实践[M]. 长沙：湖南师范大学出版社，2003：5.

第一节　语言的基本规范

互联网可谓是现代社会最主要的传播媒介，在语言影响力上有着其他媒介不可比拟的作用，全媒体主持人的语言修养更是直接关系到民众的语言素质。而语言素质的提高，会带动思维的发展，促进文化的繁荣。作为主持人实践活动中最基本和最常用的手段，全媒体主持的语言应首先遵循以下四点规范。

一、用语规范，简洁精练

主持人的语言，不同于报纸杂志，它属于口头语言的范畴。作为一种特殊的语言范畴，自然有其特定的要求和规范。主持人应具备的基本语言条件包括：清晰的发音和吐字、抑扬顿挫的语调及适当的语言节奏。20 世纪 80 年代初，随着广播电视事业的改革与发展，主持人节目如雨后春笋般地出现，迅速占领了视听空间。当时广播电视急需大批节目主持人，只得从社会上广泛招聘。许多主持人未经任何专业培训便仓促上阵，不少主持人缺乏基本的新闻素质。这在当时的社会背景下是可以理解的。如今主持人作为一种与大众密切联系的职业，社会影响日益增大。主持人语音不标准，甚至是南腔北调，已逐渐显现出弊端，亟待整顿。主持人应同播音员一样，自觉树立语言规范意识——字音准确、吐字清晰、气息流畅，使语言表现更富有情感性和丰富性。主持人语言发音的规范是一种学习之后的回归自然，是用受众乐于接受的表述方式传递自己的思想、情感，并成为社会语言使用的典范。

1998 年印发的《首届全国推广普通话宣传周宣传提纲》中对推广普通话工作思路做了这样的表述："以大中城市为中心，以学校为基础，以党政机关为龙头，以广播电视等新闻媒体为榜样……"传媒是一个国家、一个地区的文化标识，播音员和主持人的语音是媒介的声音形象，在全国人民中发挥着榜样和示范的作用，潜移默化地引导着受众正确使用规范语言。如果出现过多的语音、词汇和语法的问题，将严重影响传媒在受众心目中规范使用语言的榜样作用以及普通话长期以来形成的声望。①

当下很多主持人在节目中会选用时下流行语或网络语进行主持。这在综艺娱乐节目中不足

① 张丰，孙力平，周琼. 广播电视节目主持人的语言现状和规范研究[J]. 新闻界，2009(01)：142—144.

为奇，然而，全媒体环境孕育了多种丰富的节目形态，包括新闻节目、谈话节目等诸多形态，因而仅仅依靠娱乐化的手段不能满足全媒体端受众的全部需求。作为一名专业的主持人，树立语言规范意识十分必要。

二、通俗亲切，较口语化

语言是人类重要的交流工具，口语也是主持人最为重要的表达手段。在文字产生之前，人类使用口语进行交际，有了文字，人类在口语的基础上才形成了书面语，文化进而被提升到更高的层面传承。广播和电视等媒介产生并发展之后，主持人传播回归到“人对人”“面对面”的口头文化上。作为口头文化的直接传播者，全媒体主持的语言口语化就显得尤为重要。

老百姓的口语生动活泼，如形容随遇而安叫“嫁鸡随鸡，嫁狗随狗”，形容对事物不精通叫“半吊子”，过时的事或话叫“陈芝麻烂谷子”，强迫人去做能力达不到的事情叫“赶鸭子上架”。大量的谚语、歇后语更是形象生动、精练深刻，如“兔子尾巴长不了”“和尚打伞——无法(发)无天”等，这些均可被主持人吸收利用。

资深电视播音员和主持人沈力，有着多年镜头前工作经验。她曾说：“主持人与观众之间既然是朋友关系，朋友之间谈话总不能拿着稿子。稿子虽薄，但它却会在观众和主持人之间筑起一面墙。”[①]稿子中的文字往往失去口语表达的鲜活，主持人要想达到朋友间娓娓而谈的播出效果，就不能照本宣科。因此，口语化是主持人语言表述的第一大特点。口语化区别于日常生活中随意、冗余、离散、粗略的大白话，而是汲取书面语精粹的口语，是强调规范性的口语，是讲究艺术性的口语。口语化的主持语言源于生活但高于生活，在播出中朴实亲切，自然流畅，生动上口，通俗易懂，这样的语言形式能大幅缩短主持人与受众之间的距离。

在主持实践中，主持人一般用第一人称的口吻与受众交谈，亲切自然。用语通俗是对主持人语言最基本的要求，主持人语言的通俗表现在语词大众化、语气生活化、语句灵动化三个方面。

三、语言品位，艺术气息

鉴于全媒体主持是新型的文化传播者，主持人语言也应当是职业的文化语言。这就要求全媒体主持的语言应具有一定的品位，并在字里行间体现浓郁的艺术气息。在节目主持中适当引用古诗词、俗语等，会使语言更具品位，获得受众的认同和好评。如江苏卫视《非诚勿扰》的主持

① 鞠欣桐.试论主持人的语言特点[J].理论界，2006(06)：252—253.

人孟非在2011年11月的一期节目中，便将一位男嘉宾遗漏的《前赤壁赋》中的几句倒背如流："桂棹兮兰桨，击空明兮溯流光；渺渺兮予怀，望美人兮天一方。"话音未落，便已引发节目录制现场观众的阵阵掌声。

富有动感的用词，比喻、拟人、夸张等修辞手法的恰当引用，可以化繁杂为简洁，化抽象为具体，化平淡为生动，更加贴近受众的理解与接受习惯，使信息被更精确地传达。如比喻便是一种利用交谈双方共同经验的说服手法。很多时候，主持人把自己对生活、对生命的所思所感，以语言作为生动的载体，引起人的联想和共鸣。在一场NBA比赛中，著名篮球评论员徐济成为解释"绕前防守"这一篮球术语，将其描述为"如果能把夹击说成是这哥们把姚明当成一个大袋鼠，他自己当小袋鼠坐在姚明的肚子上不下来"，这一形象生动的描述让外行人也能够理解。

主持人通过有声语言进行传播，因此，顾及受众的听觉审美需求就显得尤为重要。主持人不仅要说得"上口"，更要努力使受众听得"入耳"，才能进而"入脑""入心"。抑扬顿挫且富有节奏感、韵律感的表达，能使语言表现出更加丰富的语音美、形象感，并具有一定的艺术气息。

四、反应机智，应对得体

在全媒体主持实践活动尤其是直播节目中，不可避免地会遇到一些突发状况，这就需要主持人具有灵活机智的反应能力，并用得体而友善的语言予以应对，实现与受众的良好沟通和互动。

主持人节目在现场直播时，一般都是多工种进行配合，哪个环节稍一疏忽就会有意外发生。此时，主持人要依托语境，向有利的积极的方面迅速展开联想，找到解围的办法。如：

嘉宾：其实这个想法还是源于我父亲当时劝我的一番话。

主持人：我们已经找到了孙先生当时这段话的影像资料，下面我们一起来看一下。（视频迟迟没有放映出来）

主持人：可能我们后台导播还沉浸在刚刚孙先生讲述的故事中，让我们稍等片刻。

本是现场导播的失责，但主持人用一句"沉浸在刚刚的故事中"巧妙地化解尴尬，也使节目不至于出现停顿而让嘉宾和观众觉得不舒服。

失误有可能源自他人或者主持人本身，一旦出现失误，主持人不必慌张，更不可患得患失、强词夺理，而要巧释逆转，自圆其说，缓和现场气氛。在芒果TV成长音乐竞演节目《乘风破浪的姐姐》第二季节目中，某演员在担任主持嘉宾时，将现场女英雄的名字及其事迹念错。而湖南卫视的年轻主持齐思钧在这些"女英雄"将要退场时顺势把正确的名字与人物介绍再一次进行了完整介绍，及时的更正让当事人会心一笑，成功让镜头带到，这才将重大失误转换为了美丽的误会。

第二节　有声语言的运用

在遵循基本的语言规范基础之上，全媒体主持还应对有声语言和无声语言的具体运用方式进行深入学习。有声语言无疑是人类最重要的交际工具，是人们进行沟通的表达符号和交流思想的主要媒介，是人类智慧的结晶。人们借助语言保存和传递人类文明的成果，并在这个过程中能动地改造世界，实现自己与社会和他人的交往。主持人的语言技巧需从其丰富的主持经验中来，又要服务和运用到主持实践中去。要主持好一档节目，必须掌握一定的语言运用技巧，主持人要在语音、词汇、语法规范的前提下，将语言技巧运用得得心应手，并根据不同类型的节目，予以甄别和选择。本节将从语言表达的词汇、句式、修辞、韵律四个方面综合介绍全媒体主持有声语言的运用技巧。

一、词汇

(一) 区分口语与书面语

主持人语言的一大特征就是口语化。尤其在谈话节目和综艺娱乐节目中，主持人应当更多地使用口语，并根据节目、嘉宾、观众的实际情况有选择地运用，避免出现不规范的语言。

全媒体主持需要考虑嘉宾和受众的思想水平、社会认知等因素，选择最佳的表达方式，还要考虑对方的接受能力。比如问一个农村老太太“您高寿啊？有配偶吗?”，对方也许会听不懂，但如果改问“您多大年纪了？有老伴吗?”，老人家肯定就能听懂了。这里的“高寿”“配偶”都是书面语，对于一个未读过书的老人来说，可能很难理解，不知所云，而“多大年纪”“老伴”都是生活中的常用语，理解起来就容易多了。

在用词方面，口语多用单音节词，俗语、俚语、熟语、歇后语等都是口语中经常用到的语言类型，表现感情色彩的后缀成分、表现情态作用的重叠成分和表现语气口吻的语气词与感叹词在口语中使用得也较多。书面语中，也常有一些与口语中单音节词相对应的双音节词，如看/观看、买/购买、今儿/今天。还有些词语是口语和书面语都可以用的，如手机、电视、新年、大妈；有的是一般用语(口头和书面都常用的普通用语)与特殊用语的不同，如可以/准予，后者大多用于公文。对于口语和书面语的区别要仔细体会，主持人要按照通俗上口的原则选择使用。

(二) 避免使用同音异义词

汉语中有很多读音相同、意义不同的词语，主持人语言往往直接诉诸听觉，因此主持人在选择词汇时要尽量回避同音异义词，注意避免由语音、语词引起的歧义。如切记/切忌、报复/抱负、意义/异议、治/致等等。对于这些同音异义词，全媒体主持在使用中应谨慎选择，尽可能不用。另外，必须明确词语的上下文语境，让受众更容易理解，不致产生沟通上的障碍。

(三) 少用华丽辞藻，以质朴求真诚

全媒体主持与嘉宾和受众的交流，是在真诚坦率的互动氛围中进行的，因此其语言不需要经过任何雕琢和装饰，不必使用华丽的辞藻，本真而质朴的交流更容易让人感受到浓浓的人情味，更易被受众接受。用鲁迅先生的话说，就是“有真意，去粉饰，少做作，勿卖弄”，这对于主持人提高自身语言修养也非常具有指导意义。

(四) 生动活泼，有感染力

主持人对词汇的选择，应该力求生动、形象、活泼、幽默、富有感染力，尽量避免使用枯燥、抽象、沉闷的语言。

此外，为了追求语言的丰富性，主持人在进行节目主持活动的过程中，当同义词语重复出现时，应换用其他的近义词，避免使用相同的词汇，以免让受众感觉到审美疲劳。

(五) 根据语境和对象选用词汇

主持人语言是在特定的语境中展开的。主持人要注意以下语境的适应。一是栏目语境，要对节目有深刻认识，符合所主持节目的共性要求和个性特点。二是时空语境，包含四个方面：传播途径如广播、电视以及互联网；制播方式如演播室（录音间）、新闻现场、外景地等；传播时间分早、中、晚，平时、周末和节假日；语言活动方式如独白式和对话式等。主持人要注意这些不同时空语境的特点和差异，做出相应调整。

主持人要考虑节目服务对象的性别、年龄、职业、性格、文化修养、生活经验、接受能力、语言习惯等，根据对象的特点调节自身的语言。如果词汇选用不当，很容易失去受众，对节目的发展十分不利。

二、句式

主持人的语言在句式上的特点主要体现在口语和书面语的区别上。

(一) 句式简短,语言精练

日常生活中使用的口语一般比较随意和简洁,很容易让人明白语义。但主持人的口语与日常口语还是存在差别的,主要体现在其准确性上。主持人的语言在句式上不像书面语那么严谨和完整,把想要表达的内容组合成复杂的长句;也不像口语那样随意和松散,具有跳跃性。[①] 主持人的语言应当是精练而简洁的,句子中的并列成分较少,多用短句加短句的表达方式,少用复杂的复句或结构复杂的单句。

(二) 自问自答,吸引受众

很多时候,全媒体主持为了启发嘉宾和观众的思路,或者吸引其注意力,可以使用自问自答的句式,引出下文。此类句式往往有起有伏,语气流畅自然,亲切热情,也较为活泼,更容易使人兴趣盎然,赢得观众的喜爱。

(三) 多用语气词和感叹词

为了使节目更加引人入胜,主持人语言应在语气和语调上追求多变,多用语气词、感叹词、拟声词,如“呢”“哇”“吧”等,形成书面语所不具有的特殊语感。

语气词、感叹词等,更易于主持人进行口语传播,使语言更加富有感情。此类词用于句首或句尾,还可以表示停顿,使语言更加抑扬顿挫。

但是,主持人不能为了简单追求口语化效果,而盲目随意添加语气助词,否则会使语言拖沓、琐碎,引起受众的反感。

三、修辞

毋庸置疑,修辞在书面语中往往更加被人重视,但是主持人语言中修辞也不能被忽略。全媒体主持想把节目主持得更生动活泼、情景交融,就必须使用多种多样的修辞方法。

汉语的修辞方式非常丰富,现在可知的修辞手法(修辞格)有 63 大类、78 小类,常用的主要有:比喻、拟人、借代、对比、设问、反问、夸张、双关、对偶、排比、顶真、反语、叠字等等。广播电视主持人节目多种多样,语言风格各有不同,主持人要根据节目要求和主旨,在主持时恰当地选用修辞。

---

① 俞虹.节目主持人通论[M].杭州:杭州大学出版社,1996:181.

中央电视台主持人朱广权就常常使用仿拟、反讽、谐音等修辞手法，形成诙谐、风趣的语言风格，让观众在轻松的氛围中接受信息。如他在主持的央视节目《一路回家·2017春运》中说道："亲爱的观众朋友们，地球不爆炸，我们不放假。宇宙不重启，我们不休息。风里雨里节日里，我们都在这里等着你。没有四季，只有两季。你看就是旺季，你换台就是淡季。"

四、韵律

汉语中的韵律非常丰富。韵律，即声韵和节律，指语言中的平仄格式和押韵规则，引申为音响的节奏规律。主持人语言要重视艺术性，其中韵律十分重要，要讲究字词的搭配、声调的和谐，从而起伏有致，抑扬顿挫。韵律的把握，可以使主持人语言产生良好的冲击力、表现力和感染力，增强语言的美感。

主持语言的韵律除了体现在随节目情境和内容而变化的重音、字调、语调等方面，主要是从句式的长短变化和句子类型的交替使用中产生的，而不是像诗歌主要产生在语词的平仄、声韵之间。[①] 句型以陈述句、设问句、疑问句、感叹句、抒情句等为主。句式错落有致，朗朗上口，句型交叉更替，更显生动，更具感染力。

白岩松在一次《面对面》节目中谈起常常为人们所忽略的日常生活中的幸福时，动情地说道："其实幸福就是像水一样的东西。就在我们身边流过，就像一杯好茶、亲人的一张笑脸、午后的一抹温馨阳光、半夜下班时万家灯火中为你点亮的那盏灯……"白岩松讲这番话的时候，语速很慢，他所列举的在人们身边的那些具体事物和景象，非常具有表现力，能唤起人们心底的真情，而较缓的节奏给人以回味的空间，仿佛一阵清风拂过心灵，让人平静，引人深思。

此外，主持语感的流畅性和气势也十分重要。主持人应当追求语言衔接时的内在节奏，保持其流畅性，把着眼点放在合辙押韵上，并注意主持语言的气势，这也能为节目增色不少。

第三节　无声语言的运用

节目主持人是一种特殊的媒介角色，他们以直接的、面对面的人际交流的形式进行大众传播活动，经常借助无声语言传达信息。无声语言是通过面部表情、体态和手势的变化来交流思想、

① 俞虹.节目主持人通论[M].杭州：杭州大学出版社，1996：184.

表达情感的一种辅助性言语表现方式，在交际中主要对有声语言起辅助作用，能准确快速地透露人的情感、智慧、修养和心思。艾伯特·梅拉比安（Albert Mehrabian）针对信息传播的效果创建过一个等式："信息资料的总效果＝7％的词语＋38％的声音＋55％的人体动作、面部表情"。[①] 本节将从语言表达的体态、服饰、道具与背景、音响与乐队四个方面综合介绍全媒体主持无声语言的运用技巧。

一、体态语言

节目主持人要想准确地表情达意，仅仅依靠口头语言是不够的，还必须借助另一种辅助性语言——手势、眼神、走姿、坐姿等体态语言。正如传播学家施拉姆所说："符号可以是语言的或非语言的，可以是看的、听的、嗅的和触摸的。它可以是讲话、文字、印刷品和画片，可以是一个姿势、一个微笑、搭在肩上的一只手、一阵大笑或者一股香味。"[②]思想感情的表露是极其复杂、十分微妙的。主持人一颦一笑，一举手、一投足，眼波流转，神色变化，都反映着内心活动，都能传递信息。应该说，体态语言是人们交流思想感情不可缺少的，它与有声语言相配合，共同达到传情达意的目的。[③] 节目主持人经常使用的非语言传播手段，大体有以下三种。[④]

（一）手势

手势通常可分为生活中使用的手势和表演手势两种。节目主持人的手势是以生活中使用的手势为主的（这里暂且不谈表演手势）。总体来说做手势是为了强调重点句子、辅助主题思想的表达，但有不少情况表明，手势也可以成为表达的主体。比如主持人向受众介绍一个人说"他有这么高"，用手势比着一定的高度，或者说一根水管"有这么粗"，用两手合成一个圈，或者一个东西粘在人脸的什么部位，用手指着，等等。这时受众注意的是主持人的手势，手势就成为传达信息的主要形式。

手势和语言之间有互相补充和转换的作用。如中央电视台播出的12集大型专题片《庐山》，主持人赵忠祥介绍庐山景观时谈到"三叠泉"，他很自然地用手掌由高往低地停顿了三下，使人清楚地感到泉水由高而下形成的三层飞瀑这特有的景观，手势对语言起到了形象化的补充作用。

手势还能够体现一个人的个性特征。在主持节目的过程中，有的主持人双手紧握，有的主持

① 邱乙哲. 论《百家讲坛》表演化的讲述风格[J]. 艺术百家，2011，27(03)：257—259.
② 威尔伯·施拉姆，威廉·波特. 传播学概论[M]. 陈亮，周立方，李启，译. 北京：新华出版社，1984：74—75.
③ 高丽. 纵谈主持人形象的外化——主持人传播手段中的非语言传播[J]. 湖北社会科学，2004(11)：103—104，159.
④ 陈虹. 论电视节目主持人的非语言传播[J]. 新闻界，2006(05)：96—97，62.

人甚至右手紧紧抓住左手腕，双臂交叉很久不肯放开。事实上，在节目中双手自然分开、下垂，根据节目内容的需要，不时辅以单手或双手的手势，潇洒自如、落落大方。双手十指交叉，或者双臂交叉，有些人把它看作表现自信的手势语言，在实际生活中，许多人也愿意用这种体态表现充满信心。中央电视台《国际时讯》栏目主持人徐俐最大的特点是播报时语调抑扬顿挫，而且语速时急时缓，极富韵律，当她遇到重音时，往往会放慢语速，并辅以轻微的点头和或张开或交叉的手势，这不仅提高了观众对新闻事实的接受度，而且展现出主持人的个性特征。

（二）表情

表情语是通过面部表情来交流情感、传递信息的语言。表情语在体态语言中占有重要的地位。正如美国学者尼伯格·卡莱罗所说："在所有非言辞沟通的范围中，最不易产生争论的，就是脸部表情。因为这是最容易看到的表情，而且一目了然。"美国心理学家伯德惠斯戴尔认为，光人的面孔就能做出25万种不同的表情。由此可见，表情是所有非语言符号中含义最丰富的一种。其中表现力最强又与节目主持人联系较密切的是目光语。

心理学实验表明，当人的视线注意到画面上的人体时，视线扫描最集中的部位首先是脸部，而在脸部的视线扫描又集中在眼睛和嘴。主持人的头部，与播音员相比，动作要丰富得多。他可以根据播出内容而改变姿势，可以向前注视观众，也可以转过头来与另一个主持人对话，根据内容不同，主持人可以略昂起头或低下头，可以轻轻点头或摇头，也可以运用头部的微动来加强语气。① 主持人的头部恰如其分地自然扭动和倾斜，表明他对自己主持的节目有兴趣，对自己面对的观众有兴趣，这种兴趣会极大地感染观众，使观众对节目产生兴趣，对主持人产生好感。

眼睛是心灵的窗户，人们常常称赞一些技艺精湛的表演艺术家"眼睛会说话"。电视节目主持人也是如此。在电视节目制作过程中，摄像、化妆、灯光等各个不同的技术部门，都特别注意表现主持人的眼睛，灯光师还要精心地为主持人打出"眼神光"，以保证主持人的目光炯炯有神。一些心理学家认为，在人际交往中，两个人目光相互交流的时间达到交往总时间的50%—70%，就可以形成比较融洽的感情交流，建立和睦友好的关系。同时，研究结果表明，在发言与听讲的两个人之间，发言人注视听讲人所用的时间要少于听讲人注视发言人的时间，在这种状态下传播效果最好。在一档关于"人民币再次降息"的访谈节目中，金融专家面对主持人讲降息的原因时，主持人时而低头，作记录状，不时还翻动桌子上的稿纸，或将视线从专家的视点上移向摄像机镜头，让电视机前的观众感觉到他既注意了观众又对权威的谈话进行了思考。②

① 叶家铮. 电视媒介研究[M]. 北京：北京广播学院出版社，1997：215.
② 吴郁. 主持人的语言艺术[M]. 北京：北京广播学院出版社，1999：526.

表情不仅能够传递信息，还能反映出主持人的精神风貌。比如，中央电视台、凤凰卫视中文台都现场直播过中国申办2008年奥运会的实况。两家电视台节目中都出现过这样的画面：当国际奥委会主席萨马兰奇宣布中国北京成为2008年奥运会主办城市时，在场的主持人激动地挥舞着手中的五星红旗，欢庆胜利，祝贺北京申奥成功。他们欢呼雀跃，相互拥抱，喜极而泣。这种真诚、生动的表情深深感染和触动了电视机前的观众，激发起受众的民族自豪感和爱国热情。

（三）坐姿、站姿与跪姿

主持人在屏幕上以坐姿出现的机会最多，比如在演播室或其他场景中演播台后面的“独白式”或“对话式”谈话，主持人大多是膝盖以上或胸部以上面对镜头。坐姿在表现主持人的精神和气质上有重要作用。

主持人的坐姿整体看去应“不僵不懈”，颈部正直、转动自然，不可歪头拧身，尤其正面对着镜头时，需要纠正平时歪头斜肩的不良习惯，两肩放松，腰背直，有利于呼吸控制，也显得精神；手臂可自然地放在腿上，如果面前有台子可放于台子上，正面对镜头时宜双臂置于桌上，侧身坐时宜一臂放在桌上；躯干是坐姿的主轴，脊柱要保持灵活而有控制，它的变化反映心态，采访时身体略向前倾，并稍转向采访对象，以表示主持人交谈的愿望和倾听的兴趣，倾听中点头不宜过于频繁，像鸡啄米一样易令人发笑。总之，主持人的坐姿及其运动，以身体姿态和动作协调、符合礼节礼貌规范、画面看起来舒服为标准。

主持人的站姿首先要保证身体的各个部位处于积极的放松状态，头部自然摆正，目光平稳注视前方，不左右偏也不仰头或低头；肩部自然下垂，不耸肩部也不故意压肩；腰背部要挺直，不能松松垮垮；双脚稍微分开一点与肩同宽，或一前一后，呈丁字形站立。这样既能给人端庄大方的感觉，也有利于发声和语言表达。如董卿主持《中国诗词大会》时，一身白色西服套装，站姿大方得体，气质优雅稳重。与站姿紧密相连的是走姿。“立如松”是一种静态美，是培养优雅体态的起点，也是“走如风”的基础。正确的走姿是亭亭立姿的发展变化，是一种动态美。节目主持人迈着轻盈的步伐走向演播室，恰如老友的适时造访，对观众而言无疑更具亲切感和可信度。文清主持央视的《生活》栏目时，出场时走的七步半，颇有个人风格。

体态语言不会像有声语言那样深刻地表现主持人的内涵，也不会像化妆那样迅速地美化主持人的外形，然而它如影随形地伴着主持人，并总在不经意间暴露主持人的气质修养。“美在举手投足间”，优雅得体的体态与举止应是节目主持人在传播过程中不可忽视的因素。

不同的体态语言也呈现出主持人不同的态度，在优雅的坐姿与站姿之余，主持人也通过跪姿展示着对采访对象的尊重。2020年4月，《回声嘹亮》节目曝光一组已故英雄黄继光的老战友在现场接受采访的录制现场照。老人在回顾旧友黄继光时动情落泪，面对老英雄，主持人李思思跪地为其拭泪，这一跪也展示出了李思思对老战士的尊重与共情。

二、服饰语言

对于主持人来说，不同类型的节目，主持人的服饰选择也要有所变化，不能随心所欲。如果是新闻类等性质比较严肃的节目，主持人服装应当庄重、大方；但如果是时尚、文艺类节目，主持人服装倒不妨活泼甚至是前卫一点，能够活跃节目气氛，让观众更加轻松、愉悦。主持人着装恰当与否，关键在于是否契合节目特点，能否与节目内容水乳交融。只有了解节目，把握节目，才能在节目中通过服饰语言，体现出自我的艺术品位，塑造出自我的个性特征，从而形成自我的形象魅力。

纵观主流媒体的新闻播报类节目，主持人均以正装出现在观众面前。而观察活跃于视频平台的娱乐性全媒体节目，主持人的服饰搭配同样考究。例如在何炅主持的《你好星期六》节目中，无论是何炅，还是由影视演员、相声演员、脱口秀演员等组成的"好 6 团"成员，均有较为统一的服装风格，与节目青春化的风格相呼应。

三、道具与背景

道具，原本是戏剧、舞台表演和影视剧拍摄中常用的词汇，一般是指演出中用于装饰舞台、形成特定表演场所造型的物件。[①] 道具为主持人节目加入了戏剧性的元素，这些戏剧性的元素将艺术的光环和生活的实际融为一体，让观众置身于超越现实的精致和平凡真实的生活之间。使用背景是主持人进行节目构思的重要方式之一。例如南方电视台最具影响力的新闻节目《今日一线》中，演播室的布景广泛地运用了 AR 技术，尽可能地模拟新闻场景，为严肃的新闻节目增添了新亮点。在报道广州启动空气重污染二级响应、全省近六成监测站点 PM2.5 超标这一则新闻时，演播室瞬间出现了烟雾缭绕的画面，以此来模拟雾霾天空气质量。此时主持人毛韵婷则用拿着主持稿的右手做扫雾霾的动作，让雾霾天的困扰零距离地呈现在受众面前，让屏幕前的观众一下子有了身临其境的代入感，从而达到更优的传播效果。

在 2023 年 6 月 16 日央视新闻视频号发布的总台主持人白岩松采访足球运动员梅西的视频中，白岩松巧妙地利用了手中的几张图片发问。图片内容分别是世界杯上阿根廷队举起大力神杯的画面、阿根廷与荷兰对决中的关键球的时刻、与荷兰队决赛后梅西发怒的场景、梅西带领年

---

① 张舒予，周章明. 电视制作[M]. 上海：复旦大学出版社，1991：259.

轻一代成长并夺冠的漫画，在这些图片道具的串联下，整个采访更加立体而生动。

四、音响与乐队

电视节目录制工作一般是在巨大空旷、强光照射的演播大厅进行，在这样一个相对封闭的陌生环境中，嘉宾和观众容易产生紧张不安、焦虑乃至恐惧心理，现场气氛难免会显得压抑和沉闷。音响和乐队能够有效地调节场上气氛、缓解紧张心情。熟悉的优美音乐可以触发嘉宾和观众的内心情感，帮助他们更放松、更自然、更顺利地表达，从而达到调节节奏、推动节目进程的目的。

比如《艾伦秀》节目采用现场电声乐队，热闹、丰富、明快，强调音乐的表真功能，用这种即兴的、不可重复的、原生态的音乐形式生动地传达了现场的真实感。在《艾伦秀》节目策划中，乐队被定位为现场谈话参与者中"享有特权"的一类人，乐队可以在谈话的间隙，单独或集体地用音乐表达他们的意见或情绪，与主持人、嘉宾和现场观众一起，构成一个开放的、平民风格的谈话空间。

而在董卿担任导演兼主持人的文化类综艺节目《朗读者》之中，配乐伴奏同样对其艺术表现力的塑造起到了重要作用。例如在第一季节目中，外交官安文彬讲述了香港回归前夕斡旋，为争取国旗升起的 2 秒钟谈判了 16 次，在主持人采访安文彬的过程中以及安文彬的朗诵过程中，现场配乐多次响起，推动着讲述的进行，将观众情感一次次推向高潮。

第四节　语言的思维特征

语言是一个人内在素质和表达能力的综合体现。而全媒体主持语言的培育绝不仅仅局限于基本规范的遵循与有声语言和无声语言的使用。比上述语言形式更为重要的，是语言思维的培养。具体而言，全媒体主持的语言思维应具备以下三个特征。

一、独特性

在传统的主持工作中，主持人的话语内容与方式主要由所主持的节目定调，主持人的工作更多的是统一风格的话语表达，而在广大网友话语能力提升、信息充沛的全媒体时代，主持人所占据的公共空间绝对话语权被大大削弱，全媒体主持与其背后的专业媒体组织面临着以下两方面挑战：一是高质量内容与关注度并不一定成正比。在网络生态空间中，恶搞、低俗却拥有高流量的视频作品随处可见，相反，部分有信息量和价值的媒体产品却鲜有人关注。二是同一内容的不同表达的传播效果也会大不相同。当前鱼龙混杂的全媒体传播生态在一定程度上说是形式大于内容。短视频的出现更是打破了原有的专业化传播格局，不论是短纪录片类、知识分享类、生活分享类、情景演绎类还是创意剪辑类短视频，都需要在拥有优质的内容的同时掌握易于出圈的传播形式。这对深谙某些固定、同质话语的传统主持人来说是一个不小的挑战。

要想在互联网传播环境中成功出圈，全媒体主持首先要掌握的是语言思维的独特性。所谓独特性，既是指语言内容的独特性，又是指语言表达的独特性。以充斥着低级趣味却高流量的视频作品的短视频平台为例，全媒体主持找准自身的身份定位，寻求账号视频的创新性与独特性，获得垂直方向的用户关注。这一方向较为典型的例子是央视新闻于2019年起在微博、哔哩哔哩等新媒体平台发布的视频作品《康辉的Vlog》。

案例8-1：

《康辉的第一支Vlog：明天要出趟远门》，2019年11月10日

案例实录：

康辉：Hi，大家好，我是康辉，这是我的第一支Vlog，这就是中央广播电视总台——我的单位，今天来上班了。今天来上班呢，不是要直播，而是给接下来出的一趟远门儿做准备。要做的准备很多，先到设备间去领出远门要用的设备。要用的是什么呢？您猜。

喔，人丁兴旺，这都是出发团队中的我们的摄像，都在做各种各样的准备。摄像机——摄像手中的枪。那接下来我就要拿我的设备了。我的设备在哪里呢？就是这支话筒，这个标识大家已经越来越熟悉了，央视新闻，我用心，你放心。

出发前要准备的东西还有很多哦，现在我也要去准备一下了。这只行李箱可是跟了我二十几年了。收拾的行李当中有非常重要的一个物品，就是我的公务护照，已经记不清这是第几本公务护照了，每一本上面都有很多出去采访报道的这些国家的签证还有出入境记录，这次这本护照上又要增加两个国家的出入境记录了，就是遍布着文明古迹的希腊，还有正值夏季、热情似火的巴西。你知道了，我们要出的这趟远门就是主席10号到15号要对希腊进行国事访问，要到巴西出席金砖领导人峰会。

这次我又是总台随行报道团队当中的一员，除了像以往大家在电视屏幕看到的我们现场报道，这次我是会第一次用Vlog这样的形式记录更多的现场细节，也带给大家更多的幕后故事。

在Vlog中，康辉向广大网友展示了随行报道领导人出访希腊、巴西时背后的故事，包括出发

前的准备、跟随采访团队的行程等。这一系列视频以新鲜的视角使普通用户了解了平时无法看到的采访背后的故事，是将后台暴露在公众面前、满足网络用户好奇心的全新尝试。与此同时，《康辉的 Vlog》在原有较为统一的主流媒体声音中选择了短视频这一新鲜的语言表达方式，同样为视频作品的成功出圈打下了基础。

二、逻辑性

作为主流媒体的发声者，全媒体主持绝不能一味地迎合互联网用户的喜好，而应将有价值的表达、有逻辑的输出当作自己的立身之本。因而在进行语言表达时，全媒体主持应具备较好的逻辑性语言思维。即兴式评论就是体现主持人语言思维逻辑性的重要形式之一。即兴口语评论是针对某一具体事件或某一类具有广泛影响力的现象发表口头观点并进行论证的过程。① 在即兴口语评论中，主持人应先对事实材料进行简要叙述，再从叙述的思维中跳脱出来，代之以鲜明的观点和清晰的逻辑表达，挖掘事实的创新性与深刻价值，这是对主持人应变力、逻辑力、表达力的综合考察。

《中央广播电视总台 2019 主持人大赛》就对参赛选手进行了即兴评述的考核。在一则关于大连老人刘增盛在公交地铁上佩戴“勿需让座”LED 显示牌的新闻中，新闻类 2 号选手进行了如下即兴评述。

案例 8－2：

《中央广播电视总台 2019 主持人大赛》第一期，选手即兴评述片段，2019 年 10 月 26 日

案例实录：

大家好，欢迎收看本期的《新闻聚焦》。今天我们要说的是一个人，一位老人，甚至有人管他叫作“硬核老头”。原因很简单，平时我们在坐地铁、坐公交的时候呢，看到老人我们会自觉地起立让座，但是这位老人很特别，在身上佩戴了“勿需让座”显示牌。

他对于年轻人的这种关照和心疼也真的是很让人动容，但是在我看来，我们这个民族能够经历五千年的风霜，很重要的一个原因就是我们有很多有大智慧的、高贵的、复杂的精神。而在其中，尊老爱幼是很重要的一个（部分）。刘增盛老人给我们这些年轻人让座，这是一种情分。而我们这些晚辈给像刘增盛老人这样的老人让座，给他们更多的关注，是一种本分。正是这种情分和本分的相互交融，让我们的社会得以发展。而更重要的，他身上的那个红红

① 常江，杨奇光. 口语表达基础[M]. 北京：中国传媒大学出版社，2017：144—147.

的灯，是点亮了我们对老人更多关注的一种提示。也正是老人对我们的心疼和关照，点亮了我们对于向真、向善、向美的生活的更好的期待和憧憬。

2号选手的评述既向观众展示了客观的新闻事实，还将老人给年轻人让座的情分与年轻人给老人让座的本分相融合，上升到社会对老年人的关照这一话题，提升了评述的深刻性。

相对于2号选手97.067的高分，新闻类4号选手的95.954分就略显逊色。在贵州毕节19岁女收费员被赞“最敬业变脸”的新闻中，4号选手做出了如下即兴评述：

案例8-3：

《中央广播电视总台2019主持人大赛》第一期，选手即兴评述片段，2019年10月26日

案例实录：

各位观众大家好，欢迎收看《新闻大视野》。今天我们新闻的关键词叫作“变脸”，但是这个“变脸”呢，却是一个打了双引号的“变脸”，是一个褒义词。起因是什么呢？在2019年的1月，有一个19岁的高速女收费员，她在工作的时候可能遇到了一点小问题，所以呢，遭到了后面排队的人的指责，但是她没有因此去一味地抱怨，而是选择继续面带微笑进行工作。从态度来看，作为一个工作者，她能够在坚守自己平凡工作岗位的同时，去帮助他人。从温度来看，生而为人，她愿意用微笑把暖心带给这个世界。

我们再换一个角度来看，在这个社会上，我们也不少听到变脸这个词，我想很多工作人员在被说到变脸的时候，跟翁芯是大相径庭的。所以不论从态度、角度，还是温度，翁芯都值得我们为她点赞。她只是一个19岁的女收费员，是一个青年人，但是她能够坚守在自己平凡工作岗位上。就像那句话所说的，身在井隅，心向星光，眼里有诗，自在远方。我想，做好自己最平凡的事，就是她心中所追寻的远方。

面对4号选手的评述，主持人康辉做出了以下点评：“90秒的即兴评述我稍稍觉得有些遗憾，这个图片给出的这个信息，我们很容易想到是会赞美一下她的这种职业表现。但如果我们能够找到一些更新的角度，前一段时间还有一个南京收费站的‘假脸哥’也很火，其实如果把这个关联起来呢？完全可以从‘到底什么样是一个职业标准’‘职业标准和我们的情感又是一种什么样的这种联系’来讲，从这个角度讲，我觉得比单纯地去赞美，可能会更特别一点。”

从以上对比可以看出，一个好的全媒体主持不仅要有优质的口语表达能力，更需要有深刻的逻辑思考能力，通过高质量的话语输出获得观众的认可。

三、生动性

主持人在全媒体传播环境之中的语言思维一方面要保持作为专业媒体的逻辑性，另一方面也要将自身语言转换为生动的话语方式。

生动性思维主要体现在节目主持人的话语表达方式上，即全媒体主持在进行语言表达时应摒弃传统媒体时代无差别的官方话语输出，而选择使用具体、生动的语言传递信息。《你好生活》是央视综艺频道和央视网联合出品、联动共青团中央推出的一档新青年生活分享节目，作为让人放松的“慢综艺”，节目在制作上并无固定的节目流程，更多的是主持人与嘉宾在简单却回归纯粹的生活体验中分享快乐，感悟人生。

案例8-4：

《性格测试：小撒和小尼竟然“八字不合”?》，《你好生活》第二季，2021年11月4日

案例实录：

尼格买提：这是一套非常权威的免费的人格测试。

撒贝宁：亲爱的网友朋友们，如果你在网上看到这种免费的广告，一般呢就不要点进去，它测到一半肯定会要向你收钱，(笑)你想知道答案的时候请转账。

尼格买提：来开始吧。你发现在向别人做自我介绍时有点困难。

撒贝宁：我这个名气还用做什么自我介绍。

尼格买提：飘了，飘了。

(省略二人在做测试时的部分对话)

尼格买提：你认为自己情绪很稳定。

撒贝宁：我同意(同时拍桌子)，情绪非常稳定，我们的情绪非常稳定，我们从来都不会有大的情绪起伏波动(语调波动大)，都很少的。

尼格买提：结果有了，啊？准确吗？

撒贝宁：我的，啊？

尼格买提：你是什么？我看。

撒贝宁：再一次告诫网友，当发现这种免费的测试软件，尽量不要点击。

尼格买提：探险家，(看向小狗)你不同意是吧？

撒贝宁：我觉得很准。

尼格买提：调停者，我觉得我应该是调停者，他才是探险家。

撒贝宁：我觉得很准。

尼格买提：INFP(哲学家型人格)下来。

撒贝宁：你是 ISFP(艺术家型人格)。

尼格买提：红色，红色的结果是……

撒贝宁：八字不合，重新考虑一下吧。(笑)

尼格买提：咱们俩八字不合。(与撒击掌)

撒贝宁：你是 ISFP(艺术家型人格)吗？

尼格买提：对啊，ISFP(艺术家型人格)，八字不合。

撒贝宁：行了，第二季就是这个节目的终点，到头了。(笑)

尼格买提：这有什么好录的呢，散了吧，一会在胡同里吃口饭咱就撤了吧。

撒贝宁：八字不合。

尼格买提：感谢大家参与啊，谢谢兄弟们，你们都辛苦了，谢谢大家。

撒贝宁：我想测一下，搞不好我和小野(小狗)合呢，万一我和小野要合呢。

尼格买提：(大笑)你先让小野把那些题做完。

在节目中，尼格买提与撒贝宁完成了时下最流行的性格测试题，不论是唐僧般的尼格买提，还是一句一个包袱的撒贝宁，都让观众透过屏幕感受到了其幽默风趣的话语方式与活泼生动的语言表达。也正因如此，无论在大屏还是小屏，《你好生活》都获得了观众的广泛认可。

综合思考题

1. 主持人的语言分为哪些类别？其基本表现是什么？
2. 在主持人节目中，主持人“反应机智，应对得体”包含哪几种方法？
3. 主持人在选用词汇和句式上应当注意哪些方面？
4. 全媒体主持的语言思维特征有哪些？
5. 全媒体主持语言的逻辑性思维体现在哪些方面？

延伸阅读

1. 李德付编著：《主持人外部语言基础》，中国广播电视出版社，2003 年。
2. 吴郁主编：《主持人思维与语言能力训练路径》，中国广播电视出版社，2005 年。

3. 崔梅、周芸主编:《播音主持话语表达教程》,北京大学出版社,2014年。
4. 赵俐等:《播音主持语言表达的个性化思考》,中国广播影视出版社,2014年。
5. 马欣、白龙编著:《播音主持艺术语言表达》,科学出版社,2015年。
6. 吴郁:《主持人语言表达技巧》(第三版),中国广播影视出版社,2020年。

艺海拾贝

从明星记者到明星主持人:黛安·索耶

黛安·索耶(Diane Sawyer)是"美国梦"的典型代表,她由乡下女孩逐步奋斗为美国ABC电视台的当家女主播。索耶从小就十分漂亮,很讨人喜爱。她曾经于1963年获得少年组"肯塔基州小姐"称号,并于当年获得少年组"美国小姐"称号。

索耶大学毕业后,先是到家乡路易斯维尔一家电视台做气象报告员,不久又转做记者,扛着摄像机到处采访。经过一段时间记者工作的锻炼后,索耶又萌发了要了解政府决策的想法。于是,她通过父亲的关系谋到白宫新闻处的一份工作。初到白宫,她的主要工作是接电话,回答问题。后来,她开始撰写新闻简报,最后成为白宫新闻秘书罗恩·齐格勒的首席帮办。

1978年,索耶离开尼克松后,被CBS聘为驻华盛顿记者。这期间,她以辛勤的工作和绝妙的消息来源深受上司的赏识。在伊朗释放美国人质谈判期间,索耶为获取独家新闻,曾夜复一夜地睡在国务院的椅子上,凌晨4点起来,在国务院的大厅里踱来踱去,期望获取新闻。正是这种献身精神、充沛的精力和顽强的职业作风使得索耶从一名普通记者成为一名明星记者。

在美国,从名记者到主持人几乎是一个无法攀登的高台阶。此时全美最著名的新闻杂志型节目《60分钟》的总编导唐·休伊特为索耶提供了良机,她成了《60分钟》的第一位女记者兼联合主持人。1984年10月21日,黛安·索耶第一次在《60分钟》露面,一时成为人们的热门话题。不久业内人士发现她是这一行中的老手:她冷静非凡,从不知恐惧为何物;为了一条消息,愿意到任何地方,忍受任何困难。在黛安·索耶加入《60分钟》的5年里,该节目一直保持着收视前五的好成绩。

经过长达两年的人才争夺战,索耶最终来到ABC出任《黄金时间直播》节目联合主持人。每周一小时的《黄金时间直播》节目由人物专访、突发性新闻报道、讨论问题等内容构成。

在《早安美国》的直播中,索耶同搭档唐纳森在节目中扮演不同的角色,双方就某一问题发表不同的看法,甚至会争论、反驳。

索耶认为,新闻节目主持人的播报风格不能千篇一律,而应充分展示个性。主持人的个性风格、报道手法尽管关系着节目的成败,但另一方面,节目要为观众提供人们普遍关心、渴望了解的新闻和信息，同时做出令人信服、引起人们思考的解释，这才是最重要、最关键的一点。

黛安·索耶被《福布斯》杂志评为“世界前 100 位最具影响力女性”，在 2005 年 6 月和 2008 年 6 月之间，她的收入就高达 1 200 万美元。因为广泛活跃于时尚界，黛安·索耶本身就具备超强的明星效应，作为主持人她有丰富的、蜜一般的声音。对于新闻读者而言，她不是简单地播报新闻，而是通过温柔的形象像明星一样表现自己。

第九章

全媒体主持的沟通艺术

知识点框架图

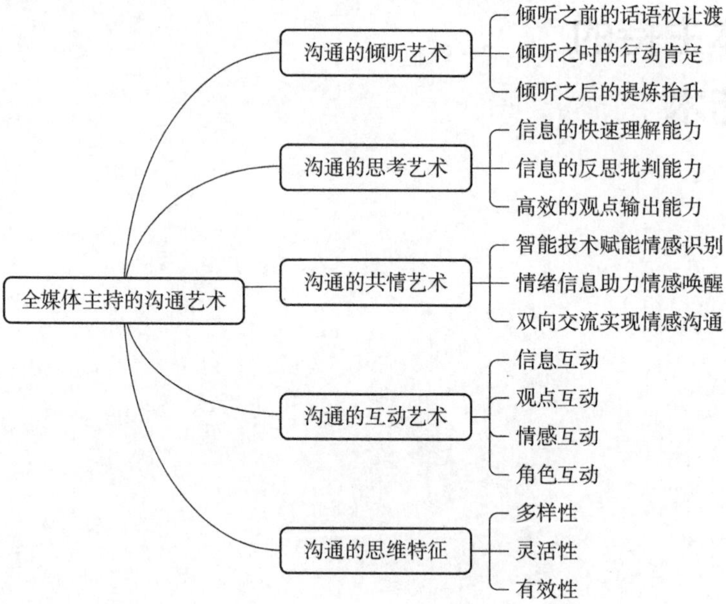

关键术语

倾听艺术　思考艺术　共情艺术　互动艺术　人际传播

在当前的新闻学研究中，一种以人类交往活动为基础语境的全新图景正在取代以职业性生产为核心的历史语境，走向新闻学研究的中心。① 尤其是在智能技术全面赋能新闻传播领域之后，传受双方的交流空间不断扩大，二者间的不平等关系被彻底打破，个体用户成为传播者人际交往与关系维护的主要对象。具体到主持传播实践中，全媒体主持要将传受思维转变为交往思维，不断提升自身的沟通艺术素养，在自我和用户双向培育的过程中完成主持行为。本章将从倾听艺术、思考艺术、共情艺术与互动艺术的培育入手，探寻全媒体主持在实践场景中的沟通艺术。

① 李泓江. 新闻学交往范式的出场：历史逻辑、时代语境与知识根基[J]. 新闻与写作，2022(02)：57—66.

第一节　沟通的倾听艺术

倾听是通过友好平等的姿态进行信息获取的重要方式，也是有效沟通的前提。根据不同目的区分，倾听可分为移情性倾听、理解性倾听与对话式倾听三种类型。[①] 移情性倾听是以情感为纽带，以向说话者提供情感支持以示共情为要义的倾听方式，心理咨询师的倾听、朋友间的倾听等均属此类。理解性倾听是为理解他人话语信息而产生的倾听行为，这类倾听不仅需要倾听者听觉在场，更需要倾听者思维活跃地理解说话者所传递的信息，学生接收老师讲授知识、下属聆听领导指令下达都属于这类倾听。对话式倾听是以推动沟通双方展开对话为前提的倾听方式，这一倾听主要集中于团队协作与商业合作之中。

传统的观念认为，主持人是一档节目的主导者。但从当前传播实践看，一个优秀的主持人不该成为节目的主导者，而应该是节目的引导者。以访谈节目为例，一次成功的访谈对话绝不是主持人不断输出话语信息，而是节目嘉宾源源不断地提供话语信息，主持人更为重要的是做一个话语信息的接收者，培育良好的倾听素养。在纷繁复杂的话语空间中，全媒体主持不仅要掌握说话的艺术，也要掌握留白的艺术，良好的倾听便是实现留白的最佳手段。董卿在《朗读者》第三季节目中对“麦爸”茹振钢和“菜妈”原连庄进行访谈时，即将自己转换成最佳倾听者角色，在聆听与适时追问中使两位科学家的形象与平等尊重的家庭相处模式逐渐清晰。

案例 9-1：

《你会爱他很久吗》，《朗读者》第三季，2021 年 10 月 9 日

案例实录：

董卿：我接下来要请出的这两位是一对夫妻，被人们亲切地称为是“麦爸菜妈”。顾名思义，丈夫茹振钢是一位小麦育种专家，他所研发的小麦品种“矮抗 58”，荣获国家科技进步奖一等奖。有人做过一个统计，说中国人的餐桌上，每八个馒头，就有一个来自他研发的“矮抗 58”。而他的夫人原连庄则是一位大白菜育种专家。对于他们来说，种子就仿佛是最独特的文字，在一片片希望的田野上写下对农业技术、对这片大地、对彼此最深挚的爱。接下来让我们欢迎朗读者茹振钢、原连庄。

① 章永宏，赵路平，石力月，薛许红. 沟通与交流[M]. 大连：大连出版社，2010：63—70.

欢迎二位，我刚才一进来就看到了茹老师身边带来的小麦，小麦不同的品种，是吗？

茹振钢：对对对，这个是90年代的时候培育出来的“百农64”。这是我们老百姓最喜欢的“矮抗58”，它这品种，又抗倒，又抗病，还高产。你看这个。

董卿：这个更壮实了。

茹振钢：这个亩产一千四五百斤。

董卿：就这么一把不同品种的小麦，却凝聚了咱们茹老师得有三四十年的研究的时间在里边了。

原连庄：整整四十年。

董卿：您是从什么时候开始意识到了粮食对老百姓的重要性？

茹振钢：我老奶奶在很小的时候就经常对我讲，我有一个未曾谋面的、不到三岁的哥哥，在1942年的时候被饿死了。他临死的时候手里面还攥着几粒怎么也咬不动的那个硬的玉米豆，舍不得扔。让所有的人不被饿死，这是我的一个原动力。

董卿：所以您还是如愿以偿进入了农业院校，被黄光正教授选上成了他的助手，这个应该是您人生道路上一个很重要的转折点。

一、倾听之前的话语权让渡

成功的访谈不能仅仅依靠访谈对象自身的单向输出，更需要主持人主动创造一个易于沟通的环境，让被访者能够卸下防备，打开话匣子主动地倾诉。倾听素养就要求主持人一定程度上将话语权转让至访谈对象，使其进行自我表达，获取第一手信息，同时排除噪音干扰，在实时语境中获取有效信息。

全媒体主持可通过以下几种方法实施话语权的让渡，创造易于沟通的传播环境。首先是主动递送“话头”，通过“下面把时间交给……”“接下来请……来为我们分享一下”“您怎么看”“您认为呢”等话术，主动将话语权交出。其次，若谈话者不能主动倾诉，主持人应通过自身或他人的经历分享等方式，以故事化的话语拉近与访谈对象的距离。此外，主持人要在谈话之中保持敏感度，若在访谈过程中，访谈对象针对某些话题表现出明显的兴趣，主持人应主动降低自身话语频率与比重，真正做好一名倾听者的角色。

二、倾听之时的行动肯定

全媒体主持的倾听不是简单的被动接收式倾听，而是主动的对话式倾听，即要求主持人在神态动作与话语层面做出回应。在神态动作层面，主持人应在倾听中保持与沟通对象的目光接触，适时给出点头、微笑等回应。在“麦爸”茹振钢回忆到在恩师黄光正突然去世后，为了延续对于“百农 62”的研究，他初生牛犊不怕虎，找到省长与农业处相关领导，现在回想起来意识到自己跨越了多少级，说罢，董卿与“麦爸”一同身体后仰大笑，完全融进了谈话者的话语之中。随后，“菜妈”原连庄也自然而然地主动提到了“麦爸”后续的“百农 64”农业研究，让整个采访过程自然流畅。

在话语层面，主持人应跟随访谈对象的话语内容做出简短的语言回应，必要时对其话语进行追问。在介绍“百农 64”时，“菜妈”提出了“麦爸”关于小麦的“四美”目标，董卿顺势追问“怎么满足四美呢”，“菜妈”就继续对动态美、静态美、意蕴美、协调美这“四美”做了更深入的描述，给观众以生动的画面感。

当然，一个将自己摆在对话姿态的主持人也无须对谈话者所有话题均表示认可，在与谈话者有相左意见时，也可以在尊重的基础上表达自己的不认同，这并不影响倾听行为的延续。

三、倾听之后的提炼抬升

在倾听了谈话者的诸多信息内容后，全媒体主持应继续发挥引导作用，从对谈话者的话语引导转向对用户的价值引导，而达成此目标的一项重要任务就是对信息内容进行提炼总结。首先要寻找谈话者的话语线索，将谈话信息进行有条理的梳理；其次要结合节目主题内容，将谈话者的话语进行价值抬升，以达到教育观众的目的。在结束了“麦爸”“菜妈”的采访之后，董卿便做出了如下总结：

大家有没有发现，茹老师刚刚的谈话当中，说得最多的一个词是老百姓。我觉得这个就能让我们看到我们农业科学家最朴素的情怀。在 20 世纪 80 年代的时候，国际社会曾经提出过一个问题，说：到 2030 年谁来养活中国人口。今天我们交出了一份非常漂亮的答卷。我们用世界上 9% 的土地，养活了全世界 20% 的人口，这是我们对人类社会的贡献，这里面也有两位的贡献，谢谢你们，谢谢茹老师，谢谢原老师。

第二节　沟通的思考艺术

优秀的全媒体主持不仅要学会倾听，还要对倾听的内容有所思考。所谓思考，就是人们弄清问题、解决问题、做出决策或理解事物的一切心理活动，思考力则是一个人寻找答案和理解事物的能力。从信息数量看，全媒体的传播环境一定程度上增加了用户可观看的信息体量，然而高度娱乐化、碎片化的信息内容使得用户对信息的深度思考越来越有限。一个优秀的全媒体主持正应由此介入，将自身思考力外化为传播行为，以此完成对用户信息接收与思维模式的有益培养。

思考主要包括反思性思考与批判性思考两种。反思性思考主要是沟通者在接收信息后进行自我评价、反思与调整的过程，借由此种思考方式，个人的社会角色不断得到调配与修正。与对自身的反思不同，批判性思考是在对接收信息内容批判的基础上完成的思考过程，这种能力对于主持人尤其是新闻评论主持人极为可贵。如在《新闻周刊》节目中谈论李子柒海外社交媒体“出圈”现象时，主持人白岩松进行了以下评论。

案例 9-2：

《新闻周刊》，2019 年 12 月 14 日

案例实录：

白岩松：本周呢，谈论“网红”李子柒的文章是铺天盖地地多了起来，一个女子在带有诗意的田园背景当中制作着各种美食，并且以让人很羡慕的方式生活着，她不仅吸引了中国网友的关注，并且走向了世界。

当然，人红是非多，各种质疑呢，也扑面而来。但是稍微冷静一点，其实表扬是应该的，李子柒动用民间的一些资源，不仅没赔钱，还能挣钱，多好啊！接下来在面向世界的传播中，她没什么口号，却有让人印象深刻的口味，更赢得了一个又一个具体网民回馈的口碑，值得借鉴。

接下来有人说，摆拍，假，净挑好的。可是除了纪录片，电影大多也是假的，却不妨碍人们真的被触动，并且不妨碍人们真的喜欢，难道你要求李子柒的小视频都完美到无瑕的地步？因此，过高的评价，或过低的质疑，都不一定对，微笑着鼓掌是最好的。

现在我们的问题不是李子柒有多少问题，而是“李子柒”太少了。如果我们来自民间并真的走向世界的“网红”，由一个变成几十个，变成几百个上千个，那中国故事就真的有得讲了。

在这段针对李子柒的评价中，白岩松选择了直面网络上对于李子柒的质疑，提出“过高的评价，或过低的质疑，都不一定对，微笑着鼓掌是最好的”的有效观点。更重要的是，通过反思性思考，白岩松一语道破中国故事走出去的困境——“李子柒”太少了，引起观众的共鸣与反思。

一、信息的快速理解能力

全媒体传播环境不仅带来了信息增量，还加快了信息的流动速度，获取与理解信息的能力也由此成为全媒体主持的重要素养。从思考力培养的维度看，能够将所接收的信息进行快速有效的理解正是思考能力的起点。信息的快速理解能力对全媒体主持提出了三项具体要求：

首先，全媒体主持要培养较高的信息接收能力，即能够接收关于节目嘉宾、访谈对象甚至网友评论的信息，此处的信息接收并不要求主持人对节目嘉宾、访谈对象以及网友评论的全部信息进行无差别接收，而是要求主持人能够集纳与总结相关信息重点，并在此基础上展开思考性行为。其次，全媒体主持应培养良好的理解能力，即能够初步了解所获取信息的话语主题与话语偏向，实现对信息内容基础层面的价值判断。最后，全媒体主持应具备高度的提炼概括能力，这一能力主要体现为对前述已获取和理解的信息进行概述式表达，为后续的深入思考奠定事实基础。

二、信息的反思批判能力

上文关于思考力内核的叙述中已经提到，思考主要包括反思性思考与批判性思考两种，因而对信息的反思与批判，是全媒体主持的思考力能否彰显的重要环节。

信息的反思与批判能力首先要求全媒体主持拥有较好的问题意识，即从已接收和理解的信息中找准问题核心，寻求可思考、可行动的言说空间。一方面，信息的反思能力要求全媒体主持能够积极识别新获取的信息与旧有经验认知中的相同或相似之处，能够在新观念接收的基础上更新自身原有的陈旧价值观念。另一方面，信息的批判能力则要求全媒体主持拥有独立、无偏向的思考能力，即能对所获取信息的演进逻辑、内部细节以及发展方向等进行全方面的考量，并对其中的偏差之处进行指正。

三、高效的观点输出能力

思考力不仅要求主持人能够正确地理解沟通对象所传递的信息及其背后所蕴含的沟通情绪与深层寓意，在理解的基础之上还应具备信息的概括与复述能力，对所接收的信息进行反思与批判性思考后做出快速有效输出，这也是主持人思考能力的终极表现。

同时担任《奇葩说》主持人与导师的马东，就拥有这样高效的观点输出能力。在每期节目的一场辩论结束后，马东不仅能够快速理解选手与其他导师的观点，并能在此基础上将自身观点与以上观点相互融合，形成更为有价值的观点总结，并通过逻辑性的观点输出将观点抵达观众。在一次关于"'我这是为你好'是不是扯"的辩论中，在选手发言完成后马东发表了如下一段思考性总结。

案例 9-3：

《"我这是为你好"是不是扯？》，《奇葩说》第三季，2016 年

案例实录：

马东：其实这个话题，胜负面都蛮清晰的，但是为什么《奇葩说》还会把这个话题提溜出来真的当成一个对立双方去做辩论？因为生活当中我们会遇到他们全都说过了的两种"我是为你好"。

第一种是无力的，就是我已经劝不了你了，然后我就说，真的"我就是为你好"，不管来自父母、亲戚、同学还是朋友，我就是为你好，这句话听到的时候，理解这句话背后的善良，他是因无力，这种善良才浮现出来。

第二种情况就是"我是为你好"，这是值得警惕的一句话，任何绝对地告诉你"我是为你好"且不容辩驳，都是值得警惕的，而对于我们今天所有人来说，后面这个警惕，往往比善良还重要。

第三节　沟通的共情艺术

共情亦可理解为同理心，指的是一种能设身处地感受他人的处境，从而感受和理解他人情感的能力。在与人沟通这门艺术之中，若想真正使沟通对象敞开心扉地交流，则需要拥有较高的共情能力。

具体来说，共情力包括四个行为要素：一是能尊重沟通对象的人格、价值观及社会文化背景；二是能依据对象的知识水平和接受程度调整沟通行为；三是能感知、理解和把握沟通对象的感受、情绪和情感；四是能从对方立场上思考问题。[①] 对于把控节目节奏的全媒体主持而言，共情力还要求主持人对周围环境、沟通对象与自身角色有高度的感知能力：对周围环境的感知要求主持

① 康翠萍，徐冠兴，魏锐，刘坚，郑琰，刘妍，甘秋玲，马利红．沟通素养：21 世纪核心素养 5C 模型之四[J]．华东师范大学学报（教育科学版），2020，38(02)：71—82．

人能够在沟通中及时了解沟通的时间、地点、人物、话题等情景要素;对沟通对象的感知要求主持人能真实地感受沟通对象说话时的情绪、态度与诉求,以此做出应变;对自身角色的感知要求主持人正确了解自身公共性社会角色及所承担的责任,以此指导工作实践。

只有真正想沟通对象所想,感沟通对象所感,才能成为一名合格的沟通者、优秀的主持人。2020 年 4 月,英国天空电视台一位女主持人在宣读去世的人员名单时,数次哽咽,情绪激动,同样体现了主持人的良好的共情能力。

在媒介变革的语境之下,更多个体极大地释放情感以寻求实现高效交往、尽致表达及心理认同,情感在新媒介语境中已逐渐占据显要地位。德国社会学家齐美尔在跨文化交际研究中提出"陌生人理论",认为不同文化族群的人彼此间为陌生人。① 基于这一普遍存在的心理机制,不同文化背景与社会经历的成员在接触媒介信息并参与传播行为的过程中,更可能优先启动直觉性的情感反应机制进行信息接收和判断,而非通过严谨的理性逻辑对信息实行分析和处理。因此,提高全媒体的共情能力,是推动媒介内容入脑入心的重要举措。共情能力不仅包括自我与他者形成共情的能力,也包括唤醒他者潜在共情的能力。② 具体而言,共情的实现需要经历情感识别、情感唤醒与情感沟通三个环节。

一、智能技术赋能情感识别

全媒体主持要实现共情,就要拥有较强的观察力与敏锐度,时时处处了解传播对象的情感偏向。大数据与人工智能技术的进步正为用户情感的识别提供更多技术可能。

作为人工智能技术的未来空间,通过全方位沉浸体验调动用户多重感官的元宇宙也可成为传播用户情感生发与情感表达的关键场域。在用户的情感识别端,人工智能技术可通过文本聚类、主题识别等方式对语料库中的用户反馈数据进行分析,精准识别传播用户的情感态度共性。而在信息匹配与内容呈现端,人工智能技术一方面能够根据传播用户不同的情感取向与接收习惯,进行用户情感等级的精准划分,逐一匹配最佳的情感传输机制。另一方面,针对当前智能播报技术语言表达机械化、程式化的问题,人工智能技术也将更多音色、更多语态的真人主播声音纳入音频数据库,以备自我学习进化与实时调用。

在具体的口语传播实践中,人类传播者应在与人工智能技术的协同中找寻行动可能。一方面,全媒体主持要积极关注智能技术动态监测、精准画像后的用户情感态度偏向,以此调整自己

① 陈力丹."一带一路"下跨文化传播研究的几个面向[J].江西师范大学学报(哲学社会科学版),2016,49(01):69—73.
② 唐润华.用共情传播促进民心相通[J].新闻与写作,2019(07):1.

的播报主持行为。另一方面,全媒体主持应将功力着重于技术所不能为之处,提升对于智能技术暂无法识别的用户表情神态以及隐形含义话语的识别能力,同时利用自身的审美体验与实践感受真正读懂用户,方能与之共情。

二、情绪信息助力情感唤醒

无论是公共新闻事件还是民生新闻事件,其自身就具备吸引用户的情感属性。而用户潜在情感往往需要某些刺激。用户特别是青年用户的情感一旦触发,便可能汇聚成一种特殊的情感能量,即一种自信、兴奋、充满力量、满怀热忱与主动进取的行动感受。此种长期积淀的情感能量的挖掘,对于个体感知和群体团结具有重要意义。媒介技术不断发展的多媒介多场景语境既为个体用户提供了更为便捷的情感表达空间,也为全媒体主持的情感唤醒提供了行动可能。

情绪信息包含低级情绪信息与高级情绪信息,其中低级情绪信息又称感官情绪信息,是能够通过感官系统直接感知而非后天学习的人与高级动物都能理解的相通信息,而高级情绪信息则是需要人类高级认知系统加工与后天学习才能实现理解的信息。[①] 全媒体主持在情绪唤醒的实践过程中,一方面要通过自下而上的低级情绪信息唤起用户的基础情感,例如通过情感蕴涵丰富的画面语言与肢体动作直接刺激用户感官以引发情绪共鸣。另一方面,全媒体主持应主动生产高级情绪信息,实现用户情绪的长期存续,尤其是在"民族""国家"等宏观词汇的描述上,应积极赋予其内涵丰富且深刻的话语内核,实现用户由浅层刺激到深层感知的情感唤醒。

三、双向交流实现情感沟通

传播行为中的共情不仅是传播主体单向的情感识别与情感唤醒,更是传播者与用户的双向情感沟通。无论是在线上还是线下的口语传播过程中,传播主体与传播对象均存在相异社会经历与文化背景下的交流障碍,而依托情感进行的沟通行为能够以温情的方式消解双方的物理空间距离感,使其在更亲密的传播情境中展开对话,而这一对话行为所产生的双向互动性的情感信息往往更能激发用户的参与性和卷入度,增进用户对情感信息的接受度和认同感,更易获得理想的传播效果。[②]

在与媒介用户的情感交流过程中,全媒体主持应承担沟通的引导者角色。首先应摆正传播

---

① 张奇勇,卢家楣.情绪感染的概念与发生机制[J].心理科学进展,2013,21(09):1596—1604.

② 徐明华,李丹妮.情感通路:媒介变革语境下讲好中国故事的策略转向[J].媒体融合新观察,2019(04):14—17.

姿态，以平等尊重的方式开启与传播对象的对话，同时留出传播对象思考与表达的话语空间。其次，全媒体主持应把握聆听的艺术，在传播对象的话语与行为中感知其话语意涵与情感表达。最后，全媒体主持应对传播对象所表达的信息进行有效反馈，无论是正向积极的反馈还是建设性意见的提出，都将激发传播对象的情感参与度和积极性。此外，在整个交流的过程中，全媒体主持都应保持正向的情绪引导，时刻调动传播对象的情感积极性，以情感存续的路径获得传播对象的持续关注。

以情入心，借此达到良好的传播效果，是全媒体主持口语传播能力建设的重要举措。然而情感作为传播的手段之一，能在一定程度上推进传播的深入，却不能替代传播内容本身。过度煽情化的报道不仅违背了事实第一性的新闻客观性规律，还可能在某些情况下造成传播用户的情绪极端化，由此产生无法估量的舆论危机，随之反噬相关的全媒体主持及其所在传播机构，造成无法挽回的恶劣影响。因而，在进行口语传播实践的过程中，全媒体主持在以情动人的基础上还需把握尺度，避免走入因过度煽情而忽略传播事实内容的误区。

第四节　沟通的互动艺术

互动是人际交流过程中的反应和对话能力的体现，在全媒体主持实践中主要体现为提问和反馈能力。从提问的方式分类，问题分为开放式与封闭式两种。开放式问题只涉及一个主题，给回答者留下了很大的解释空间。封闭性问题的限制条件则较多，被提问者可提供的信息量和自由度有限。以提问的层级区分，问题又分为初级问题与次级问题。初级问题指提问者开启某个新鲜话题或者某个话题的新角度。次级问题则是跟随在初级问题之后的追加问题，比如“能进一步谈谈你的想法吗?”。在提问环节主持人应尽可能避免提出封闭式问题，多提为回答者提供丰富解释空间的开放式问题，引导访问对象多表达，获取更为丰富的采访内容，同时注意在初级问题的基础上积极进行次级问题的追问，增加对某一事件的深度了解。

在人际沟通中，反馈扮演了极其重要的角色。反馈是倾听的最后阶段，也是沟通得以完成的重要因素。沟通者的反馈包括对接收信息的肯定性表达、批判性表达。肯定性表达指沟通者在信息接收过程中对说话者进行神态、动作以及言语上的支持。批判性表达即在信息接收过程中进行建设性意见反馈，多用于高身份话语者对低身份话语者的沟通。节目主持人作为公共性媒体的发言人，在反馈的过程中要遵守及时、客观与适度的原则。唯有建立与沟通对象的良好互动关系，才能实现更多的信息交流。全媒体的主持过程实则是主持人多方位、多维度互动的过程。

如何正确处理好主持与嘉宾、主持与用户的关系，是全媒体主持需要攻克的难题。

一、信息互动

主持人作为传媒代言人，是媒介“人格化”的代表。“主持人节目这种传播形式其根本特点就在于，主持人是直接面向观众的，它将人际传播的优势与大众传播的优势‘嫁接’到一起，非常注重与观众的直接交流，吸引观众的参与。”①事实上，观众的反馈意见也常常是通过主持人传达到媒介的，主持人在客观上又成为观众与媒介之间的桥梁。首先，大众传媒收集的各类信息，在不同的主持人节目与栏目中，通过主持人传递给观众，观众根据自身的需求选择信息，并做出自己的理解与判断；然后，广大观众中的一部分积极者会把自己对信息的判断或补充反馈给主持人；接着，主持人对所有的反馈信息进行选择、判断与吸纳，最终修正自身的不足，以求更好地完成之后的主持人传播。当然，观众与主持人之间的信息交换并非等量等质的，往往是观众接收多而回馈少。通常情况下，广播电视媒体的收听（视）率越高，观众的反馈信息越多，也越能促进广播电视节目与主持人向观众喜爱的方向发展。

信息互动始终贯穿于主持人传播过程中，主持人的声音服饰、举手投足、语言表达、情感传导等传播过程中的方方面面，在节目中都表达着一种信息，传递给观众。观众根据自己的认知经验，对这种信息做出选择性理解和判断，来决定自己对主持人传递信息认同与否的态度和意见，并将这些态度和意见反馈给主持人。主持人对反馈信息适时地做出选择、吸纳，以改进自身传播效果。

二、观点互动

生活水平的提高使观众在追求温饱的基础上有了更高的精神追求。观众不再单纯满足于了解信息，而是需要“亲身参与”和“深度参与”，除了节目播出后通过打电话、发短信、网络留言来表达自己对节目的意愿，更希望直接参与到节目的制作中来。

一般的专题类节目是大而化之地介绍知识，是在观众处于被动地接受情况下播出的；但是主持人节目不是这样，它可以由观众自己来选择所谈的话题，这些话题都是针对观众的，正是因为观众的参与，这些问题才在一般观众中很有代表性。

在互动性的主持人节目当中，观众能够与主持人或其他节目参与者进行直接交流，他们是节

① 吴郁. 节目主持艺术探[M]. 北京：北京广播学院出版社，1997：79.

目的重要“构件”，有时甚至是节目主体。主持人节目中的这种互动性，使观众在传播中享有一定的主动权和表达权，从而在很大程度上改变了观众只有决定是“中断”还是“继续”接收节目那种实际上的被动地位。①

随着媒体的发展，“观众越来越不满足于‘受传者’的角色，而积极要求参与大众媒介的信息传播过程”。联合国教科文组织 1980 年通过的报告《多种声音，一个世界》指出：“不要把读者、听众和观众当作消息情报的接受者，大众媒介要负责鼓励他们的读者、听众和观众在信息传播过程中发挥更加积极的作用，办法是拨出更多的报纸篇幅和更多的广播时间给有组织的社会集团个别成员发表意见和看法。”

广播因为具有传播及时、制作简便、参与方便的特点而受到听众的欢迎，作为一种传媒形式，广播必然需要与它的听众之间有交流。热线电话出现之前，广播和听众的交流主要通过书信的形式来实现。这种方式时效性差、交流不直接，并且参与面十分有限，最终能够进入直播室参与节目的可以说是少之又少。正是在这样的情况下，参与类节目迅速发展起来，日本传播学者奥平康弘在《知的权利》(又译《知情权》)一书中写道：“就同一信息的演变而言，曾经是受传者的公民以知的权利的主体姿态出现，要求成为‘传播者’的公民作为接近和使用信息交流媒介权利的主体而登场。”②这种“登场”使观众有种主人公的自豪感，在针对某种现象的评述节目中，观众的参与性使观众有表达自己意见的机会。

媒介技术的发展与社交媒体的普及使得书信、留言这种有局限性的互动方式成为明日黄花，取而代之的是实时的观点互动。用户既可以在媒介视频发布的平台之上进行评论留言，也可以在媒体发布的直播活动中实时发布消息，与主持人展开深入且有效的互动行为。

三、情感互动

如果说，观众对主持人所报道新闻事实的认识、理解和评价是思想互动，那么，由主持人节目所引发的观众心灵震撼、观众与主持人之间所达到的心灵共鸣就是情感互动。“思想互动是为求共识、求纳新，而情感互动是为求共鸣，求升华。情感互动同样是建立在认知的基础上的。”③思想互动是前提，有了思想互动，才有情感互动。

广播谈话节目是和电话联系在一起的。主持人和听众之间利用电话沟通情感、交流思想，再通过大众传播媒介把人际的这种真情实感广泛渗透到每一个人心中。“广播是人际交流借助于

① 罗莉.电视节目主持艺术概说[M].北京：北京广播学院出版社，2004：157.
② 奥平康弘.知る権利[M].东京：岩波书店，1981：66.
③ 施玲.广播电视节目主持人与受众的互动关系透视[J].现代传播，2003(01)：84—87.

现代技术的扩大……人际交流，交流什么？第一是交流信息，第二是交流人的感受，而后者比前者更重要。”[①]1992年10月26日开播的《市民与社会》节目，是上海人民广播电台一档新闻类直播谈话节目，也是上海广播史上第一个有听众参与的广播新闻谈话类直播节目。在新媒体环境中，《市民与社会》主动转型，借助“互联网+”的模式实现了主持人传播模式的优化。《市民与社会》入驻新媒体平台阿基米德App后，听众可以收听到所有880期节目内容。节目组专门为听众增设了讨论社区，听众可以根据栏目播放的内容发表个人看法，同时发送信息为栏目提供选题思路。主持人秦畅走出直播室与听众坦诚互动交流，搭建主持人与听众情感沟通的桥梁。

不仅是广播节目，电视也是如此。由蒋昌建主持的《最强大脑》节目注重场内场外亲情、友情的互动和交流。场外亲人、朋友、粉丝团对选手的鼓励和支持，与现场选手的拼搏和努力叠加在一起，在主持人和观众心中掀起层层波澜，形成主持人与观众之间的情感共鸣。

而来到网络环境之中，这种情感的互动就更为频繁。在一场辩论结束后，《奇葩说》主持人马东发出了如下感慨。

案例9-4：

《该鼓励病危者活下去吗?》，《奇葩说》第三季，2016年5月14日

案例实录：

我父亲今年去世十周年，我父亲是突然去世的，那天早上我接我妈电话，然后我就开车往家走，她说你爸不行了，然后我开了一个小时，路上我把所有事儿都想清楚了，该怎么解决，然后见到我父亲的时候他已经不在了。然后就放不下，因为是突然去世，大家都知道突然去世对家人的打击特别大。

三年以后，大概三年的时间，我做了一个梦，我梦到我父亲，我父亲跟我说：“我今天才真正地走了，很高兴跟你做一世父子，有缘再聚。”我不信，我不信那是我父亲跟我说的，因为我觉得我父亲在他去世的当天就已经走了，他一呼一吸之间就已经不在了，我觉得是我自己跟我自己说，我自己的一个潜意识放掉了我自己。然后从那天开始，我也可能就真的放掉了。我还会去扫墓，但我也不相信我的父亲就在他的墓碑上。

所以面对生死这件事，是我们所有汉文化里面的人缺的一课，我们儒家文化里面，孔子说“不知生焉知死”，所以别聊。“六合之外，存而不论”，所以从那个时候开始我们就回避这个事儿了，不许聊和不许想，甚至你要说了，摸摸木头。这导致我们今天像《奇葩说》这么逗的节目，在聊这个话题的时候，是全程最安静的时候。我们都没有逃过我们文化基因里面对

① 本刊记者，陈小平. 什么是广播和什么是现代传播方式[J]. 现代传播，1993(03)：1—5.

我们的那个束缚，所以尤其有必要去思考生死，而思考的结果，才是最不重要的。

所以今天这是一场辩论吗？这不是。这不过是一个话头，刚才有那么多人举手说我的生活里经历过这件事，你没经历过和没举手的那些人，和那么多看这期节目的人，如果因此而想这个事儿，就叫“善莫大焉”。所以没有结论，也不需要，我们这场比赛就到这儿告一段落。

在一番发自肺腑的话语之后，观众能够感受到主持人语言背后的真情实感，此类传播也会相应带来好的传播效果。

四、角色互动

观众与主持人之间的双向信息交流互动，就像是循着封闭圆环轨迹，循环往复。在这样一个双向互动的过程中，观众与主持人的角色不断置换。

从观众的共性特征来看，传受双方是无法面对面地交流的，在时间和空间上，观众与主持人处于分离状态。传播理念的转变、媒介节目形式的多元化发展，为观众创造出更多实现与主持人角色置换的节目样式，改变了这种传受双方互不相识的定式。比如，主持人赴外景地采访当事人及相关人员，或是采访普通老百姓对某话题的看法。另外，场外观众可以在节目进行时通过网络留言的方式和主持人进行对话，发表自己的看法，从而形成场内和场外的有效互动。

观众与主持人之间的角色置换主要是在节目现场实现的，这种角色置换往往最能体现观众与主持人之间的角色互动。如中央电视台的《挑战主持人》，这是一个带有竞赛色彩的栏目，在节目设定的模拟主持现场，参赛选手模拟任何一档节目的主持方式，按照要求完成相应的主持任务，栏目主持人有时还充当被采访者的角色，配合选手完成相应的主持任务，并由专家与现场观众同时做出评判与点评。这个栏目的设立不但满足了主持爱好者自我表现的愿望，也进一步拉近了观众与主持人的距离，拓宽了观众与主持人角色置换的平台。

在主持人传播过程中，角色互动使主持人在显性或隐性的角色置换中，寻找到最佳的角色定位，从而达到最佳的传播效果。观众在主持人节目中能动地、平等地参与，极大地激发了他们对媒体的热情，有一种“这是我们自己的节目”的亲近感。

根据传播学的观点，传者和受众的关系应该是相互依存、相互制约、相互协调的关系。在互动性传播过程中，它否定主动一方仅为传播源，认为受众并不是被动的接受者，而是积极的参与者，是整个传播活动中最活跃的决定性因素。因此，增强节目的互动性、增强受众的参与意识、最大程度地调动受众参与，应该成为全媒体主持人的自觉追求。

第五节　沟通的思维特征

传播学上对传播的分类有所谓的二分法和五分法：前者把传播分为大众传播和人际传播；后者则包括自我传播、人际传播、群体传播、组织传播和大众传播。主持人的传播行为是一种很独特的传播现象，它借助广播、电视、网络等大众传播媒介，把人类传播的多种形式都融合了进去，从而形成了一种独特的传播样式。这种新的传播样式既不同于传统的人际传播，也与大众传播的行为模式有所区别。具体的区别如表 9-1 所示。

表 9-1　人际传播、大众传播与主持传播的比较

项目	人际传播	大众传播	主持传播
传播主体	个人	媒体	个人代表媒体
传播符号	语言、态势	语言、声画	语言、态势和声画
传播对象	个人	大众	大众
传播功能	交际	传播信息	传播信息、交际
传播目的	较弱	较强	较强
传播规模	小	大	大
传受关系	对称	非对称	非对称
传播反馈	双向、即时	单向、延后	单双向、延后即时
传播语境	高语境	低语境	高语境
传播情境	随意性较强	随意性较弱	随意性较弱
传播类型	人性化传播	制度化传播	人性化传播

由表 9-1 对比可知，主持传播实质上是大众传播与人际传播的各类传播要素的结合。在用户赋权的全媒体时代，主持人与用户的沟通手段更为丰富，沟通频次不断增加，一定程度上说是对人际传播这一最本源传播行为的回归。寻求人际传播和全媒体时代大众传播的平衡之处，是全媒体主持沟通思维培育的逻辑起点。

一、多样性

全媒体节目为主持人提供了更大的行动空间，也提出了全新的要求，观众不再满足于传统媒介平台上主持人的引导者身份，而期望主持人能够出现在多重场景之中，发挥更多“隐藏技能”，展示更为丰富的媒介形象。

节目主持人应主动寻找自身可挖掘、可培育的观众兴趣点，塑造自身的网络媒介形象，通过多种方式与用户见面，并据此展开多渠道、多样化的沟通行为。2015 年，作为《新闻联播》主播的康辉第一次站上中央广播电视总台央视春晚的舞台，就使得观众眼前一亮。随后，康辉又与撒贝宁、朱广权、尼格买提组成了“央视 boys”，在中央广播电视总台的各类节目多次合体进行节目的表演，包括《经典咏流传》节目中的《岳阳楼记》与《青春》，《开学第一课》中的《少年中国说》，以及 2023 年央视网络春晚上的《跟着我念字正腔圆》，不断突破了观众对于一个传统新闻主播的想象，也获得了网友的频频“点赞”。

随着经济的发展与消费市场的不断扩大，各类传播主体以带货主播的身份走进公众视野，主流媒体的专业主持也纷纷试水这一领域，以促进消费经济的恢复和农产品的售卖。在主持与参与总台的常规节目之余，康辉还参与了中央广播电视总台组织的多场直播带货活动。2020 年 5 月 1 日，由康辉、撒贝宁、朱广权、尼格买提 4 位主持人组成“央视 boys”与电商平台合作进行了一场家电直播带货，创下了 5 亿元的销售战绩。同年 6 月 6 日，“央视 boys”再度在“新消费　爱生活”为主题的北京消费季直播活动合体。

案例 9－5：

《“新消费　爱生活”北京消费季直播活动》，2020 年 6 月 6 日

案例实录：

康辉：今天会给大家介绍美好生活当中很多都能用得到的产品，下一款产品是一个扫地机器人。

尼格买提：我对于这种干家务的机器人特别感兴趣。

康辉：扫地机器人其实现在已经更新换代了好几次，最早的扫地机器人其实就是一个陀螺仪，它碰到家里的家具就会有自动调节的路线。但是那个时候你会发现它的路线特别没有规律，来回乱撞，也让很多家庭觉得很崩溃。扫地机器人反而把家里弄乱了。后来到了第二代升级它前面加了个摄像头，这时候它就已经有眼睛了，它可能会规避一些家具的摆放。但是也有一个问题，大家特别特别担心地说，这个机器人的摄像头会不会连接后台，我们家

里面的隐私安全会不会……(笑)

朱广权:侦察机器人。

撒贝宁:刚刚洗完澡出来,机器人在地上。(模仿机器人“侦察”动作)

康辉:所以今天我们推荐给大家的这款扫地机器人它已经又升级换代了,它是用激光来进行扫描。

撒贝宁:所以它没有摄像头对吧。

康辉:没有摄像头,你放心。

撒贝宁:靠激光,导航?

康辉:(点头)所以呢,它比原来变得更聪明。其实这个呢,也可以和手机上下载的App一起使用,我们觉得手机看起来屏幕比较小,所以就给大家做了这么一个手机屏的演示。(康辉与朱广权举起演示牌)这是一个户型图,如果您买了这款扫地机器人,手机上下载了这款App,就可以把您家里面整个的地形扫描进去,然后呢,就可以规划这个机器人在家里扫地的所有路线。

撒贝宁:同志们,对不起啊,这个户型图,谁家的主卧是这个形状的?(笑)

尼格买提:就是想说这么奇葩的户型它都没有问题。

撒贝宁:不是,这是床的位置,它实际上规划的是它可以走的地方。

尼格买提:他们家的床不算套内面积。

朱广权:我以为是买了跑步鞋,规划一下。

康辉:所有的白线都是它可以规划的,可以扫地的路线。而且您也不用担心说今天扫完了下次再让扫的时候是不是还得重新规划,或者我的家具挪了位置,没问题,只要你扫了第一次,给它有一个设置的话,挪了以后它依然会有记忆,它会自动地绕开障碍。

撒贝宁:最优的算法,最佳算法。

康辉:所以呢,为什么说它聪明,它的软件里会有3000多种所谓的脱困方案,一旦前面有障碍物,它怎么挪开这个障碍物,它会有3000多种方案。

撒贝宁:所以你买了它回去,下回再去玩密室逃脱你带着它。

尼格买提:你知道这种扫地机器人在家里最大的敌人是什么吗?第一电线,第二袜子,第三拖鞋,是最容易让它困在一个地方的。

康辉:所以呢,超聪明的扫地机器人可以规避这样一些东西,包括家里铺地板在每个房间之前还会有凸起的一个坎儿,叫压封条。之前有的机器人就过不去,一到那就往后退。但是它,两厘米以上的都可以轻松通过,都没有问题。

得益于多年大屏主持的经验,“央视 boys”中康辉、撒贝宁、朱广权、尼格买提 4 位主播均有独当一面的专业主持技能,这一专业技能表现在直播现场即为有节奏的话语表达,不论是彼此间的对话,还是卖货时的介绍,“央视 boys”总能找到有条不紊的输出节奏。此外,“央视 boys”虽不像带货主播般深谙各类产品的成分材质、内部构造或生产流程,但其选择了一种更贴近用户的使用感受型带货方式,也更易被情感性体验型消费的用户接受。

正是通过新闻播报、文艺晚会主持、文艺节目表演、直播带货,以及前文提到的 Vlog 发布等行为,康辉完成了多样性、多方式的用户沟通,也使得其在广大用户心中留下了稳固的印象。

二、灵活性

在传统的大屏主持工作中,节目主持人与用户的沟通方式主要是节目结束后的线上线下反馈,而这种反馈方式相对滞后,也并不能带给用户被服务与关注的获得感。在全媒体平台之上,主持人的每一档节目、每一条短视频作品都有着实时的点赞、转发和评论,不论是溢美的评论还是批评的评论,主持人都得照单全收,这就要求全媒体主持在与用户沟通过程中拥有灵活的思维方式。

“水能载舟,亦能覆舟”,在用户赋权的时代里,用户的评价可能让全媒体主持一夜成名,也可能让全媒体主持一夜倾覆。因此,全媒体主持无法对匹配的声音视而不见。如何与用户展开灵活的沟通行为,接纳用户的声音并对节目内容进行有益的调整,都决定了全媒体环境中主持人能走多远。

全媒体主持的沟通灵活性的第一个体现是在视频内容产品之中主动与用户产生的沟通行为,包括但不局限于与用户隔空对话或向用户发问等方式,增强用户在视频观看中的身份存在感。主持人康辉在《城市有意思》中多使用短句,并伴有“打 call”“破圈”“没有什么事情是一顿火锅解决不了的,如果一顿火锅解决不了,那就吃第二顿”等不失“网感”的语言。视频作品中对观看者的一系列发问和互动邀请就是典型的与用户隔空对话。

案例 9-6:

《“勒是雾都”,康辉体验重庆洞子火锅》,《城市有意思》,2021 年 5 月 3 日

案例实录:

康辉:“勒是雾都”,到了重庆啊一定要吃火锅,如果到了重庆不吃火锅的话相信那是对重庆的不尊重。重庆和火锅为什么有如此紧密的关联呢?有人说因为重庆城长得就像一个火锅,看两江环绕像火锅汤,渝中半岛就像是正在涮的鲜毛肚,还有人说重庆城像一个鸳鸯

火锅,长江这边是红汤,嘉陵江那边是清汤。相信这都是段子,而这些段子的作者一定是重庆人,要强调的就是重庆和火锅的天然的渊源。

重庆火锅有历史了,而真正开始名扬全国,那是在抗战重庆做陪都的时候,那时候有一个文人叫马识途曾经这样描述过吃重庆火锅的盛况,就低桌子,坐高凳子,脚踏桌横子,豪吃、豪饮、豪言、豪叫,才真的叫吃重庆火锅,你看,就是这么横,就是这么热闹。那个时候像马识途这样的文人都纷纷给重庆火锅"打 call",让重庆火锅开始成功"破圈",远播四海。

现在我们是在重庆很有名的洞子火锅吃火锅,在防空洞里吃火锅,也是极具重庆特色的独一份。如果您看过电影《火锅英雄》的话一定会认出来,这是洞子火锅。所以在重庆人眼里,没有什么事情是一顿火锅解决不了的,如果一顿火锅解决不了,那就吃第二顿。

至于重庆火锅的特点,刚刚我涮的这片毛肚,尝一尝就知道。(镜头特写康辉吃毛肚)五个字,麻、辣、鲜、烫、爽,这就是重庆火锅。不过说起这麻辣,好像它是重庆人饮食中必不可少的,可是重庆人真的是天生这样重口味吗?麻辣从什么时候开始成为重庆人味觉的独宠的呢?

正宗的重庆火锅就会看到这样的九宫格,这个九宫格是做什么用的呢?我们刚刚说到的鸳鸯火锅那真的是重庆人对火锅界的一大贡献,而鸳鸯锅又是怎么来的?这背后有什么样的故事呢?还有吃重庆火锅必涮四大金刚,这四大金刚又是什么呢?欢迎您关注央视频"康辉说"《城市有意思》的美食系列,在留言区留下您对重庆火锅的好味觉。

《城市有意思》,重庆真的很有意思。

沟通灵活性的第二个体现是关注用户的点赞、转发与评论数,了解用户偏好,并将所生产的内容向用户所偏好的方向倾斜,以获取更多的用户流量。此外,全媒体主持还要关注用户的批评性言论,进行及时快速、积极正面的回应,避免可能出现的不当舆情蔓延,尤其是针对用户提出的部分建设性意见,全媒体主持应保持谦逊的态度,根据用户的合理建议调整并改变自己的全媒体节目及内容产品的主题与传播形式。

三、有效性

在进行全媒体环境中的沟通行为时,主持人不仅要利用多样身份和灵活的方式与用户展开互动,更为主要的是使沟通有效,即对用户产生实实在在的效果。事实上,在全媒体环境中的节目主持人已经普遍意识到与用户沟通在主持环节中的重要价值,CCTV-4 中文国际频道就曾在台网两端播出的《今日关注》开设网友评说板块。节目首先选取一定数量的网友视频提问内容进行播放，随后由主持人引导节目嘉宾，即相应领域的专家进行问题解答。在网友提问、嘉宾回答、其他网友发表意见的节目流程中，《今日关注》实现了有效的用户沟通。

案例 9－7：

《网友评说》，《今日关注》，2019 年 2 月 8 日

案例实录：

网友一：2018 年朝鲜半岛局势逐渐回暖，但半岛问题作为历史遗留问题，涉及多方利益，请问各位专家，如果"金特会"能够按时召开，是否能对半岛问题的持续向好起到推动作用呢？

主持人：第一个网友就说，"金特会"能不能按时举行，还有二十天，会不会存在变数。

嘉宾：从这个网友提出的问题可以看出，他认为当前朝美之间进行沟通确实存在一些不确定的因素。就像我们此前所观察到的，每一次朝美之间在进行沟通的过程中总有一些波折，而他也担心未来会发生一些波折使即将进行的"金特会"受到影响。但是从目前来看呢，应该说朝美双方的意愿还是比较明确的。刚才我们也谈到了美国总统特朗普是在发表国情咨文的过程中宣布了日期以及地点，这样的一种宣布也是基于美国国内一系列政治的需要。当天特朗普在内政外交上遭受了一系列的挑战，所以朝鲜半岛一系列的问题的解决，朝美的接触，实际是他展示自己执政能力的一个非常重要的成绩单。

而另外对于朝方来说，朝方也急需美方放松对朝鲜的制裁，来实现自己的经济发展，促使朝韩之间有更多的机会进行接触。所以从意愿来看，双方都不希望已经制定的日期、已经设定的时间点会发生更多的变数。

（嘉宾发表意见的同时演播室屏幕滚动播放其他网友评论：

网友二：在朝美双方关系还未达到互信的情况下，第二次"特金会"能否达成实质性成功还有待观察。

网友三：第二次"特金会"仍在制裁与会晤中同步举行！

网友四：期待第二次"特金会"是在平等的基础上进行谈判！

网友五：在目前解决半岛问题的选项中，中方的"双暂停"倡议是切实可行的，符合各方的利益。）

中央广播电视总台节目主持人李思思曾担任包括春节联欢晚会在内的多个重要舞台与节目的主持工作，一直以端庄大气的形象示人，而其在短视频社交媒体平台的分享多为生动的阅读、育儿、养生等话题内容，可以说是在其节目形象基础上做到了丰富度的极大延伸。

案例9－8：

《讲事实　我看到　说情绪　你一定　巧总结　哪里好　作比较　有成长》，李思思个人抖音账号，2023年3月17日

案例实录：

李思思：哎哟正在等孩子放学想跟你聊两句，夸孩子这个事儿你会吗？你还在说你太棒了，妈妈为你骄傲吗？其实只是单纯的情感表达，是错失了帮助孩子快速成长的时机，只需要四步，看完你一定能学会。

第一步是讲事实，造句“我看到”，比如说上周元宝（李思思的孩子）是成功竞选了组织班长，哎哟特别高兴，当时放学回来的第一反应，我说了一句话，我说我太兴奋了，看到你手臂上的特别的标志了，他说是的我当选了组织班长。哎这第一步就完成了。

第二步此时此刻你要给他情感的回应，你一定很开心吧，我知道你努力了太久了”。那小伙子这个时候是交流欲爆棚的时候，他就会滔滔不绝跟你说整个的经过。此时此刻如果你还在做情感回应，那就为时过晚了，这个时候你应该干吗呢？

帮他总结经验，比如说设立目标多重要啊，有目标为之努力你就能够实现，去观察别人的优缺点，变成自己的优势，大胆地说出自己的想法，我觉得你很了不起。注意总结过后怎么还能再加深他的满足感和成就感呢？

就要做比较，此时此刻不是和别人比，而是和他自己比，一年级的时候你没有这么努力，没有这么勇敢。还可以把我们自己放进去，比如说妈妈小时候可没有你这么有勇气地说出自己的想法哦。

整个的四个步骤形成了一个完美的闭环，完成了整个的夸奖，有总结有输出有情感的反馈。注意夸奖的目的无非就是让他再次加深这样的行为，以后出现行为的次数更加多，所以总结比夸奖更重要。

记住了吗，四个步骤哦。第一步，讲事实，我看到了；第二步，说情绪，你一定；第三步，要巧总结哪里好；第四步，作比较，有成长。

李思思在短视频平台所分享的育儿经验的有效性，从观众的评论之中就可见一斑。有网友评论“‘我知道你努力了太久了’，成年人都有一丝感动”，李思思也在该网友评论后回复了三个害羞的表情符号。还有网友通过“教育家！学习了”“非常喜欢思思分享的带娃经验”等评论表达对视频内容的认可。

综合思考题

1. 全媒体主持在倾听谈话对象之后应注意些什么？

2. 全媒体主持的沟通艺术包含哪些要素？

3. 全媒体主持应如何培育沟通过程中的思考能力？

4. 全媒体主持沟通的互动性思维体现在哪些方面？

5. 请结合案例谈一谈全媒体主持沟通思维的灵活性如何体现。

延伸阅读

1. 章永宏、赵路平、石力月、薛许红：《沟通与交流》，大连出版社，2010 年。

2. [美]亨利·詹金斯著，杜永明译：《融合文化：新媒体和旧媒体的冲突地带》，商务印书馆，2012 年。

3. [美]欧文·戈夫曼著，冯钢译：《日常生活中的自我呈现》，北京大学出版社，2016 年。

4. 常江、杨奇光：《口语表达基础》，中国传媒大学出版社，2017 年。

5. [美]沃尔特·李普曼著，常江、肖寒译：《舆论》，北京大学出版社，2018 年。

艺海拾贝

“新闻怪杰”：迈克·华莱士

迈克·华莱士，1918 年出生于美国，1951 年迁居纽约，辗转于 CBS 和纽约第五频道之间，创办并主持了《迈克·华莱士访谈》《深夜追击》《60 分钟》等震撼美国的新闻栏目。在美国，华莱士是一个家喻户晓的名字，他代表了硬新闻、调查新闻，代表了不回避、不退让和咄咄逼人的提问，在世界传媒领域被誉为“新闻怪杰”。

作为一名新闻主播，华莱士先后共做过 800 多个独家调查性新闻报道，专访过著名黑人民权活动家马丁·路德·金、美国总统肯尼迪、巴勒斯坦解放组织领导人阿拉法特等。

《纽约时报》曾评论他：“华莱士的成功在于他抛出的问题，而非他获得的答案。”在水门事件持续发酵期间，华莱士获得了采访尼克松总统的国内事务首席顾问埃利希曼的机会。他的妙语连珠让电视机前的观众大呼过瘾：“将审计报税作为政治报复手段，盗窃精神病记录，动用卧底监视对手，串谋妨碍司法公正，所有的这些都由理查德·尼克松的政府负责。”埃利希曼被华莱士机枪式的盘问憋得说不出话，只能甩出一句："真的存在这些问题吗？"

美联社曾评价他："华莱士并非简单地采访，而是在调查对方，是盘问。"在《60 分钟》新闻节目采访过的超过 800 名嘉宾中，华莱士认为 1997 年邀请钢琴家霍洛维兹参加他的节目意义深远。要采访到霍洛维兹是很难的事，他被同时代的人公认为 20 世纪最伟大的钢琴家，这位天才素来性格孤僻，几乎从不接受采访。但在 1977 年深秋，他正为一项特殊的庆祝活动做准备——弗拉基米尔·霍洛维兹美国处子秀 50 周年庆典。所以，他最后同意了。华莱士在回忆录《你我之间》中写道："这是少数让我感到焦虑的任务之一，我很少面对采访对象会感到胆怯。"尽管抱着胆怯的心态，华莱士在节目中仍然不失"尖锐"本色，拿演出收入问题不断"责难"对方。以下为其中的一段：

华莱士：请你告诉我，另外有哪个独奏钢琴家能拿到古典音乐会演出毛收入的 80%，就像弗拉基米尔·霍洛维兹这样？

霍洛维兹：哦，我不是一生都能做到的。弹了整整 50 年的琴，我才拿到这个份。

华莱士：到今天，你的报酬已经是其他古典音乐演奏家的 3 倍。我说这个的时候，你在微笑，因为你知道这是事实。你为之感到骄傲吗？

霍洛维兹：我没有感到骄傲，但事实就是如此。

在华莱士的提议下，霍洛维兹在节目中即兴演奏了他从未公开弹奏过的曲子。

第十章

全媒体主持的直播报道能力

知识点框架图

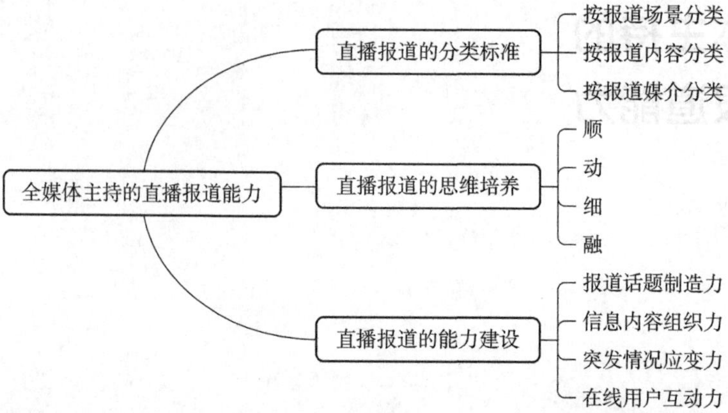

关键术语

直播报道　报道话题制造力　信息内容组织力　突发情况应变力　在线用户互动力

当前主流媒体虽已展开“移动优先”的全媒体化转型，但无论是实践的深度还是广度，都无法与人力、物力、财力投入更为充沛的商业平台相互抗衡。作为最老牌、最专业的信息发布者，主流媒体的全媒体转型也应寻找自身的竞争优势，从直播报道处率先发力。基于此，本章着重从直播报道这一行动出发，探究全媒体主持在实践中的能力建设问题。

第一节　直播报道的分类标准

顾名思义，所谓直播，是与录播相对的一种新闻报道方式。直播报道是利用广播、电视、网络等多种媒介形式实时播出的，报道与新闻事件或活动同步发生发展的新闻报道形式。直播报道有着多种分类方式，较为典型的有以下三种。

一、按报道场景分类

直播报道最常用的分类方式是依据报道场景所做的区分，分为实况直播、演播室直播以及现场直播三类。

实况直播也称实况转播，是通过对新闻事件的单个机位或多个机位的切换组接完成的新闻现场的客观记录。重大的政治会议、跨国界的大型体育赛事常常采用此种报道方式。实况转播强调对新闻事件原始状态的客观记录，时间和空间与新闻事件自始至终保持一致。这类直播报道的主持人一般不在新闻现场，而是通过画外解说等方式辅助完成新闻报道。

演播室直播是指主持人在媒体机构搭建的演播室内进行的播报或主持行为，最常见的采用此种直播形式的是新闻播报类节目。在此类节目中，直播的单条的新闻报道可以是已经录制好的，而主持人要在演播室中直播串联节目，这保证了节目编排的灵活性。此外，演播室直播的截稿时间是新闻的播出时间，只要新闻播出没有结束，重要的新闻可以随到随发，因而也最大程度地保证新闻的时效性。

现场直播是指主持人或记者直接出现在新闻现场，边采访边作口头报道，并在不经过任何剪辑的情况下实时播出的报道方式。这种直播报道对主持人与记者的现场采访、现场解说，以及与演播室内主持沟通对话的能力都提出了很高的要求。在一些大型的新闻现场直播中，实况直播、演播室直播和现场直播三种形式往往交替出现。

二、按报道内容分类

从报道的内容看，直播报道又分为重大活动直播与新闻事件直播两类。

重大活动直播包括对重大会议、重点社会活动、文艺活动、体育活动等的直播报道，阅兵仪式、“两会”、跨年晚会、奥运会等活动直播都属于这一类型。此类报道往往经过前期的周全策划与筹备，主持人能够事先有所准备，因而直播活动对主持人的控场能力有很高的要求。

新闻事件直播是指对正在发生的新闻事件进行的直播行为，这类直播要求主持人或记者能够在短时间内对同步发生事件的来龙去脉进行清晰的描述，同时灵活应对事件可能带来的新转向。此类事件往往有突发性特征，自然灾害事件、事故灾难事件、公共卫生事件、社会安全事件的现场直播都属于此类别。面对此类事件，主持人或记者往往难以提前准备，更多时候只能靠临场发挥进行报道。

三、按报道媒介分类

从报道的媒介看，直播报道又可分为广播电视直播与网络直播。

对于传统的广播电视媒体而言，在动态的现场中快速捕捉信息，并以清晰有效的方式播出的直播报道，是体现自身专业度的重要形式。

伴随着通信技术的进步与人们对信息实时性获取需求的增加，网络直播成了媒体报道的重要方式。网络直播不仅拥有传统媒体平台的全部实时传输优势，更能通过与用户的实时互动提升传输效果。当前，随着媒体深度融合的推进，小屏的网络直播凭借着其迅速的反应与便捷的操作，已经逐步取代传统的大屏直播，成为直播报道中最主要的形式。以中央广播电视总台为例，从 2016 年 5 月 20 日第一场移动端小屏直播《强降雨袭击江西多地　央视记者深入吉安被淹地区》起，网络直播发展便成不可阻挡之势。2017 年 2 月上线了“央视新闻＋”客户端和央视新闻移动网，2019 年 11 月诞生的“央视频”更是为移动而生，成了央视移动直播报道的重地。

如今，一个成熟的全媒体主持不但要探索传统媒体端口的直播形式，更要了解网络直播逻辑，大小屏联动，真正发挥主持人的引领性价值。而本章的研究重点就是在传统大屏基础之上移动小屏的主持关系处理与能力建设。

第二节　直播报道的思维培养

要辨析全媒体时代主持人直播报道的关系问题，首先要了解当前直播报道的主要平台——移动直播的传播特征。传统广播电视直播报道的主要特点有三，其一是真实性，即直播报道必须真实、客观地反映事实，遵循新闻的价值要素和伦理规范。其二是现场感，即新闻报道应最大程度地深入现场，采集一手信息，即使无法身处动态变化的事件现场，也应在事件结束后的第一时间进入现场，还原现场。其三是故事化，即直播报道要尽可能通过叙述性的柔化报道，将现场以生动鲜活的故事化表达方式传递给观众。而移动直播在遵循了传统广播电视直播报道特征的基础上，又有以下三点延伸：

首先是报道时间的延长。由于传播媒体节目时长的限制，直播时长体量往往比较有限。移动直播的出现打破了这一限制，只要有一部手机，任何新闻工作者都可以发布直播报道，且并无时间的限制，因此动辄一两个小时的直播十分常见。

其次是报道结构的随意性。在传统媒体端，现场直播报道往往有着严格的结构要求，主持人表述什么信息，如何表述信息都有所限定，整个直播的结构紧凑。而在移动直播中的报道结构就相对随意，用户可以在任何时间进入直播间，而不会担心缺失了直播内容的关键信息。

最后是用户关系的亲密性。在传统媒体端的直播报道是典型的你说我听式报道，此种报道模式之中的报道者与用户并无实质性的关系建立。而在移动直播中，网络用户不但可以观看直播，更能通过实时的留言与全媒体主持进行互动，建立了相对亲密的传受关系。

事实上，在直播报道中的全媒体主持不单单是信息的播报者，更是屏幕端口现场画面的组织者与控制者，因而在进行直播报道活动时应注意以下四点思维的培养。

一、顺

所谓“顺”，包括内容逻辑顺畅、空间调度顺畅与声画衔接顺畅三个方面。

在内容逻辑上，为建构起主题明确、层次清晰、结构完整的内容有机体，全媒体主持要将直播报道的各个环节积极打通。首先要对新闻现场的人与环境进行细致描述，这既包括对可见的新闻事实的描述，也包括对不可见的主持自身感受的描述。其次要精准叙述新闻事件中的事实点，包括时间、地点、人物、现状、原因等基本要素以及新闻事件的背景与后续影响等。再次要对新闻事件进行点评，即依据新闻现场情况进行短小精悍、针对性强的有效点评。最后是对新闻人物采访，为使现场报道的观察视角更为多元、报道内容更为丰富，全媒体主持应主动对新闻事件中的参与者说话，增加报道的真实感与可信度。对描述新闻现场、叙述新闻事实、点评新闻事件、采访新闻人物四个报道环节进行逻辑顺畅的排列组合，是做好一个高质量直播报道的起点。

在空间调度上，全媒体主持应明确自身在直播画面的空间环境中的重要职责，在直播报道中要设计出一条基于报道内容、符合讲述逻辑和视觉习惯、摄像便于操作、观众便于理解的空间调度动线。在声画衔接方面，全媒体主持既要保证具体的解说内容能够符合拍摄画面的需求，还应在拍摄画面基础上有所补充与抬升，避免出现声画脱节、信息错乱等视听效果分离现象。

在新华社 2020 年推出的《我在两会 Vlog》系列作品中，记者利用自拍技术展示两会准备工作的不同角度和细节，从现场座无虚席的画面到拍摄大会堂“满天星”般的穹顶，从与会人员的有序进场到记者紧张筹备的状态等均有所呈现。在讲解大会堂的穹顶时，记者通过镜头的移动和前后镜头的转换向观众拍摄了大会堂的穹顶，揭秘了“满天星”般穹顶的真容，并讲解了它的设计由来，引发观众的共鸣和讨论。通过合适的空间调度与声画呈现，观众能够更好地了解新闻事件的现场情况，产生共鸣并参与到新闻事件中来。

二、动

直播报道中“动”的思维主要体现在内容与形式两个维度。

在内容上，“动”的原则要求作为第一现场的目击者、观察者、采访者的全媒体主持要准确捕捉动态变化的事实信息，并将现场的最新情况及时准确地传递给观众。

在形式上，"动"的原则集中表现为走动的记者和运动的镜头。动态报道不但可以增加信息容量，拓宽空间范围，丰富观察视角，还能为直播报道带来强烈的现场感，丰富现场报道的感染力。

案例 10－1：

《成都台蒋林：国道 318 沿线交通》，《新闻眼》，2013 年 4 月 20 日

案例实录：

蒋林：我们现在已经到了国道 318 线，刚才我们看到的那个有损失房屋的附近，但是这个地方道路已经完全中断了，只剩下一个非常窄的路线，车辆必须在交警的疏通之下通过。

我们可以看到的一个现状是，我面前横亘的这块石头几乎就相当于一个巨大的油罐车或者是一个集装箱的体量，从山顶上直接一路坠下，把山上的山石全部砸毁，掉落在路面上。现在呢，整个现场的通道也因此而变得非常的狭窄。（画面中疏通交通的警察在跑动与喊叫）

现在我们看到在坠石的断落点有一个雅安方向从天全驶回的救护车现在要通过这个路段，而所有之前的应急车辆都在为它让道。我们现在看到这个车上是有伤员，我们看到了护士还有吊的输液瓶，应该这就是救治伤员的车辆正在朝雅安的方向行驶。我们现在看到的是第二辆救护车，因为这辆车的体量比较大，所以它的车身几乎已经擦到了道路旁边的水泥的围挡，在艰难地向前进。（对救护车司机说）师傅你们车上有伤员吗？

救护车司机：有有有有有。

蒋林：好，我们看到这辆车上有更多的伤员，现在通过这辆救护车正在朝雅安的方向行驶。这个上百吨的山石在匝道路面上的时候我们看到路基的受损也是非常严重。

在整个前方的直播报道中，蒋林一度以动态前行的背影示人，在摇晃的镜头和一辆又一辆艰难驶过的救护车画面中，观众能够更直观地感受到地震所带来的直接冲击和伤害性，这也正是内容与形式上追求动态原则的意义所在。

三、细

"细"，顾名思义是要展示直播报道现场的细节。由于观看直播的观众不能像第一现场的当事人一般全环境地感受新闻现场，因而更多的新闻信息都依赖于主持人的表达，这就要求现场主持人充分展示事件细节。事件细节包括与新闻基本要素（何人、何事、何时、何地、何故、如何）密

切相关的细节，能够充分说明新闻现场此时此刻具体状况的细节，和报道主题、背景、原因等有密切关联、对新闻事件产生影响的细节，以及能够激发观众情感、体现报道温度和人文情怀的细节。

此外，除了通过镜头展示与现场解说的可视化信息，新闻现场还有温度、气味、声音等非可视化细节等待全媒体主持挖掘。原上海广播电视台、现中央广播电视总台主持人刘仲萌在对鲸鱼解剖新闻的现场报道中就进行了很好的示范。

案例 10－2：

《慎入！死亡鲸鱼被解剖　现场恶臭难忍》，看看新闻 Knews，2017 年 3 月 23 日

案例实录：

刘仲萌：您现在收看的是看看新闻 Knews，我们正在对一头大约是在十多天前死亡的鲸鱼进行直播，现在我先把镜头向我们这边摇。我们现在在对这头鲸鱼的解剖进行直播，但还是要给大家做一个预告，因为首先是现场大家闻不到味道，我们现场的工作人员几乎每一个人都会戴这样一个口罩，但是我们这个口罩算薄的，因为现场的工作人员，镜头摇一下的话可以看到，都是戴这样的防毒面具，因为现场的味道是非常的浓。

那为什么不给大家看这头鲸鱼正在解剖的过程呢？还是要给正在看直播的各位做一个心理的预告，因为这个画面有可能会引起您的不适，所以您看我们这场直播的话现在跟您说的是对这一头死亡的鲸鱼进行直播，您进行收看的时候一定要谨慎。

那我还是要首先说一下味道，昨天我们已经抵达这个位置了，昨天的味道是咸腥的味道，现在这个鲸鱼已经开始解剖了三个位置了，现在是腥臭的味道。现在正在解剖的位置是最开始开的一个小口。

嗷，这个味道确实是太臭了。

在此次报道中，虽然观众并未像刘仲萌般深入新闻现场，但从他对于气味的详细描述以及不自觉的感慨中，现场有气味的画面立刻生动地展现在观众的眼前。

四、融

“融”即融合，主要包括报道者与报道空间的融合、言语表达与非言语表达的融合。

从报道者与报道空间看，全媒体主持要将自身与现场融为一体，从时间、空间与内容三个维度切合新闻现场。在时间上要选择正在进行时的场景。在空间上要遵循第一现场为先、动态直观为要的原则，选择能充分说明新闻现场具体情况的代表性场景。而在内容维度上，要选择反映

主题、信息丰富的场景，并通过“顺”与“动”的原则将报道空间相连。

而在言语表达与非言语表达上，身处新闻现场的全媒体主持更应注重言语表达的清晰准确性，以及在此基础之上将语言表达与体态语言、现场演示和体验、道具与图表、实况同期声、新电视包装技术等非语言表达相融合，实现有效的新闻现场内容传递。在《共同关注》的一期关于神舟十三号载人航天飞船出征前状况的直播报道中，中央广播电视总台新闻主播文静与出镜记者王春潇就利用语言与非语言表达完成了一次生动的主持报道实践。

案例 10－3：

《酒泉问天阁即将举行神舟十三号航天员出征仪式》，《共同关注》，2021 年 10 月 15 日

案例实录：

王春潇：大家知道吗？我们航天人有自己的浪漫，还有自己的小情怀。其实在发射场每一次发射任务当中，有一个特别可爱的惯例，就是吃包子，寓意，包你成功。今天这个包子我们已经拿到了，因为已经是晚饭时间了，这个包子太可爱了。我觉得这是升级版，为什么这么说？因为在天舟三号发射的时候正好赶上了中秋节，我记得当时，我的现场报道还跟大家分享了航天人的月饼，上面写着“圆满成功”“万无一失”等等。

你看，文静，我现在拿的这个包子有六种馅儿啊，以前在发射场地做报道的时候我们都吃到的是猪肉大葱一种馅儿，这次升级了，豪华版。有“牛气冲天”包，是胡萝卜牛肉馅儿的，有“百尺竿头”包，是白菜香菇猪肉馅儿的，还有“一干到底”包、“三清一动”包、“一丝不苟”包、“圆圆满满”包，文静说吧，想吃哪个我替你尝一下。

文静：春潇，我以为你只是让我眼馋，没想到你还让我嘴馋了一下。那必须我得“云品尝”一下，就选“圆圆满满”包吧，因为我们都期待今天晚上的发射能够圆满完成，你要品得仔细，介绍得详细。

王春潇：好，没问题，请我们编导帮我一下。文静说了，想吃“圆圆满满”包，这个馅儿是西葫芦鸡蛋馅儿的，我也挺想吃的。看看有没有摆错，咬开揭晓一下。嗯，没错。看一眼，西葫芦鸡蛋馅儿的，包你成功。

我们在这里把最好的祝福送给我们即将到来的任务，好了，直播就到这里，我们一起期待我们今天晚上发射现场的到来。

在此次直播中，两位资深媒体人充分地利用了语言与非语言表达方式，尤其是在这段关于“航天包”的对话中，当王春潇在向演播室里的主播文静介绍包子寓意时，文静自然地身体前倾，通过肢体语言与前方连线的记者展开互动。在选择完包子之后，文静也将圆圆满满的祝福通过

语言表达出来。在试尝了文静选择的包子后，王春潇将这一道具向镜头展示，整个过程亲切自然，也有效地传递了新闻内容。

第三节　直播报道的能力建设

在把握了与传播平台、传播内容和传播用户相互成就又相互制衡的关系之后，全媒体主持还应进行自身能力的持续建设，真正形成自己在全媒体时代的独特竞争优势。

一、报道话题制造力

不论是传统媒体时代的收视率，还是网络空间的浏览量、点击量，都是媒体所追寻的第一数据。因而无论是前方采访还是现场主持的过程中，全媒体主持都应具备一定的选题策划意识，使自己所参与主持的内容产品能够把握用户的兴趣点，获得用户的关注。

《主播有新人》是由东方卫视和百视 TV 于 2021 年联合出品的主播新人选拔成长综艺，旨在培养优质的全媒体主持人才。在第二赛段的比赛中，节目将选手带入了东方卫视《2021 电视剧品质盛典》后台采访，让其直面明星，进行实战采访。

案例 10－4：

《主播有新人》第九期，选手采访片段，2021 年 4 月 23 日

案例实录：

选手：很多时候会觉得“凯凯王”平常，你喜欢粉丝这么叫你吗？叫你“凯凯王”。

王凯：可以，只要别叫我王老师，叫我什么都行。

选手：你有一张照片，大家觉得特别感兴趣，原因就是在一档综艺上面笑得特别开心，然后大家就疑惑说王凯私底下是不是也是这样，其实是很活泼的人，你自己觉得呢？

王凯：一模一样。

选手：就是笑到见到 8 颗大牙。

王凯：我这人笑点也比较低，大家都觉得很无聊的事儿，就会觉得他为什么笑啊（大笑），其实我是一个很爱玩的人。

选手：你很喜欢玩，比如说平常玩的项目有很多啊。

王凯：没有，我所说的玩是我很喜欢热闹，我很喜欢跟朋友们聚在一起。

选手：明白，那你平时跟朋友一起一般会干些什么？

王凯：那就，怎么开心怎么来嘛！

选手：好，非常谢谢王凯老师，非常谢谢。

王凯：谢谢。

在选手完成了对演员王凯的采访后，评委刘建宏评价说："真心说，重点不突出，没有任何一个话题被你深入挖下去。"杨澜补充道："我喜欢的是8颗牙的事情，但是这个点又被你轻易地放过了。因为如果是我，我会想，我的编导要把这个采访做成什么，就是王凯原来是个爱笑的人，那我就一直要在采访中多给他一点素材。我们在头脑中一定要有整个节目最后呈现形式的那样一个终极目标。"

案例 10-5：

《主播有新人》第九期，选手采访片段，2021年4月23日

案例实录：

选手：老师您好，首先《山海情》获得了高评分、高质量、高点赞，拍摄中比较有趣的事儿可以跟我们分享一下。

黄轩：一是在我的老家——西北，这一片土地上，然后再加上都是西北籍的演员，大部分，每天在现场说着方言，你时常恍惚你不是在拍摄，就很奇妙很奇妙的一次拍摄经历。

选手：您是西北人，我一直特别想去西北玩一玩，您有什么推荐的三个美食吗？

黄轩：如果我老家的话，就是兰州的牛肉面是特别好的。一种叫甜胚子，夏天喝非常解渴，是我们小时候都喜欢喝的。

选手：我在吞口水。

黄轩：我也吞了一下。然后还有就是酿皮。

选手：好，也期待黄轩老师接下来能够为我们带来更多好的、经典的、有品质的剧作。

在选手完成了对演员黄轩的采访后，评委刘建宏评价道："我首先要恭喜你，你其实从第一个问题开始已经抓到了一条大鱼，但是你把它放走了。而且他都已经把话题给你摆在那儿了，我们都是一帮西北的演员，我们聚在一个西北的小镇上，我们每天说着方言，然后你跑了。本来这是应该问：你为什么作为一个西北的演员你一定要去塑造一个西北的角色呢？你达没达到你的目的？在和西北的演员合作的过程当中，你们的沟通、你们的交流又带来了一些什么样的东西？作

为一帮西北演员，你们有没有彼此能够激发一些在表演中更出彩的地方？我就坐在这，就已经准备了一堆问题想帮你去问，本来应该'一鱼三吃'，你这好，炖了一下，糊里糊涂吃完以后就去想别的事儿去了。"杨澜也补充道："如果围绕这个剧和这个人物再深挖一点的话，它是可以出来一个很有温度、很有深度的花絮片段。能够与大舞台上的表现形成非常好的反差和相互的补充，给观众带来这种满足感。"

从选手表现和评委的点评可以看出，作为一个全媒体主持，要做到心中有观众，通过不断深挖采访嘉宾或新闻事件中有意义、有趣味的话题，来提高所参与制作节目产品的质量。

二、信息内容组织力

与提前策划的节目不同，直播报道往往要求主持人在现场进行一切信息的把控，这一特点在突发事件的直播报道之中尤甚，因而全媒体主持必须拥有较强的信息内容组织力。

信息内容的组织力要求新闻工作者能够把握重点，精准概述和解释事件现场的基本情况。如在 2013 年 4 月 20 日四川雅安芦山县地震现场的报道。

案例 10－6：

《四川芦山：直击芦山县人民医院搭急救帐篷，伤员爆满》，《新闻直播间》，2013 年 4 月 20 日

案例实录：

演播室主持：蒋林，你好。听说你现在已经赶到了芦山县的人民医院，那么，给我们介绍一下，现场受伤人员的情况以及救援的情况。

蒋林：好的。您现在所看到的画面就是我们在这个地方发回的卫星直播的信号。和我们今天早上 11 点到达芦山县人民医院相比，我先来说一个变化。现在咱们站在这个位置上往后面看，在通道上整齐划一的有 1、2、3、4、5、6、7、8，有 8 排白色帐篷，都是当地的应急抢险部门调运的之前的应急储备，临时搭设起来的，在我们今天到这儿的时候，才搭了几顶帐篷。

为什么要搭这样的帐篷？大家应该能够通过我们的画面感觉到，现在的芦山县是大太阳，很多的受伤群众，特别是在早上，如果他有这种受伤，有这种虚脱的话，如果在这样的太阳下一直直晒，他的后续的抢救会更加的危险，所以，赶快搭帐篷给大家一个庇荫的地方，这是非常重要的。

那么，和今天早上我们两个小时之前，有一些好的变化，先跟大家说，咱们吃颗定心丸。我们看到这个帐篷与之前来了一辆车，大家冲上去先抢救伤员不太一样，现在已经有了基本

的分工。比如，我们旁边的这个帐篷是急诊一号棚，我这边的是急诊二号棚，已经开始有了这样的急诊，比如说一位医生或两位医生，带上几位护士，带上骨科和脑外伤科的工作人员组成了一个应急的抢险队，他们就是一个应急抢险的小分队。

在蒋林这段现场发回的报道之中，我们能感受到一名优秀的现场报道者对于现场信息的组织力与解释力。一方面，蒋林积极地报道了现场的变化，包括搭建的白色帐篷以及有序的救援分工。另一方面，蒋林还能对用户可能提出的问题进行充分解释，如在介绍完白色帐篷之后顺势解释“为什么要搭这一帐篷”，实现了直播信息的增量。

在移动直播时代，由于直播时间的延长与网络用户键入键出的随意性，信息内容的组织力还对新闻工作者提出了新的要求，即直播信息的重复。新闻现场的主持或记者应将新闻事件的关键信息在一定时间内反复重复，同时对已直播过的重要内容进行适时总结，保证网络用户无论在何时进入直播间，都不至于无法理解直播现场的最新信息。

三、突发情况应变力

直播报道最大的魅力是能够将新闻事件或信息第一时间传递给用户，但这一报道形式在带来时效性的同时也增加了播出事故出现的风险，这就要求全媒体主持拥有灵活的突发情况应变力。

2017年春节大年初六，蒋林在昆明机场进行了一场20多分钟的返程高峰直播。在登机口直播时，他看到一位从气质和穿着上看很像是知识分子的老人家，职业经验告诉他这是一位可以采访的对象。于是，蒋林上去搭话，果不其然对方是利用春节休假来云南旅行的一家，很自然地聊到在云南旅行的事。没想到的是一旁的女儿突然说道：“如果你问的是我，我肯定要说坏话。”在直播进行中对采访对象的话题“视而不见”是绝对不行的，于是，蒋林果断地追问下去。原来这一家在云南遭遇了导游恐吓，事后他们打了投诉电话，老人家对接待他们投诉的有关部门的工作人员的服务态度表示满意。蒋林听完，并没有试图掩饰，而是转过身来，直面直播镜头，呼吁相关部门进行关注。①

不仅是在新闻事件现场，在演播室内的直播活动也有出现事故的可能。在《主播有新人》的节目中，就模拟了在无信息的情况下撑满节目时长、主播现场飞来“横稿”、提词器故障主播现场编词、高难度“耳机”新闻跟播播报等现场事故。对于一名优秀的全媒体主持而言，遇到突发状况首

① 以上案例选自宋晓阳、刘威的《大小屏现场直播报道案例教程》，第205页。

先要保证沉着冷静，尽量保证现场直播的节奏不受影响。在此基础上，全媒体主持要开动脑筋，将突然发生的小插曲快速解决，甚至尝试将其转化为服务于所直播报道内容的画龙点睛之笔。

四、在线用户互动力

与传统媒体时代单一的信息接受角色不同，在全媒体环境中，用户不仅是新闻信息的接受者，更是新的信息生产者，专业媒体主持人在话语实践中原有的绝对统治地位开始动摇，与用户的互动成了主持人互联网生存的重要手段。移动端的直播活动时间较长、结构较为随意的特点天然地为网络用户赋权。且在低延时的实时传送中，主持人的信息传播行为与用户的信息反馈行为几乎是同步发生。作为直播主持或记者口中"广大网友朋友们"的在线用户，成为一场直播活动的重要参与者。不论是对直播中某一现象的追问，还是对直播画面、直播解说的意见性评价，都对直播节目的发展至关重要。

基于此，全媒体主持和记者要主动培养与在线用户的互动能力，包括在直播话语选择上不断使用"你""我"等平等的对话式语言，在直播过程中主动观看网友评论并对网友提出的要求与问题进行在线回应，在直播结束后根据网友的赞赏与批评进一步调整完善自身的报道行为等。

中央广播电视总台央视记者齐莉莉在央视新闻的《记者 Vlog》中手持自拍杆转场于各个会议室，带领观众探访"两会"现场，在每期 Vlog 开头，经常给观众抛出问题设置悬念，如"你们知道两会代表开会都讨论啥吗?"，展示出与观众间的友好互动关系。2017 年 8 月 6 日，央视记者张晟在《和林格尔剪纸——庆祝内蒙古自治区成立 70 周年》小屏直播报道中，被在线网友要求也参与到剪纸中去。虽然是大姑娘上轿头一回，但鉴于网友刷屏的强烈呼声，张晟只得拿起剪子学习了一次剪"回头虎"，虽说剪纸的过程手忙脚乱，剪出的作品也并非精品，但这样一来一回的互动，也获得了网友的"点赞"。

需要注意的是，全媒体主持与记者在直播活动中最重要的任务是传递新闻信息，并不能时时刻刻关注到广大网友的实时留言，因而对于网友评论的截取只能是部分的、片面的，或者是借助直播助理汇总提取后的滞后性反馈，这也使得用户在一场直播中的功能性价值有所减弱。此外，在大部分新闻事件现场的直播中，网友的评论是带有情绪性的，这也要求正在直播中的主持或记者有选择地进行与网友的留言互动，切勿矫枉过正。如何平衡信息报道与用户互动的关系，也成为全媒体工作者需要持续深耕的话题。

综合思考题

1. 演播室直播是什么？有哪些特点？

2. 按照报道内容分类，直播报道分为哪几种？

3. 请阐述全媒体主持在直播报道中的思维逻辑。

4. 全媒体主持在直播报道中的内容逻辑顺畅有何表现？

5. 全媒体主持应从哪些方面提升自己的直播报道能力？

6. 全媒体主持的信息内容组织力培养包括哪些方面？

延伸阅读

1. 宋晓阳、刘威：《大小屏现场直播报道案例教程》，中国广播影视出版社，2021年。

2. 陈永庆主编：《现场报道：电视新闻的重器》，人民出版社，2019年。

3. 张龙、崔林、张树华：《电视直播与现场报道》，中国传媒大学出版社，2017年。

4. 韩彪：《现场直播：新闻改革的标尺》，当代中国出版社，2007年。

艺海拾贝

传奇人生：安德森·库珀

安德森·库珀(Anderson Cooper)的一生是传奇的一生。他的生活品位和人生态度受母亲的影响很深。库珀的母亲是美国一代传奇名媛，活跃于20世纪60年代的社交界，正因为如此，库珀的影视经历很早便开始了。库珀婴儿时期的照片曾登上美国时尚杂志《时尚芭莎》。1970年9月17日，3岁的库柏同他母亲作为特别嘉宾出席节目《今夜秀》。10岁到13岁期间库珀便为拉夫劳伦、卡尔文·克莱恩、梅西百货等进行模特走秀，从小便生活在闪光灯下的他仿佛注定与他人不同。

而11岁时，父亲因病去世，21岁时，唯一的哥哥去世，这样特殊的经历，也给库珀的生活造成了重大的影响。库珀在哥哥去世后，萌生了做记者的想法，他便从此开始了新闻事业。他曾说：“关于失去，我想了很多，这也是我在工作中一直思考的。我想，如果你经历过和我一样的失去，你也会对活着有一样的问题：为什么有些人能在各种环境下生存下去，而有些人却不可以？我是否能独自一人在这个世界活着并有所成就？”从一家不起眼的新闻机构的事实核查员，到ABC的通讯记者、主持人，最终，库珀在2001年进入CNN，成为CNN周末黄金时段的一名主持人。

加入CNN之后，他参加了几乎所有重大事件的报道，从“9·11”到伊拉克战争，他所经历的似乎还是死亡，但在2005年，斯里兰卡的海啸、尼日尔的饥荒和新奥尔良的飓风，他面对的不再是炮火，而是无情的自然。在斯里兰卡，他和他的团队在人道主义医院的太平间里找寻两具孩童的尸体。他记录下了两只来自荷兰的搜救犬困惑的神情。在尼日尔，又是在一个简易的救治所，他和他的团队拍下了那些因饥饿过度严重营养不良的孩童。库珀的报道镜头下，母亲们是没有哭号的，似乎她们知道自己孩子面对的是多么不仁慈、无法抵抗的命运。

2005 年夏天，卡特里娜飓风横扫美国南方之后，库珀采访了受灾地路易斯安那州的参议员玛丽·兰德鲁(Mary Landrieu)。采访中，这位议员对他打起了官腔，顾左右而言他，开始褒扬政客，一味赞扬布什总统领导有方，对灾区人民关怀备至。库珀不禁怒从心头起，毫不客气地打断她的话，说："有个死人昨天就真真切切地躺在这城中的街上，被耗子啃咬，因为这女人已经在街上躺了 48 个小时，没有足够的工具给她收尸。还有孕妇在路旁生产，对此你不生气吗?"女议员愕然，仿佛被人一巴掌打在脸上。有人质疑他是否违反了记者客观报道的戒律，将自己的情绪带入了工作。是的。但是他的鲁莽，恰恰道出了所有人的心声，不仅观众叫好，连同行也对他心生敬意。

《安德森·库珀 360 度》是库珀非常重要的节目，这档占据 CNN 频道黄金时段的新闻节目，突破传统，超越新闻标题本身，就发生在世界各个角落的新闻故事向电视观众进行深层次、多角度、全方位的报道，并与观众进行即时互动。《安德森·库珀 360 度》开播以后，CNN 新闻节目的收视人群由 25 岁至 54 岁变成了 18 岁至 54 岁，冲着库珀去的有 10%是 18 岁至 34 岁的年轻观众，观看同时段节目的人比之前多了 51%。因此，《安德森·库珀 360 度》有一句非常霸气的标语：库珀让他们保持诚实(Anderson Cooper is keeping them honest)。2006 年，该节目因对尼日尔饥荒、新奥尔良慈善医院及卵子出售黑市的报道获 3 项艾美奖。这样骄人的成绩与库珀的个人魅力与惊人付出是不可分开的。

第十一章

全媒体主持的
多场景表达能力

知识点框架图

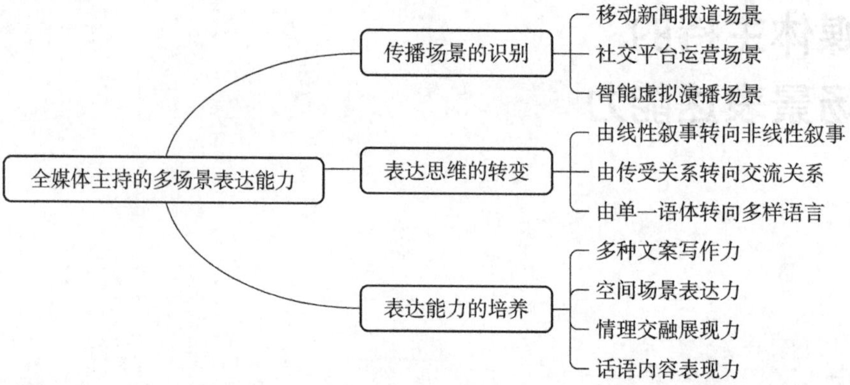

关键术语

非线性叙事　多种文案写作力　空间场景表达力　情理交融展现力　话语内容表现力

作为将寻找新近发生事实并进行报道作为主要任务的媒体工作者，在进行内容的生产活动时，难免会遇到不同的传播场景。本书的第三章已经梳理了当前全媒体时代传播场景出现的移动化、社交化与智能化转向。本章将在此基础之上，探讨全媒体主持应如何在多样化的传播场景中转变表达思维，对自身的信息表达能力进行有效训练。

第一节　传播场景的识别

作为全媒体时代传播场景的新转向，移动化、社交化与智能化催生了更为丰富的传播场景，这主要包括移动端的新闻报道场景、社交端的平台运营场景与智能端的虚拟演播场景。

一、移动新闻报道场景

传统新闻媒体向移动端的改造升级，主要有两条路径：一是传统媒体选择入驻第三方新闻客户端平台；二是建设自己的新闻客户端产品。2009 年，“南方周末”客户端上线，成为国内最早的传统媒体客户端。2010 年，传统报业进入新闻客户端“1.0 时代”，2014 年，传统媒体新闻客户端进入“2.0 时代”的蓝海时代，更是出现了“东澎湃，西上游，南并读，北无界，中九派”的说法。①

而图文时代的热度过后，短视频的出现再次让传统新闻客户端陷入困境。随后，各大传统媒体客户端纷纷开始了短视频转向，新闻的视频化趋势为全媒体主持的发展提供了更为广阔的发展空间。当前，不论是提前策划的重大主题、大型活动以及周期性报道，还是自然灾害、事故灾难、公共卫生事件和社会安全等突发事件的报道，都从线下向线上转移。

移动端的新闻报道最大的特点是灵活性，它对新闻硬件设备的质量要求降低，但对新闻工作者的能力要求不断上升。在此类传播场景中，主持人以或出镜或旁白的形式充当新闻信息的引导者。如何快速抓住在移动场景中的用户的注意力，在纷繁的互联网信息中脱颖而出，成为摆在全媒体主持面前的一个挑战。

二、社交平台运营场景

社交媒体的遍在化为生存于其中的每个普通个体赋权，用户在新闻生产各个环节的话语权也越来越大，这一变化使得专业媒体不得不在这一社交化场景下重新思考运营方式。社交化运营的目标是，发掘对媒体具有长远价值的用户及其资源并进行持续的维护，以此来拓展媒体的内容品牌影响力，开发可能的盈利模式。

当前，主流媒体新闻工作者已有许多向社交媒体转型的实践。从 Web 2.0 以来的很长一段时间里，新浪微博一直是传统媒体主持人展示自身形象的重要窗口。在短视频社交媒体普及之后，新闻工作者又纷纷转入其中。央视主持人尼格买提、朱迅、月亮姐姐、杨帆，前主持张宏民、徐俐、金龟子、李小萌等都在抖音平台开设了自己的短视频账号。这类主持人在短视频平台所分享的内容，既有与节目相关的幕后花絮，也包括自身生活经历，为用户带来了不一样的观看体验。在省市级地方台，主持人的社交平台实践走得更远。李响、李好、马可等人更是利用自身的流量优势开设了淘宝直播账号，展开了商业化的变现行为。

社交端运营场景的底层逻辑和新闻生产的底层逻辑不同。专业性高质量内容由最重要的决定性因素变为要素之一，在此基础上，新鲜性、独特性、趣味性、可分享性等都成了所发布内容能否“出圈”的关键因素。如何在保证高质量内容的基础上，掌握更多的互联网运营技巧，吸引更多的网络用户关注，并保证用户目光的持续留存，都值得专业媒体进一步探索。

① 智研咨询. 2019 年中国移动新闻资讯收入增速将降至 34.9%，市场规模达到 450.7 亿[EB/OL]. (2019-03-26)[2023-04-20]. https://www.chyxx.com/industry/201903/724726.html.

三、智能虚拟演播场景

全媒体环境的传播生态正不断从现实表达向虚拟世界延伸，在当前传播实践中已进入应用领域的包括虚拟主播、虚拟演播室与VR、AR技术等。

虚拟主播是利用高科技仿真合成技术呈现出的一种主持样态。我国最早的虚拟主播实践要追溯到21世纪初期吉林电视台的“TV NO. 1”、江苏电视台的“QQ”与天津电视台的“言东方”。随后，中央电视台也相继推出了“伊妹儿”与“小龙”两个虚拟主播。2018年11月7日第五届世界互联网大会上，新华社联合搜狗推出了分别以新华社中文主播邱浩和英文主播张朝为原型的全球首例AI合成主播，随后，新华社又与搜狗合作推出了“新小萌”“新小微”等多个AI合成主播，在新华社的网端播发新闻。以此为起点，各大主流媒体纷纷开始了虚拟主播的实践尝试。此时的虚拟主播，无论是在语音合成还是在成像方式上都有了很大的进步。

虚拟演播室是将计算机制作的虚拟三维场景与电视摄像机现场拍摄的人物活动图像进行数字化的实时合成，使人物与虚拟背景能够同步变化，从而实现两者融合的合成画面。主持人会将演播室搭在一块巨大的蓝色或绿色的背景幕布之前，完成模拟场景的主持，这也是当前利用率比较高的一种演播室形态。

VR、AR技术同样是智能时代新闻呈现的重要方式。VR是利用并综合三维图形技术、多媒体技术、仿真技术、显示技术、伺服技术等多种高科技而生成的逼真的三维视觉、触觉、嗅觉等多种感官体验的虚拟世界。AR则是利用多媒体、三维建模、实时跟踪及注册、智能交互、传感等多种技术手段，将虚拟信息与真实世界巧妙融合，从而实现对真实世界“增强”的技术。央视网的“VR浸新闻”频道是这一实践的代表之作。

2014年“两会”期间，《新闻联播》推出了“两会大数据”板块，就引入了虚拟演播室，主持人对大数据深入浅出的生动解读为观众所乐道。尤其在3月3日《亚洲国家更关注中国“两会”》的报道中，当主持人提到秘鲁关注中国“两会”的原因时，一个向中国销售牛油果的秘鲁网友的故事成了有力的例证，主持人将手伸向屏幕的牛油果图片中，“取”出了一颗真正的牛油果，并说道：“每一次我们从超市里买回来这样一个来自秘鲁的牛油果时，也就意味着秘鲁的老百姓对中国的关注又多了一分。”虚拟演播室与AR的呈现方式使报道变得生动有趣。

智能化带给新闻生产的影响远不止于此。对于全媒体主持来说，智能化演播场景能够增强主持内容的生动性、趣味性，吸引更多用户关注。但与此同时，技术运作的逻辑与传统新闻生产的逻辑也完全不同。如何在遵循技术逻辑的基础上完成专业的内容生产，实现人机协同的信息增量，也值得全媒体主持深入思考。

第二节　表达思维的转变

移动端的新闻报道场景、社交端的平台运营场景与智能端的虚拟演播场景为全媒体主持带来了更多直面用户的机会，但网络逻辑、运营逻辑与技术逻辑的培养对全媒体主持而言并非易事。为适应多重场景的变化，全媒体主持应从表达的思维层面进行转变。

一、由线性叙事转向非线性叙事

在传统的广播电视媒介所建立起的传播场景之中，新闻内容的叙事严格遵循时间向度的线性叙事，新闻事件往往顺着因果逻辑，连贯性地铺开。此类叙事方法结构严谨、条理清晰，能够使信息接收者快速了解事实信息，将关注点落在新闻内容与新闻人物本身，适用于宏大且复杂的新闻事件。

伴随着受众意识的崛起，网络用户不再满足于仅仅知晓新闻事实本身，而转向追随更多的事件细节内幕与相关话题，程式化的线性叙事显然不能满足用户的这一需求，因而一种解构传统时间向度的非线性叙事开始被逐渐应用。

在 2021 年 3 月 15 日北京遭遇近 10 年来我国强度最大、范围最广的一次沙尘天气之时，央视网在“VR 浸新闻”频道发布了《直击沙尘暴侵袭北京》的 VR 全景新闻，记录了国贸商圈、北京西站、玉渊潭公园、中央电视塔、阜成路等受到沙尘侵袭的北京地标性场所。在新闻作品的观看过程中，用户可以根据自己的兴趣点调试观看顺序与观看场所，从微小切口展现了最真实的新闻现场。

这一非线性的叙述方式在主持人在场的传播实践当中同样适用。在央视新闻客户端发布的中央广播电视总台记者蒋林采访藏族小伙丁真的《美丽理塘　丁真珍珠带你游》直播报道中，蒋林选择了以丁真学习理塘旅游知识为脉络，散点记录了康巴人博物馆、仓央嘉措书房、仓央嘉措博物馆、那木萨民俗等理塘县的地标式旅游景点，独特的叙述方式也获得了网友的高度评价。

二、由传受关系转向交流关系

从我国第一个设有主持人的广播电台节目《空中之友》算起，一直到 4G 网络出现之前的 30

多年时间里，播音主持人可谓是独享媒体节目的话语权。即使传统节目中不乏广播听众连线、现场观众提问等让受众发声的机会，但彼时的受众仍是所参与节目的绝对崇拜者，主持人与受众的关系并不平等。

进入网络时代，被动接收信息的受众转变为主动发布信息的用户，4G 传输速率的提升更使视频逐渐取代文字与图片成了用户接收最频繁的媒介形式。专业媒体机构与广大网络用户同时入驻短视频平台，并拥有近乎无差别的信息获取与信息发布权，主持人与用户间的信息沟通方式也从原有的“你说我听”模式转变为现在的“大家一起说”模式。在此背景下，节目主持人要将自己置于“用户的朋友”这一身份之中，将内容传递的方式从宏大的播报新闻口吻转入娓娓道来的故事讲述，唯有如此，用户才能听得进去。中央广播电视总台央视的主持人白岩松就在其主持的《新闻周刊》节目中多次展示了自己与用户的交流能力。

案例 11－1：

《新闻周刊》，2023 年 7 月 8 日

案例实录：

白岩松：本周，论天气，估计相当多的人感受是一样的，太热了，真的是太热了。周三，京津冀一带都过了 40 度，周四依然如此，在外头走了半个小时，真的找到了烤串儿当中串儿的感觉。

在北京，连续两天超过 40 度，这在北京 7 月的历史上还是首次出现，而别忘了在 6 月份的时候还有连续超过 3 天都达到了 40 度的经历，那更是有记载的气象历史中所没有过的。本周四，北京市发布的是高温红色预警信号，而这，还毕竟只是 7 月刚刚开始。今年的夏季会不会因为这热而显得格外漫长？我们该怎么面对？尤其是很多暴露在户外的劳动者健康该如何防护？

上一个周日 7 月 2 日，北京就有一名导游因为热射病抢救无效而死亡，如何避免类似的悲剧再次发生？《新闻周刊》本周视点关注高温下的保护。

上述报道中，无论是在话语的选择，还是语调的把握上，白岩松都不像是一位主持人，更像是一位有兴致聊天的朋友，他的每一句话都在尝试与观众聊天，与观众共情，这样一种新闻的表达方式，十分易于获得观众的共鸣。

三、由单一语体转向多样语言

在传统媒体时期，广播电视是人们获取信息最直接、最有效的大众传播媒介，人们在重视信

息内容的同时对信息如何表达的关注度相对较低。在这一时期，主持人的信息分享多以事实性描述为主，基本语体是单一的播报形式。

进入全媒体时代，每个互联网使用者都成为媒介之中独立生存的节点，对网络信息进行自我把关与选择性理解。个性化的用户开始接受多元化的表达方式，这一信息接收方式的转变倒逼转型后的全媒体主持由单一的播报式语体转向播报、叙述、评说甚至展演等多种语体复合的语体形态。东方卫视节目主持人雷小雪就通过自己的主持实践对全媒体主持的多样语体进行了生动阐释。在时政新闻节目《东方新闻》中，主持人要严肃正式，体现国家和所在媒体的态度，在时评节目《今晚》中，主持人则需要呈现一种与观众交流与对话的态度。而在"今日头条"推出的时评专栏《一针见雪》中，雷小雪又频繁地使用"请各位老铁点个赞""请大家给个红心"等网络用语。

事实上，客观理性、情感丰富、庄重严肃、诙谐幽默、生动形象等都可以成为全媒体时代的主持语言风格。

案例 11－2：

《可爱的国　美丽的家|央视频主持人吕小品为你推荐家乡江苏省盐城》，2022 年 10 月 6 日

案例实录：

吕小品："可爱的国，美丽的家"，大家好，我是央视频主持人吕小品，大家都叫我"五小口"。我的家乡是江苏盐城，大家一听我们这个城市的名字，就知道我们那一定不缺盐。

盐城地处黄海之滨，古时的盐民煮海为盐，"环城皆盐场"，因此得名。那么当然这个海风每天地吹，海水又特别的咸，所以我们那就会在菜系里面、饮食方面加入一些糖。因此我们那儿的人都跟我一样——"可盐可甜"。

《可爱的国　美丽的家》是央视频于 2022 年国庆推出的带领网友"云游"祖国大好河山的特别节目。在节目中，来自全国各地的央视频主持纷纷向广大网友介绍自己家乡的历史文化与人文风貌。正是这样一个看似"命题作文"的选题，吕小品仍能通过趣味性话语展现自己的语言特色，让读者听后会心一笑。

事实上这已经不是吕小品第一次展示自己的风趣幽默语言风格了。在国庆 70 周年系列报道这样严肃性的报道中，吕小品依旧能展示出自己的活泼的话语风格。例如他在观礼台西侧有一段这样的描述：

这有一些方阵是有枪的，（走到这儿）直接就开始端枪，"咔"端枪，然后，"啪啪啪"往前走，那种感觉真的是我从电视上看，都能感觉到我自己的热血在沸腾，然后，整个身上都是起了鸡皮

疙瘩。

吕小品这种看似不太严肃的拟声词口语化表达，恰恰迎合了网络用户的信息接收需求，正是全媒体主持应该掌握的多样化语言风格之一。

第三节　表达能力的培养

无论是多元的传播场景，还是传播环节中的思维转变，落入全媒体主持实践端都成了表达能力的培养。具体而言，全媒体主持的表达能力应包含多种文案写作力、空间场景表达力、情理交融展现力与话语内容表现力。

一、多种文案写作力

主持人被公认为话语艺术的实践者，应该拥有良好的口语表达能力。正是在这种观念影响之下，相当一部分的镜头前主持工作者形成了重口语、轻写作，重表达、轻思维的思维定式，呈现出“只会说，不会写”的实践短板。如果说这类“只说不写”的主持人在相对程式化、技巧性强的传统媒体节目播报中尚且适应，那么来到众声喧哗的网络时代，主持人拥有了更多“单打独斗”的场景，这类“只说不写”的主持人必然会出现明显的“水土不服”。事实上，不论主持人是否真正参与到新闻写作的环节中去，一个好的主持人绝不能仅仅会说漂亮话，更需要通过多种文案的写作能力的培养，提高自身的新闻感知力，以此提高主持实践中的话语表达逻辑力与价值力。文案写作包括自我全流程把关的独立创作、大型节目中的参与创作以及对他人文本进行修订补充的二次创作，无论是哪一种方式的文案写作，都对全媒体主持的表达能力培养有重要价值。

文案写作能力的培养，首先要求全媒体主持进行日常的思维训练，将已发生的新闻事件作为逻辑思考的蓝本，从事件的概述、关键信息的提炼、深度信息的挖掘等方面进行自我练习，并主动与从事专职文字写作工作的同事进行交流，不断修炼自己的“笔上功夫”。

其次，全媒体主持应对不同媒介平台相关主题的优秀主持文案进行深度学习，包括总结文案的话语观点、话语逻辑与话语修辞等，把握不同媒介平台的话语风格。例如，微信公众平台适合篇幅中等、逻辑层层推进的文案，而短视频平台适合关键信息突出、重点反复强调的文案。在了解多种媒介平台的语言风格后，全媒体主持应根据自身的语言习惯选择更适宜自我观点和话语输出的平台，并在此基础上形成自身独特的语言风格。上海广播电视台融媒体中心的主持人雷小雪就曾表示，在尝试了多个视频平台的运营之后，最终选择在关心政治性话题用户更为广泛的“今日头条”开设了个人国际时评的短视频专栏《一针见雪》。

最后，全媒体主持的文案写作能力培养不应局限于播音主持的行当之内，还应主动汲取其他领域的文案创作经验。脱口秀演员、编剧李诞在其作品《李诞脱口秀工作手册》中着重强调了逐字稿写作的重要性，认为脱口秀文案创作的主要方法包括通过写逐字稿预演表演，不要写谐音梗、网络用语，把逐字稿删到不能再删，去找比你厉害的人帮你改稿，最重要的提升写稿能力的办法是天天写。① 这对全媒体来说同样具备启发意义，频繁进行文案写作训练，用删除的方式精简文案，去找更有经验的主持人协助改稿，都是全媒体主持文案写作能力提升的好方法。著名商业咨询顾问刘润在分享年度演讲的逐字稿形成过程时，分享了自己根据关键词“看到 what，知道 why，归纳出 how”的逐字稿写作逻辑，富有幽默感地讲述自我故事、温暖而有力量地讲述他人故事的具体化故事表达方法。此外，刘润还介绍了同理心、对象感等能够运用在演讲、新媒体文案等写作中的基本功。② 这些在逐字稿写作中环环相扣的逻辑方法以及各类叙述方式同样值得全媒体主持借鉴。

二、空间场景表达力

在全媒体传播环境中，由于虚拟主播的不断出现、更新迭代，原本静态坐播模式的主持人会逐渐减少，取而代之的是走出演播室的动态主持。这一动态的主持方式既包括实体空间的场景表达力，也包括虚拟空间技术的互动力。

在实体空间里，全媒体主持积极与实体空间的人物和环境进行互动，这一空间中表达力的培养主要有两个方面。一方面是空间场景下的环境感知力。一般情况下，演播室之外的实体空间的场景往往是变动不定的。能否快速识别环境中的存在信息与变动信息，甚至在此基础上寻找后续新闻深挖的线索点，是全媒体主持应具备的首要能力。另一方面，在对所处环境精准感知的基础上，全媒体主持还应具备准确的话语还原能力。对于环境混乱与空间结构复杂的场景而言，这种快速感知与精准描述的能力尤为重要。

例如在 2019 年《四川观察》的主持人杨东昊在四川省成都市大邑县洪水泥石流现场进行报道时，为了清晰地向观众展示灾害的受损情况与抢修现状，杨东昊手绘了现场示意图，并做出了如下解说。

---

① 李诞. 李诞脱口秀工作手册[M]. 南京：江苏凤凰文艺出版社，2021.

② 刘润. 刘润年度演讲的逐字稿是怎么写成的？[EB/OL]. (2022-10-30)[2023-06-10]. https://mp.weixin.qq.com/s/Q5s9TtBl_6U_PC05gLeqmA.

案例 11 - 3：

《四川省成都市大邑县洪水泥石流现场进行报道》,《四川观察》,2019 年 8 月 21 日

案例实录：

杨东昊：在这儿,我给大家准备了一个由于条件限制,我刚刚用手画出来的线路图,请摄像师把这个镜头推到我手上的这个图上来。现在我来说一下这个五角星,这个五角星就是我们现在所处的位置,是其中的一处垮塌点,就是我身后正在抢通的这个点位。从我这个位置到山上的景区滑雪场的位置,这中间大概能有 3 公里的距离。从我们这个位置到滑雪场中间这 3 公里距离之间,还有两处垮塌的地方。刚据现场抢修的应急抢险人员跟我们说,从我们现在这个点位,画五角星的位置,到山上中间这 3 个点处,第五处五角星的位置正在抢通,现在还没有抢通。

在虚拟空间中,人工智能技术强大的信息搜集与云储存功能增加了信息池中原始信息的体量。作为复合型新闻工作者的全媒体主持,一方面要具备在信息池中选择高质量信息,并将其以价值性逻辑话语输出的能力,另一方面,在 VR、AR 等虚拟影像技术已经从事实层面改写了新闻产品的分发格局的前提之下,全媒体主持要尽快调试自身行为能力,掌握在虚拟空间中的方向识别与信息描述的能力,实现虚拟场景中的高质量表达。

三、情理交融展现力

为了适应移动化、社交化、智能化的传播环境,全媒体主持应具备情感性的内容表达能力。而为了保证作为主流媒体的价值属性,全媒体主持还需学会述说事件背后的道理。所谓情,即在新闻信息的报道中摒弃程式化的播报口吻,而选择娓娓道来的对话式表达。所谓理,即在事件的内容表象中挖掘深刻内涵,或将个案上升至价值层面,提出有建设性的发展方向。

全媒体主持在传播实践中要平衡好情与理的关系,既要以情入心,让用户能够听得进去所传递的信息内容,又要以理服人,培养用户的公民意识,使其提升作为社会一分子的思维力与判断力。这对一个年轻的全媒体主持而言并非容易之事。王宁在《新闻 1+1》中的主持实践是一个不错的参照。

案例 11 - 4：

《卖菜的“公交车”,将驶往何方?》,《新闻 1+1》,2023 年 4 月 7 日

案例实录：

王宁：观众朋友们晚上好，欢迎走进正在直播的《新闻 1+1》。当我们想到公共交通的摆渡人，可能很多人第一个反应都会想到公交车司机，每一天他忙碌地把我们送往生活当中和人生里的各个目的地。但如果有一天，一辆公交车向您驶来，停在公交场站。它搭载的不是人，也不是目的地，而是蔬菜、水果，这样一个小型的菜场，你会有多惊喜呢！

这一幕就发生在北京的街头，我们来看一下这张图片。北京市朝阳区柳芳公交场站的东北角。这儿是在朝阳区的和平里北街，一辆经过改造的公交车变成了一个小型的菜场，很多居民都驻足观看，当然也买了不少。琳琅满目的蔬菜和水果有四个窗口可以售卖，真的是非常的丰富。

所以这样一个便民服务的措施一出现，就引起了很多人的关注。天呐我们这个一刻钟的生活圈子里可以闯进来公交车了，那得多方便啊，这样的公交车什么时候才能开到我们家的门口呢？今天网民的《新闻 1+1》就来关注这个话题。

……

（王宁视频采访中国人民大学公共管理学院教授马亮）

王宁：在“点赞”的同时其实还有一些疑问想请教您，就是比如说邮政的咖啡，到公共的菜场啊，可能大家对于这种跨界的经营已经有所认识了。但是会不会引发一些不正当的竞争，抑或是引发公众对于原本行业不务正业的想法？

马亮：实际上公交集团来参与这样一个工作，我觉得不能说是不务正业，它其实是在交通主业的基础上去拓展各种副业，去实现“1+N”的这种混合业态的发展，这个其实也是当前城市治理和公共服务的发展趋势。也就是说在发展本身主业的同时，可以加载它很多的功能，这个公交车就像是变形金刚一样，它是一个载体，但是这个载体之上可以实现很多的功能，而这些功能的话很多都是当前老百姓特别需要的。当然它在经营的过程中，我觉得也需要守住合法经营的底线。也就是说，我们这样一些国有企业或公共服务单位参与到这些业态的时候，它也是一个市场主体，也要遵循一定的市场秩序和市场规则。同时的话也要对这样一些经营行为加强监管，避免在这一过程中出现一些违法违规的问题。

在关于公交车菜场的话题中，主持人王宁不光为观众讲述了菜场给百姓带来的实实在在便利，更通过和节目嘉宾的对话，对国有企业或公共服务单位参与新业态可能出现的隐患、未来的发展走向以及政府的应对态度进行了分析，使节目在带来温度的同时具备了价值深度。

四、话语内容表现力

全媒体传播环境为主持人提供了丰富的行动空间，而不同行动空间之中的话语方式不尽相同。根据中国互联网络信息中心发布的第 51 次《中国互联网络发展状况统计报告》，截至 2022 年 12 月，我国网民年龄结构如图 11－1 所示。尽管 50 岁及以上的网民数量持续增多，但 20—49 岁青壮年仍是用网的主要人群。[①]

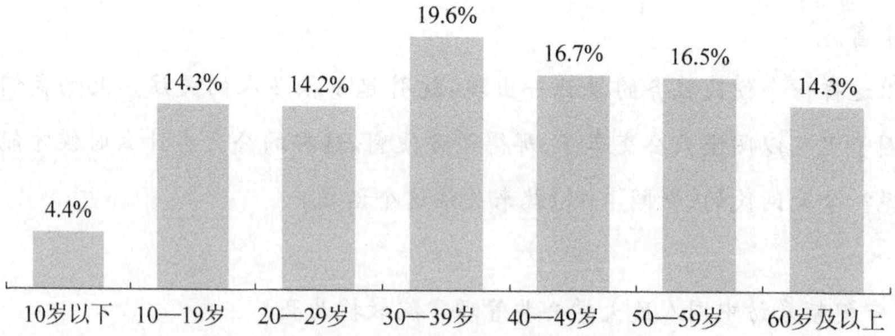

图 11－1　我国网民年龄结构图

这一网络用户的年龄结构决定了全媒体主持无论在何种场景进行传播行为，都应主动向这类人群倾斜，从流行性与独特性两方面提升自身的话语内容表现力。

在流行性方面，全媒体主持要了解并掌握最新的网络流行趋势，积极使用上升到社会层面并具有广泛讨论价值的流行话语。尤其是一定时期活跃在网络空间的“流行梗”“网络段子”，更能提升自身话语的用户接近性。在独特性方面，全媒体主持要将大小屏上的每一次发言、每一句话语作为自身媒介形象塑造的关键行动，不断通过个性化语言、共情性表达与独特性展演形成自身独特的竞争优势。

案例 11－5：

《中国空间站航天员返回》，CCTV 特别节目，2021 年 9 月 17 日

案例实录：

朱广权：制动开始。

视频画面音：发动机开机，返回制动开始。

---

① 中国互联网络信息中心. CNNIC 发布第 51 次《中国互联网络发展状况统计报告》[EB/OL].（2023－03－02）[2023－04－10]. https://www.cnnic.net.cn/n4/2023/0302/c199-10755.html.

朱广权：就是飞船返回制动发动机点火了。

嘉宾一：这个步骤很重要，它的姿态、方向、动力，都直接决定了它的落点。

朱广权：我们看到三维模拟动画也非常形象，后面是发动机点火，向各个方向，就是在调整它的姿态了，就等于我在回家的高速路上踩一脚，准备瞄准回家的路要前进了。但这个刹车是点刹，不是一脚踩死，慢慢地来调整。

嘉宾一：是个连续的过程。

嘉宾二：可以看到它中间的主发动机是自动点火的发动机，旁边还有一些姿控发动机是保证它制动时候姿态的稳定。

朱广权：看三名航天员的状态都非常的好。

嘉宾二：非常的好，都很轻松的。

朱广权：汤洪波的笔还是在面前飘着，再最后感受一下在太空当中的失重状态。

嘉宾二：对，可以再感受20多分钟。

在直播过程中，朱广权不仅运用了生动趣味的高速公路踩刹车来类比返回制动发动机的点火过程，同时抓住了航天员面前飘浮的笔等细节，充分展示了自身独特的话语表现力，为整场直播增添了许多趣味和生动的时刻。

流行性与独特性的话语表现力在全媒体衍生的小屏主持中的价值更为突出，如《中国日报》记者彭译萱所发布的“小彭 Vlog”系列作品就具备这一特点。在报道党的二十大这样宏观的选题时，彭译萱依旧能选择趣味性的切入口。

案例 11-6：

《小彭现场围观！马来西亚记者和泰国记者因为榴莲“吵起来”了……》，《小彭 Vlog》，2022年10月21日

案例实录（翻译后）：

泰国记者：我不喜欢他。

小彭：为什么？

泰国记者：很多年以前，只有泰国的榴莲可以卖到中国。现在马来西亚榴莲——猫山王，也在中国卖，他现在是我的竞争对手，我不喜欢他。

马来西亚记者：愿最强的国度赢得胜利。

小彭：哇，斯普猫山王是马来西亚的。

泰国记者：是的，是马来西亚的。但是不好吃，相信我。吃泰国榴莲。

在 Vlog 中，彭译萱不但记录了党的二十大新闻发布会的发言人发言、各国记者的关心议题及其对于中国发展的看法，还记录了在党的二十大会场内外与各国记者交流的趣事，包括与阿根廷记者的趣味交流，以及上述马来西亚记者和泰国记者的“拌嘴”，这都是“小彭 Vlog”能够获得诸多海内外网络用户喜爱的原因。

需要指出的是，全媒体主持在生动地输出话语之时绝不能为了哗众取宠而屈从于流行文化，而应在流行元素与专业内容的融合之中寻找出路。

综合思考题

1. 请举例说明当前我国新闻业已投入使用的智能虚拟演播场景技术。
2. 在多场景表达的背景之下，新闻节目的叙事方式有何变化？
3. 全媒体主持应培养多传播场景之中的哪些能力？
4. 如何培养全媒体主持的文案写作能力？
5. 在实体空间中，全媒体主持的空间表达力如何体现？
6. 全媒体主持应从哪些方面提升自身的话语内容表现力？

延伸阅读

1. 郑珊珊：《融媒体时代主持人的发展策略研究》，中国传媒大学出版社，2021 年。
2. 饶丹云编著：《新闻节目播音主持教程》，同济大学出版社，2020 年。
3. 苏凡博：《媒介融合背景下节目主持人传播力》，中国社会科学出版社，2020 年。
4. 刘秀梅：《多元媒介融合背景下电视节目主持传播的机遇与挑战》，浙江大学博士论文，2009 年。
5. 赵化勇主编：《与你同行——央视 50 位主持人献给建台 50 周年的心语》，中国广播电视出版社，2008 年。

艺海拾贝

二次元虚拟主播：“申苶雅”

在 2020 年 11 月的第三届中国国际进口博览会的直播报道中，上海广播电视台推出了国内主流媒体中第一个具有新闻属性的二次元偶像“申苶雅”。虚拟偶像拥有较好的信息处理能力，同时能够以完美偶像的身份独立地进行粉丝运营，吸引了一大批年轻用户的关注，是智能时代新闻主播的破圈尝试。

“申苶雅”一经推出就在上海广播电视台的多个节目中亮相，与印海蓉、雷小雪、臧熹等著名主持人合作进行节目报道。不仅如此，“申苶雅”还有丰富的棚外采访经验，在“苶雅探班”系列节目中，“申苶雅”深入了《追光吧哥哥》《今晚》《欢乐喜剧人》《新春潮乐会》《主播有新人》等多个上海广播电视台的经典节目，与其主创团队和节目嘉宾进行了多次对话。在探班的第九期——《一日之计在于晨，〈上海早晨〉唤醒活力清晨》的节目中，“申苶雅”坐上了《上海早晨》主持人邢航的汽车副驾驶位，并一路跟随邢航探班了《上海早晨》节目的录制现场与节目幕后。“申苶雅”的参与，让原本主持人主导的节目变得更加灵活生动。

为了建立个性化的主播符号，二次元虚拟主播“申苶雅”的足迹也涉及各类娱乐活动。例如在 2021 年 11 月 20 日哔哩哔哩举行的《创世之音》音乐会直播节目中，“申苶雅”就表演了《专属魔法师》的舞台节目，给新闻用户全新的接收体验。不仅如此，“申苶雅”还在其哔哩哔哩官方账号上发布过多次歌舞表演的视频作品，正是凭借着风趣幽默的主持风格，“申苶雅”吸引了大批“申煎包”（“申苶雅”的粉丝名）的围观，其发布仅一个半月，粉丝数就突破了 3 万，这也为主流媒体吸引用户打开了一条全新的路径。除此之外，湖南卫视、北京卫视等也都进行了一系列数字虚拟主播的实践尝试。

第十二章

全媒体主持的
跨文化沟通能力

知识点框架图

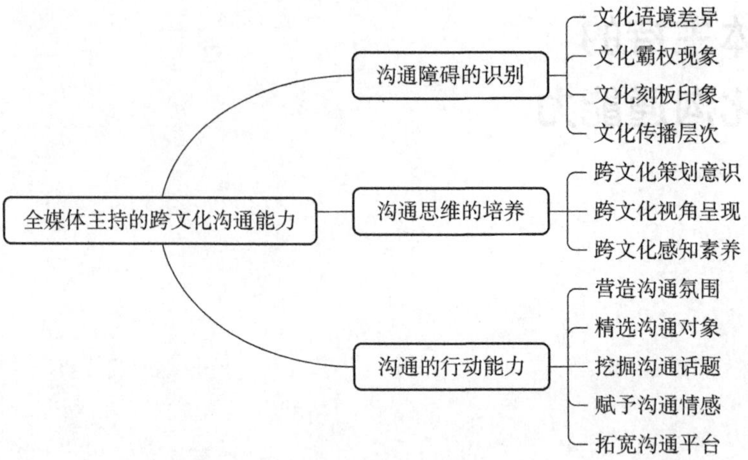

关键术语

高语境文化　低语境文化　文化刻板印象　共通的意义空间

传播环境与传播场景的革新使播音主持的功能与价值得以延伸至更为广阔的空间，也对全媒体主持的跨文化沟通能力提出了新的要求。这里的跨文化沟通，既是指全媒体主持在跨国境层面针对不同历史地域、政治经济制度与文化圈层用户的沟通行为，也指在国家与民族内部针对不同族群所进行的沟通行为，无论是何种文化的跨越，都对全媒体主持的实践提出了不小挑战。本章的阐述主要以前者即跨越国境的全媒体主持沟通行为展开。

第一节　沟通障碍的识别

国与国之间的传播行为自国家这一概念诞生起就一直存在，不论是中国春秋战国时期国与国使者往来，还是古希腊城邦间的信息交流，都展示出国际信息交流的重要价值。进入现代社会，随着经济全球化、通信技术与现代传媒业的发展，国家、社会集团与个人借助大众媒介进行的跨越国界的文化交流活动愈加频繁。作为话语发声者的专业媒体及其主持人，也承担起了更多跨文化传播的职责。而要开展有效的跨文化沟通行为，应首先对跨文化沟通中的障碍有清晰的认识。

一、文化语境差异

在历史发展的过程中，由于世界上各地区各民族文化发展的差异和特性，形成了不同的文化体系，最具典型意义、最富有影响力的是产生和存在于亚欧大陆东西两端的中国文化体系和西方文化体系。美国人类学家爱德华·霍尔提出了高语境文化与低语境文化的概念，指出在高语境文化中，人们在交际时有较多的信息量或者蕴含在社会文化环境和情境中，或者内化于交际者的心中。低语境文化中人们侧重用语言本身的理解来进行交际。东方文化属于集体主义文化、高语境文化，其交际风格委婉、追求和谐；西方文化属于个体主义文化、低语境文化，其交际风格直接又明确。在交流方式的选择上，东方人相信直觉思维，倾向于采用主观而非线性、模棱两可的仪式化通融方式进行交流，而西方人更相信逻辑推理，尽可能采取客观、线性、分析论证和操纵的方式进行交流。①

表 12-1　东方文化与西方文化的差异对比

对比要素	东方文化	西方文化
文化语境	高语境文化	低语境文化
交际风格	风格委婉、追求和谐	直接又明确
交流方式	直觉思维	逻辑推理

从文化语境的差异看，高语境文化进入西方世界时，势必会与低语境文化主导的西方文化体系相抵触。海外用户在接收中国信息时，会根据已形成的认知思维与解码规则进行信息的解读，这就难免出现文化隔阂与文化误读，影响全媒体主持的跨文化沟通行为。

二、文化霸权现象

长久以来，西方有意识建立的话语霸权以及中国经济社会发展过程中的重物质轻意识观念使得中国的文化传播呈被动状态。“冷战”结束后，美国成为唯一超级大国，美国文化产业借助其强大的经济实力、成熟的市场体系和高度现代化的传播手段拥有巨大的国际影响力。

① Dexin Tian. Construction of a water and game theory for intercultural communication [J]. International Communication Gazette. November 01, 2021.

以美国为首的西方资本主义国家将自身霸权思维包装成“普世价值”，并将任何对美国霸权主义有威胁的国家视为违背“普世价值”的“异端分子”，继而借助媒体进行全方位的舆论信息输出。当前，中国在政治、经济、文化等方面的全方位崛起使国际格局出现变化，这也引起了占据世界话语绝对领导权的美国的恐慌。在国际舆论信息不对等的前提下，中国在国际舆论场域他塑为主、自塑缺失的状况仍然存在，这也是全媒体主持跨文化沟通的障碍。

三、文化刻板印象

刻板印象是传播学者李普曼在其经典著作《舆论学》中提出的概念，具体是指人们对特定事物所持的固定化、简单化的观念和印象，它通常伴随着对事物的价值评价和好恶的感情。刻板印象一旦形成，就会对社会群体成员认识与接受新事物产生重要的影响。

纵观当前世界各国的文化符号“出海”状况，美国的好莱坞、迪士尼，日本的动漫产业，韩国以电影、电视剧、音乐等组成的“韩流”文化等都成功打造了响亮名片。在多国以文化符号的软着陆方式向世界传递其国家文化与国际形象之时，中国文化的符号大多仍是长城、功夫、瓷器、孔子、大熊猫等传统文化符号，拥有时代特色的当代中国文化符号并未被充分挖掘。而这些停留在海外用户心中的刻板文化符号同样不利于我国全媒体主持的跨文化沟通行为。

四、文化传播层次

跨文化传播行为可分为三个层次，第一层次是物质文化层面的传播，主要表现为人工制造物品的传播。第二层次是制度行为文化层面的传播，主要表现为各种制度规范、风俗习惯等的传播。第三层次也是最深层次的传播，表现在心理文化层面，主要包括价值观念、思维方式、审美情趣等的传播。当前我国的对外文化传播仅仅打通了物质文化层面的传播路径，尚未进入更深层次的传播层面，因而难以建立起有效的认同和共识。

而在具体的媒体实践中，我国媒体仍秉持谨慎的前行思路，以基本呈现出宣传本位下的同质化表达为主流。具体表现为传播主体将新闻信息统一放置于宏大的官方叙事框架之下，对其进行理性且无差别的报道，重视事实的客观描述而非故事化表达。此类较为严肃且缺乏与受众有效沟通的“传者本位”型话语在当前“受众本文”的传播环境中水土不服，这也对全媒体主持的跨文化沟通行为提出了挑战。

第二节　沟通思维的培养

在当前跨文化传播面临着诸多障碍的前提下，全媒体主持在跨文化沟通行为中的思维建设尤为重要，具体来看，主要表现为跨文化策划意识、跨文化视角呈现与跨文化感知素养的培养。

一、跨文化策划意识

策划作为开展传播活动的第一步，是一切传播行为的开端，好的策划是成功传播活动的必要条件。对于跨越文化圈层进行文化沟通的全媒体主持而言，更要培养跨文化的策划意识，做到在跨文化沟通行为开展之前充分了解谈话对象，确定沟通内容的大致方向，预设沟通行为对参与者与观看用户可能产生的影响。

例如在跨文化访谈节目中，应首先对整场谈话的沟通选题进行拟定，虽不必面面俱到，也应对具体的谈话方向做到心中有数。其次要清楚地了解访谈对象的文化特征与行为习惯，主动布置符合谈话对象接收习惯的沟通场景，并主动预设谈话过程中可能出现的各种状况，做到提前准备。最后，全媒体主持的跨文化沟通不只是与节目中传播对象的沟通，更是与千千万万大小屏用户的交流，因而在整个谈话过程开始之前，还应明确整个对话的主要目的与预期效果，真正做到眼前对话者与远方观看者的沟通双重触达。

二、跨文化视角呈现

一次成功的传播行为离不开一个好的视角选择，建立在跨文化沟通基础之上的节目呈现侧重点在于，让观看用户从一个异国异域文化持有者的角度去感受不同文化下的地域和人物。因此，无论是在新闻人物还是新闻事件类沟通行动中，都应选择一个易于海外用户接受的沟通视角与呈现方式。

事实上，与宏观视角的国家发展型话题相比，微观的话题更易引发海外观众的共鸣。2013年，央视网开辟了以大熊猫为主题，以多终端、多语种为媒介的国际化新媒体产品——“熊猫频道”，全方位展示了四川成都大熊猫繁育基地可爱软萌的大熊猫，获得了海外观众的广泛关注。CGTN关于中国航天员在遥远外太空的饮食起居、休闲娱乐故事的 Vlog “Spacelog”一经推出，也获得了诸多海外用户的关注，在寓教于乐的同时展示出我国强大的科技实力。

此外，活跃在 YouTube 平台上的外籍博主也为全媒体主持的跨文化沟通提供了很好的参照范本，其所发布的中国主题媒介产品往往选取微小却生动的话题。在 2023 年初淄博烧烤火爆全网之际，YouTube 博主英国 OMG、The China Traveller 纷纷追随热度亲身试吃淄博烧烤，创作的短视频作品一经发布便引起了海外网友的热议，也增加了其对中国文化的趣味性认知。因此，全媒体主持要主动挖掘中国的多元文化素材，从细微之处寻求中国特色与海外观众兴趣之间的平衡。

三、跨文化感知素养

跨文化沟通行为属于最基本的人际交往范畴，而跨文化感知素养的培养就是这一交往行为的起点。所谓跨文化感知素养，是指全媒体主持在跨文化交际语境中对外部文化环境与自我的感受力与认知力，具体分为环境气氛感知、肢体语言感知、声音语言和文字符号感知与图形图像感知等。感知素养的培养一方面能够让全媒体主持敏锐察觉所处情境场合与传播用户的信息偏好，适时适度地选择传播内容，另一方面能够帮助全媒体主持建立专属的媒介角色，进而选取最佳的传播方式完成沟通行为，最大程度地挖掘与传播对象共同的文化体验。

跨文化感知素养的培养，首先要求全媒体主持提升情境敏感度，积极捕捉所在传播空间的变动信息；其次要求全媒体主持培养用户认知力，即在以往的传播实践中总结经验，对传播用户信息内容需求与话语表达偏好有一定了解；最后是自我角色认知的提升，全媒体主持应有清晰的自我角色认知，感知自我在社会传播行为中的角色定位，进而展开符合身份的传播行为，建立相对稳定的传播形象，同时也要根据不同传播情境与传播用户灵活调整自身角色，助力跨文化信息的有效触达。

第三节　沟通的行动能力

所谓“知彼知己，百战不殆”，这一理念同样适用于跨文化沟通行为。无论是何种沟通行为，最终都应落入有效的对话行动之中，因而全媒体主持的沟通行动能力建设尤为重要。

一、营造沟通氛围

在同异质文化的沟通过程中，能否让沟通者感受到一种轻松、舒适的沟通氛围，是沟通对象能否顺畅表达、观看用户能否有效接收的重要前提。为此，全媒体主持要做好对沟通对象与传播用户的前期调查，选择最适合传播的话题和最易于被海外用户接受的传播场景。

在2019年刘欣与翠西·里根的经典对辩中，刘欣就主动营造了一种轻松的沟通氛围，即海外用户忙碌了一天回到家，陷在沙发里，跷起脚，手里可能拿着一听可乐和一个汉堡的客厅场景。为此，刘欣接受了专家的建议，在造型上放弃了惯用的红色，而选择不带任何政治寓意、百看不厌的蓝色，为减弱年龄感，刘欣只施淡妆，衬托出自然、真实的形象风格。在配饰上，刘欣在权衡珍珠和碧玉之后选用了低调的玉质耳环和吊坠，凸显了中国式的品位，也暗含了“宁为玉碎不为瓦全”的隐喻。① 正是这种在客厅中与普通民众对话氛围的营造，奠定了刘欣此次沟通的成功。

二、精选沟通对象

沟通并不是传播者单项的传输行为，而是有来有往的双向交互，因而能否选择一个好的沟通对象，对于一场沟通的成败至关重要。沟通对象的选择应遵循典型性、可靠性与可分享性原则。

典型性原则要求全媒体主持挑选在某一领域中或某一话题上有发言权的代表性人物作为跨文化沟通对象。

在此基础上，沟通对象还应具有可靠性，能够掌握有效的信息内容与权威资源，以保证媒体内容的真实性与价值性。例如对于讨论中美经贸摩擦的选题，应选择金融体系内的谈话对象，而在谈论东西方文化交流的问题时，致力于文化研究的学者与进行跨国文化传播实践的艺术家就成了好的沟通对象。

若想达到理想中的传播效果，沟通对象还需具有可分享性属性，即有意愿也有能力将所了解的信息分享出去的潜质，因而健谈、乐于分享也成了好的沟通对象必备的素养。需要注意的是，为寻求新闻话语的平衡，全媒体主持还应尽可能多地选取不同经历、不同视角的沟通对象，给予其平等的说话权力，保证整场沟通活动的专业性与可信度。

三、挖掘沟通话题

著名社会学家费孝通曾言：“各美其美，美人之美，美美与共，天下大同。”②在不同文明碰撞交流之时，既要保持“各美其美”的文化独立性，也要有“美美与共”的共通思维。20世纪60年代，社

① 刘欣.我与美国主播翠西·里根“辩论”前后[J].全球传媒学刊，2019，6(03)：113—119.

② 费孝通.百年中国社会变迁与全球化过程中的“文化自觉”——在“21世纪人类生存与发展国际人类学学术研讨会”上的讲话[J].厦门大学学报(哲学社会科学版)，2000(04)：5—11，140.

会学家布鲁默在象征性社会互动之中提出共通的意义空间这一概念，他指出“传受双方必须要有共通的意义空间是传播成立的重要前提之一”，同时，“作为社会互动过程的传播，其重要功能之一就是扩大传播双方共通的意义空间”，从双向肯定了共通的意义空间在传播领域的价值。所谓共通的意义空间主要有两层内涵：“一是对传播中所使用的语言、文字等符号含义的共通的理解；二是大体一致或接近的生活经验和文化背景。”①在跨文化传播的过程中，由于出生与成长的历史地理环境、政治经济制度与固有文化环境的差异，个体社会成员的意义空间不尽相同，但意义的交流与互动只能通过传受双方共通的部分来进行，因而寻找一个共通的传播内容尤为重要。

为此，全媒体主持在挖掘沟通话题时，要积极寻找不同文化圈层相交叉的文化内容。例如东西方虽因政治经济与历史背景的不同形成了截然不同的文化圈层，但不论是东方文化中的“民本”思想还是西方文化中的“民主”思想，都强调民众的主体地位，那么以人为本的个体叙事就是一个很好的话题切入点。不论是在2022年10月发布的中国共产党国际形象网宣片《CPC》，还是在2023年3月发布的国家形象网宣片《PRC》中，《人民日报》都选择了第一人称叙事，并选取了一个个微观个体故事作为传播内容，这也契合了西方用户的接收习惯。

沟通话题的挖掘不仅体现在沟通前期，也体现在沟通的过程中。全媒体主持应始终保持问题意识，并站在观众的立场进行思考，挖掘过去未有的新选题，寻求观众未知的与众不同的话题，并在与沟通对象的交流中探索某些话题的未来可能性，以提高沟通内容的丰富度与沟通过程的可观赏性。

四、赋予沟通情感

在沟通过程中，传受双方虽拥有诸多基于不同生存空间与成长环境的不同认知行为习惯，但双方仍存在情感与价值层面的可沟通潜质，因而诉诸情感也是跨文化沟通的可行路径。在事实之外，设计、选择并凸显一些富有感情的沟通话语与沟通方式，不仅能够展现中国的友好形象，还有助于调动海外用户的心理感受，引发共情。

2018年全国“两会”期间，上海外语频道《直播上海》栏目与东方卫视《东方夜新闻》共同推出系列节目《外交官看中国》（“Diplomatic Insight”），其中一期节目采访到了新西兰驻华大使麦康年。麦康年是当之无愧的“中国通”，他于1978年首次出任新西兰驻华大使，并于2015年再次出任。为此，节目组设计了“如果我可以请您用一句中文来总结形容中国与新西兰两国的双边关系，您会选择哪一句”的问题，面对记者的提问，麦康年用中文笑着回答道：“我们的双方关系在各

① 郭庆光.传播学教程[M].北京：中国人民大学出版社，2005：6，53.

方面一切都好。”此外，以色列驻沪总领事普若璞将以色列称作“中国亲密的合作伙伴”，土耳其驻华大使约南提出“你们有‘中国梦’，我们也有‘土耳其梦’，共同的利益追求为中土关系的未来发展增添了无限可能性”等访谈片段，都在节目中尽数呈现，向海外观众展现了一种情感充沛且极具感染力的友好气氛。

五、拓宽沟通平台

在当前多语境、多媒介的传播格局中，不同媒介终端的用户信息接收与内容理解方式有所不同。如何以相对应的话语符号传输内容信息与社会价值，也是全媒体主持亟待攻克的跨文化沟通难题。作为话语传播者的全媒体主持，应以兼容并包的心态集纳并掌握多重语言技巧，这既包括传统广播电视时代的语言与肢体行为，也包括社交媒体时代网络语言的使用以及智能技术时代技术性话语的大众化表达。

尤其是在当前各国用户聚焦于社交媒体平台的前提下，全媒体主持应根据所搭载平台的不同特征选择不同的话语方式。Twitter(2023 年更名为 X)、Facebook 类似于人人网与微博的结合体，属于众声喧哗的广场式传播，全媒体主持在其中的传播行为应以话语的清晰简洁作为第一标准。相较而言，Twitter 更注重文字，Facebook 更注重图片。在 YouTube、TikTok 等平台上，则应提高有效信息的输出节奏，并利用网络用语增加播报视频内容的浏览量。其中，YouTube 平台发布的视频时长较长，可尝试进行一定的微型叙事性表达，而作为短视频平台的 TikTok 中的视频时长较短，在此平台之上传播的内容要更加直截了当。

主持人作为媒介话语的表达者，不仅要顺应不同媒介平台的话语逻辑，更应在多重话语融合的基础上建立的话语新规则，转化为更具价值意义的全新话语符号，在话语含义与意义共通之中实现价值引领。此外，当在多个平台开展传播活动时，全媒体主持也需注意差异化内容分发，使海外用户在同一媒体的多平台使用过程中仍能获得知识与信息的增量。

综合思考题

1. 当前我国跨文化沟通中的障碍有哪些？
2. 当前我国跨文化传播处于哪种层次？
3. 请简要探讨如何进行全媒体主持的跨文化沟通思维的建设。
4. 全媒体主持应如何培养跨文化感知力？
5. 全媒体在选择跨文化沟通对象时应遵循哪些原则？

6. 请举例说明我国跨文化沟通中可挖掘的沟通话题。

7. 全媒体主持在 Twitter、Facebook、YouTube、TikTok 等海外社交媒体传播时应遵循怎样的话语方式?

延伸阅读

1. 胡亚敏:《叙事学》,华中师范大学出版社,2004 年。

2. 於贤德:《主持人策划与创新》,华中科技大学出版社,2005 年。

3. 肖建华:《主持人文化底蕴》,华中科技大学出版社,2006 年。

4. [美]沃尔特·翁著,何道宽译:《口语文化与书面文化》,北京大学出版社,2008 年。

5. 徐浩然、雷琛烨、郭语言:《主持人语言逻辑与管理制度研究》,中国传媒大学出版社,2009 年。

艺海拾贝

华裔女主播:陈泰芝

在美国的五大电视新闻网中,职业竞争非常激烈,而且大部分高职位是被中年男性白人把持着,华裔女主播能够奋斗成名的,可谓凤毛麟角。陈泰芝(Joie Chen)便是其中的一位。

1994 年,陈泰芝经过严格考试进入 CNN。陈泰芝在 CNN 工作近 20 年。起初,她是普通记者和播音员,但她勤奋好学,不怕吃苦,特别是在一些重大报道中能出些好点子。1996 年,亚特兰大举办奥运会,7 月,亚特兰大奥林匹克公园发生爆炸案,陈泰芝凭借出色的报道获得艾美奖。此后,她还报道过 1997 年俄克拉何马城爆炸案以及对该案主犯麦克维的侦破和审判。

陈泰芝晋升为 CNN 主播后,曾主持过《今日世界》《星期六早晨新闻》《星期日早晨新闻》以及黄金时段新闻节目《重大新闻》。这些节目的成功,使陈泰芝的知名度大增。1996 年,陈泰芝以《今日世界》节目与另一主持哈里斯一起夺得美国电视最佳新闻广播员奖。

2008 年,陈泰芝加入半岛电视台,寻求新的改变。在《今夜美国》长达一个小时的节目中,除去 8 分钟的商业广告时间,剩下的 52 分钟都可以让她尽情发挥。

“我的团队是由不同肤色种族、不同工作经历、不同教育背景的人组成的,新闻节目需要多元制作团队。这很符合我的期待。”她的团队共 55 人,其中 6 人是全职通讯记者以及 12 名制作人。为了做出一个好选题,记者常常需要花很长的时间进行调查,如关于虐待儿童的报道便花了记者两个月的时间进行跟踪采访。

陈泰芝说，在半岛电视台工作，可以听到不同的声音，在解读故事时，用不同的观点去分析。例如在马来西亚空难事件中，许多媒体都在报道马来西亚政府对事态的跟踪及看法，却忽略了最基本的人的感情反应，也忽略了从中国人的角度看国人对马来西亚政府以及失踪航班家属的观点。她认为如果用不同的观点去剖析一个故事，那么就可以将不一样的观点展示给美国观众。

“哪些人的声音是没有被媒体表达的？这是节目的侧重点。”她表示，寻找另一方的观点并不是倡导极端的言论，他们通过寻找理性的声音向美国民众展现不同群体看待事件的观点。

许多电视台喜欢用剑拔弩张的辩论来吸引收视率，而陈泰芝则更偏向对一方观点的深入采访，让观众了解事情的全貌。她说，许多知名的电台例如CNN和Fox会非常看重收视率，因此他们往往会报道他们认为民众会喜欢看、可以提高收视率的内容，而她做节目则不同，她不想考虑收视率，而是专心考虑如何将一个故事写好，比起让两个不同观点的人在电视台辩论得面红耳赤，提高收视率，她更偏向对其中一方进行更缓和的采访。

第十三章

全媒体主持的未来发展趋势

知识点框架图

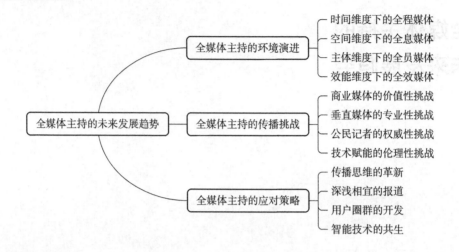

- 全媒体主持的未来发展趋势
  - 全媒体主持的环境演进
    - 时间维度下的全程媒体
    - 空间维度下的全息媒体
    - 主体维度下的全员媒体
    - 效能维度下的全效媒体
  - 全媒体主持的传播挑战
    - 商业媒体的价值性挑战
    - 垂直媒体的专业性挑战
    - 公民记者的权威性挑战
    - 技术赋能的伦理性挑战
  - 全媒体主持的应对策略
    - 传播思维的革新
    - 深浅相宜的报道
    - 用户圈群的开发
    - 智能技术的共生

关键术语

全程媒体　全息媒体　全员媒体　全效媒体　智能技术

随着国家社会经济的转型、媒介技术的发展以及网络用户的赋权，传播媒介的生存环境也不断发生着变化。作为新型主流媒体最主要的传播行动者，全媒体主持在传播环境的演进之下也迎来了新的机遇与挑战。本章将从环境演进、传播挑战与应对策略三个方面，分析全媒体主持的“未来式”发展趋势。

第一节　全媒体主持的环境演进

习近平总书记在第十九届中共中央政治局第十二次集体学习时提出了“四全媒体”的概念，强调：“全媒体不断发展，出现了全程媒体、全息媒体、全员媒体、全效媒体，信息无处不在、无所不及、无人不用。”为此，“我们要加快推动媒体融合发展，使主流媒体具有强大传播力、引导力、影响力、公信力，形成网上网下同心圆”，“要坚持一体化发展方向，加快从相加阶段迈向相融阶段，通过流程优化、平台再造，实现各种媒介资源、生产要素有效整合，实现信息内容、技术应用、平台终端、管理手段共融互通，催化融合质变，放大一体效能，打造一批具有强大影响力、竞争力的新型主流媒体”。①

“四全媒体”既是主流媒体被动面临的变化着的舆论环境，又是新闻媒体工作者在全媒体环境中主动提升自身价值的重要法则，因而围绕“四全媒体”所展开的传媒环境变化与传播业态转型，正是全媒体主持的未来发展方向。

一、时间维度下的全程媒体

全程媒体是对传播环境时间维度的界定，强调媒体在任何时间节点都能够跟进、记录与播报新闻，完成信息采集、编审与新闻发布的全部流程，实现新闻事件的全程记录与同步传播。在全程媒体的趋势之下，新闻产品的制作流程与形态都发生了相应变化。

一方面，新闻生产者不再是单纯新闻生产中某一环节的把控者，而是全程参与新闻产品的初期策划，信息内容的采集、生产以及发布的各个环节之中的产品伴随者。另一方面，在当前的全媒体传播环境之中，实时的传送使得滞后的时间已然价值无存，这就要求新闻产品回归新闻发生的最前线，一种对新闻事件全程记录与同步传播的产品形态正受到越来越多的关注，当前活跃在新媒体端的长时段直播与慢直播都是这类新闻产品的典型代表。

在 2021 年 6 月，“云南野象群集体北迁”一事受到广泛关注之时，央视频积极响应，推出不间断多机位直播《一路“象”北！云南野生象群到哪了？》，重点整合前方云南森林消防提供的象群航拍画面，及时回应网友对大象的关注，同步上线两路云南西双版纳野象谷慢直播。

二、空间维度下的全息媒体

全息媒体强调的是空间维度的革新，是建立在人工智能技术上的万物互联产物。全息媒体认为新闻媒体不仅能实现人们与真实现实的连接，更能实现其与虚拟现实的连接，从而能够调动人们的感官，实现媒介产品在空间维度的立体式、环绕式、还原式实时传播。

从融媒到智媒，人工智能正渗透到整个传媒行业之中，给媒体带来了全方位的变革。在信息采集端，以可穿戴设备、监控器、无人机等为代表的智能传感器作为新一代智能技术已广泛应用于新闻信息的采集之中，其智能化的用户信息采集和对可能发生的事实信息的科学预判能够推进高质量新闻产品的生产。在内容生产端，早在 2007 年美国 Automated Insight 公司就推出了撰

① 习近平. 加快推动媒体融合发展　构建全媒体传播格局[EB/OL]. (2019－03－15)[2023－06－13]. https://qstheory.cn/dukan/qs/2019-03/15/c_1124239254.htm.

写财经、体育新闻的“WordSmith”写作机器人。国内媒体写作机器人的起步较晚，始于 2015 年 9 月腾讯启用的“Dreamwriter”，同年 11 月新华社“快笔小新”也正式上线。如今，智能写作已经成为媒体智能化转型的重要环节。在内容分发端，以 VR、AR、MR、全息投影为代表的虚拟影像技术手段打造出具有沉浸感、临场感与互动感的传播媒介，利用对现实世界的视觉化仿真，实现用户在互动参与之中与传播内容的深度绑定。

三、主体维度下的全员媒体

全员媒体的重点落于主体维度，是指随着互联网络赋权而参与传播的主体显著增加的现象。在全员媒体环境中，信息生产不再是专业新闻工作者的特权，活跃在互联网上的节点用户都能参与到信息内容的生产之中。此外，这一全员性拓展不局限于人类主体，广泛的技术主体也成为新闻生产的重要组成。

从人类主体看，互联网为每个拥有麦克风的用户提供了便捷的发声渠道，这一发声渠道的增多体现在传播行动上则为对专业新闻生产者的话语权争夺。由于广大网友在新闻时间、空间与线索收集方面的天然优势，主流媒体在新闻信息传播方面的优势不再，不得不出让部分新闻产品的生产权，通过用户线索提供、公民新闻生产等方式扩大新闻生产的行动主体，以获得更多的媒体竞争主动权。

于技术主体而言，除上述谈论到的写作机器人外，虚拟主播正以迅雷不及掩耳之势进入新闻场域之中。自 2018 年 11 月 7 日以新华社中文主播邱浩和英文主播张朝为原型的 AI 合成主播诞生以来，中央、省、市、县各级媒体纷纷展开了对虚拟主播的探索，用以辅助人类主播完成最基本的新闻信息播报工作。科大讯飞旗下的多语种虚拟主播“小晴”就曾供职于人民网、广州日报、长江日报、哈尔滨日报、广西卫视等多家媒体单位，成为全媒体用户喜闻乐见的传播主体之一。2022 年全国“两会”期间，中央广播电视总台视听新媒体中心以财经评论员王冠为原型，推出了超仿真主播“AI 王冠”，并开辟了真人王冠与“AI 王冠”同屏播报的《“冠”察两会》节目。节目中，“AI 王冠”主要完成节目主持串联、基本信息播报的工作，真人王冠则主要负责热点事件的评论，两者相互配合，实现了良好的传播效果，被业界认为是央视迈入元宇宙的第一步。

2022 年底，随着 ChatGPT 的火爆，一种基于人工智能的自动生成技术进入了主持传播行业，ChatGPT 的类人化文本创作能力也使之成为媒介话语空间的全新主体。

四、效能维度下的全效媒体

全效媒体是从效能维度出发对全媒体新特征的界定，是指通过多种媒体载体、技术的丰富应用，达到传输效率、传播效果、传播效能三位一体的最优化，以此为用户带来广泛的认知体验。这一强大的效能主要包含以下四个方面。

一是文字、图片、声音、图像等信息交叉综合，更丰富、更立体、效果更全面；二是用移动化、分众化、碎片化的方式融合传播，使人们感受更直观、更鲜明、效率更快捷；三是用功能区分、集成、创新，使信息、社交、政务、商务等服务功能融为一体，使内容形式更符合需要、方法手段更适应需求、媒体受众效益更满足期待；四是受众不同程度的参与、互动、联动，使媒体传播效果较过去更全面、更有体验感、更有获得感。① 而无论是信息的交叉综合、内容的融合传播、服务的功能融合还是用户的互动参与，都离不开全媒体主持这一媒体与用户衔接者的全程参与。

第二节　全媒体主持的传播挑战

全媒体传播环境之中的“四全媒体”并非一成不变，而是时刻处于动态的变化过程之中，这就对身处其中的全媒体主持提出了相当大的挑战。

一、商业媒体的价值性挑战

在当前互联网传播环境中，主流媒体已不再是绝对的话语主导者，拥有强大资金、技术与人才支持的商业公司掌握了更多的互联网用户大数据，通过大智能算法成为“最懂用户的人”。当前，商业媒体在全媒体端的融合创新实践正如火如荼地展开。

商业媒体集纳了包含专业媒体生产者与自媒体用户在内的多元生产主体，实现了对多种传播话题进行文字、图片、声音、图像等的多形态移动化、分众化、碎片化分发。此外，商业媒体还将职能延伸至媒体之外的生活、消费等诸多服务领域。在此类强势入局的行动之下，传统主流媒体无论是在内容生产的价值引导还是在内容分发的价值塑造上都处于劣势，生存处境也愈加艰难。

北京抖音信息服务有限公司（前身为北京字节跳动科技有限公司）于 2012 年推出的基于数据挖掘的推荐引擎产品“今日头条”，能够在社交行为、阅读行为、年龄职业、地理位置等多个维度挖掘用户信息，在此基础上利用大数据运算实现用户的个性化新闻推荐。如此人性化、智能化的生产行为也帮助“今日头条”培养了一批忠诚的媒介用户。除“今日头条”外，依托大型商业公司的

① 张琰.“四全媒体”视阈下云南大象北游的创新传播[J].今传媒，2021，29(12)：25—29.

腾讯新闻、网易新闻、搜狐新闻等新闻 App 都有着较为可观的下载量与活跃用户数，挤压着主流媒体的生存市场。

二、垂直媒体的专业性挑战

长期以来，拥有完整采编团队的主流媒体一直将生产专业化的内容产品视作自身的核心竞争优势，然而伴随着互联网用户的需求扩张，定向类垂直媒体如雨后春笋般地涌现，打破了这一格局。财经类垂直媒体第一财经、财新网，科技商业类垂直媒体钛媒体、虎嗅网，数据分析类媒体艾瑞网、百度指数，UGC 内容社区知乎、豆瓣、小红书等，都在自我深耕的领域占据优势地位。相比之下，以建设综合信息平台为目标的主流媒体无论如何投入生产，内容产品的专业化程度也难以超越这类深耕于某一领域的专业媒体。

在专业化的媒体网站与平台之外，进行垂直运营的自媒体生产者同样不容小觑。他们将自己对某一领域的专业知识与持续关注转化为自身的平台竞争优势，并在广泛的自媒体实践中找寻符合媒介用户接收习惯的自身风格特色，以此形成独特的自媒体内容产品。近年来活跃于各大媒体平台的“意公子”就是这类自媒体用户的典型代表。2021 年中秋节，“意公子”从千古名篇《水调歌头・明月几时有》入手，讲述了苏东坡与弟弟苏辙的深厚情谊。在视频里，传诵千百年的名句有了更加生动的形象：一个屡遭贬斥的哥哥，和一个为兄长操碎了心的弟弟，在中秋月圆的时候彼此牵挂思念。这条视频一经发布迅速成为爆款。这也改变了“意公子”团队账号的选题思路。“从原来我可以讲所有人，缩减到只讲艺术史上感动我的人，再缩减到中国艺术，缩减到我只为找到中国艺术的某一个人，击穿他，录二三十期。”[①]正是这一文化与历史的深度需求，使得“意公子”一期视频的制作周期远高于其他自媒体博主。

三、公民记者的权威性挑战

在网络通信技术普及的今天，每个拥有智能终端的用户都是网络平台的关键节点，其在任何社交媒体平台发布的信息内容都具备被广泛关注的资质，这对于以往占据信息高地的主流媒体而言是权威性的极大挑战。

挑战一方面体现为第一现场的缺失。尽管新闻媒体配备专业的新闻记者团队，但囿于地理

① 中国青年网. 抖音粉丝 850 万，入选政协委员，意公子的首个提案仍聚焦传统文化[EB/OL]. (2023-03-10)[2023-06-13]. https://d.youth.cn/xw360/202303/t20230310_14376333.htm.

空间的限制，无法时时刻刻第一时间出现在新闻现场，而社交媒体释放的巨大权力使得每个事件的目击者都可以成为新闻现场的报道者。挑战的另一方面体现为第一话语的缺失。在事件的第一现场，目击者能够在分享与社交需求的驱动下最快发布事件现场的相关信息，形成第一时间的第一话语。仅从新闻的制作流程看，比起传统媒体从制作到发布的层层审核，承担记者身份的民众无需受到发布机制与流程的制约，发现信息和发出信息的时间差更小，追赶正在发生事件的能力也相应更强。

在川航3U8633备降事件发生后，央视《新闻直播间》就直接将事发飞机上乘客手机拍摄的视频画面放入新闻直播报道的画面中，这也体现出民众记录对于新闻现场的重要价值。

四、技术赋能的伦理性挑战

当前，我国各大主流媒体也在持续探索媒体智能化应用，大数据、人工智能技术为5G新媒体平台建设和业务生产赋能，形成"5G＋AI＋4K/8K"的战略布局平台。人工智能技术在传播媒体的实践中展示出无可比拟优势的同时，也暴露了发展过程中的问题。

其一是技术主体高参与之下的主持身份危机。在当前的传播环境中，技术主体已在实然层面成了重要的传播主体。随着技术的进步，技术主体的功能也从单纯的播报信息转为对信息的自我理解与自我学习，在此基础上进化成更具人性的传播者，这一系列人格化行为都在不断挤占着人类传播主体的生存空间，对于长期掌握信息发布主动权的人类主播而言是一个不小的挑战。与此同时，当智能技术作为独立主体进入传播环境时，信息的隐私安全、伦理价值等风险隐患也逐渐浮出水面。

其二是传播场景沉浸化之下的新闻失实。在当前竞争激烈的媒介生态环境中，新闻主播面临着各种诱惑与挑战，部分新闻工作者为了抢占新闻的第一落点而抢发新闻，导致新闻内容偷工减料，出现虚假或失实信息，违背了新闻的本质，污染了新闻业的传播环境。这一乱象在人工智能技术进入新闻生产领域之后不断加剧，智能合成技术、虚拟仿真技术所营造的"虚拟真实"，使新闻的真实性与客观性产生了危机。

其三是传播方式个性化之下的信息窄化。大数据与云计算技术能够全量精准捕捉用户在平台之中的每一次点击、浏览以及信息输入行为，在海量数据运算的基础之上描绘媒体用户的精准画像，并根据用户后续使用行为动态调整对用户的分发行为，成为最"懂"用户的传播者。然而，无论是传播场景的沉浸化，抑或是传播方式的个性化，在为用户提供全新视听体验的同时也形成了新一轮的技术遮蔽。定制化、个性化、程序化的内容产品使人们只关注自己所选择的和令自己愉悦的信息领域，可能造成“信息茧房”“信息窄化”①，进而使用户丧失对其他信息的接收与判断能力。

第三节 全媒体主持的应对策略

面对商业媒体、垂直媒体、公民记者与智能技术在时间、空间、主体与效能层面的传播挑战，全媒体主持应主动应对可能到来的传播困局。

一、传播思维的革新

面对变动着的传播环境，全媒体主持首先应在传播理念上有所突破，主动树立大传播思维、多媒体思维与用户思维。

大传播思维认为，全媒体主持的传播活动不应局限于媒体平台的信息播报，而是延伸至更为广阔的社会场域。主持人的自身性格特点、学习工作经历、人际交往行为、社交平台话语等都纳入其传播行为之中，共同影响公众对主持人形象的整体认知。尽管从原则上讲私生活作为全媒体主持的隐私，不该受到广泛关注，但作为公众人物的主持人还应有所注意，不仅要在屏幕之内保持良好的屏幕形象，更要在屏幕之外维持好自己的社会形象。

多媒体思维要求全媒体主持不应局限在单一的媒体之中，而应跳出舒适圈，更多地尝试在大小屏之中的传播可能。2021 年 10 月，中央广播电视总台主持敬一丹策划并主持的《节气・长城》在央视频上线，这也是敬一丹于 2015 年 4 月退休后在央视担任主持的唯一一档节目，围绕节气与长城展开的 24 集短视频作品不仅展示出中华文化的情怀与底蕴，也体现出一位优秀主持人从大屏到小屏不断学习与转型的行动力。

用户思维是从大屏转向小屏后全媒体主持应该树立的重要理念，它要求全媒体主持改变传统媒体时代的“自说自话”的传播思维，将用户作为一切传播行动的出发点，以平等的思维与其产生交流。根据用户的需求策划新闻产品，积极引导用户参与到新闻生产的流程中来，同时主动获取用户反馈以提升新闻生产与信息服务的质量，真正实现与用户的紧密连结。

① 陈虹，杨启飞. 基于场景匹配的口语传播：智媒时代之播音主持教育[J]. 现代传播(中国传媒大学学报)，2020，42(06)：164—168.

二、深浅相宜的报道

在信息爆炸的全媒体时代，社会公众对新闻速度的期待往往超出了新闻机构的提供范围，新闻生产时间不断加速，每则新闻的时间缩短、生产频率加快，这一变化要求全媒体主持具备高效的信息提炼能力，即学会从海量信息中快速挖掘有质量、有用户关注度的“干货”信息。与此同时，生产高质量信息已经不再是媒体获得用户关注的充分条件，信息的篇幅长短、呈现形式等也都影响着用户的接收效果。

为此，在对用户进行信息传播时，全媒体主持应遵循“深浅相宜”的报道原则。所谓“深”，是要主动选择有价值、对用户有建设意义的高质量信息，抵抗可能出现的“数据人”“赛博人”等价值偏差。所谓“浅”，则是要将此类信息以最简洁、最生动、最可读可看的形式表达出来。以短视频的内容生产实践为例，全媒体主持首先要选取篇幅短小的有效信息，保证视频之短，同时要让所传输的话语尽可能简洁清晰。在此基础上全媒体主持还应积极使用有“网感”的网络话语，使新闻报道内容适应于绝大多数新媒体用户的接收习惯。

上海广播电视台主持人臧熹指出，在融合传播形势下传统媒体主持人既要寻找好第一落点，又要寻找好第二落点。例如在航天新闻的报道中，既要保证基本航天设计、飞行等第一落点信息的报道，还要借助资源整合优势找好第二落点，邀请相关行业学者专家进行太空研发的深入解读或其他领域专业人士进行太空新闻的交叉信息播报。臧熹在其短视频平台栏目《熹天取经》中就曾邀请健身达人解读“太空上如何健身”等生活类话题，这正是深浅相宜报道原则的生动写照。

三、用户圈群的开发

在当前移动化、社交化、智能化的传播场景中，高质量的内容已不是媒体“出圈”的唯一要素，如何了解用户、深入用户圈层，也是重要的“出圈”指标。全媒体环境中的观众不再满足于传统媒介平台上主持人的引导者身份，而期望主持人能够发挥更多“隐藏技能”。因而全媒体主持应主动寻找自身可挖掘、可培养的观众兴趣点，塑造自身的特色媒介形象。

在形象塑造的基础上，全媒体主持还要深入用户的社交圈层，将自身的角色由信息的传递者转变为信息的交流者，主动了解用户所思所想，生产观众喜闻乐见的新闻产品，努力使自身所生产的新闻产品切中用户的实际感受，引起用户的社交转发，成为用户社交行为的重要组成部分。但同时也需注意，易于转发的内容并不意味着是信息价值深度低的内容，全媒体主持作为新闻产品的把关者，也需对新闻产品的质量进行标准架设，真正做到有价值信息的圈层突围。

在打入用户社交圈层后，全媒体主持更需要选取有价值的目标用户进行深层次的维护与挖掘。这就要求全媒体主持主动进行目标用户的受众调查，真实了解用户需求，并在此基础上调整自身认知，主动与用户展开交往行为。全媒体主持不仅要与个体用户进行交往关系的绑定，还应以个人或所在组织的身份主动与各个领域的用户集群进行连接，在保证自己信息提供者身份的基础上与用户形成长久而稳固的亲密关系。

四、智能技术的共生

1947 年，美国学者库尔特·卢因在《群体生活的渠道》一文中分析了家庭主妇决定购买食物及向家庭成员推荐食物的过程，认为信息沿着某些包含着“门”的渠道传播，传播能否顺利进行总以“把关人”的意见作为依据，以此提出了“把关人”的概念。1950 年传播学者怀特将社会学中的这个概念引入新闻传播，提出社会上存在大量新闻素材，大众传媒的新闻报道不是也不可能是“有闻必录”，而是一个选择的过程。① 所有受众接收到的信息都是经过传媒组织中“把关人”筛选过滤的内容。在现代媒介环境中，新闻主播的传播角色已从被动的“传声筒”转变为主动的“把关人”，在播报信息过程中不可避免地站在自己的立场和视角，对新闻内容信息进行自我理解和再加工，通过情感、表达技巧向公众传递己方信息。这种变化也决定了人类新闻主播的不可替代性。作为新闻产品始终不变的核心，人在传媒业中应保持主体地位。在人工智能技术不断迭代发展的风口，全媒体主持应该有所行动，把握新闻生产的主动权。具体而言，全媒体主持应在内在认知和外在技能两方面进行调整优化，实现其把关角色功能。

一是内在认知的培育。全媒体主持应坚守新闻本真与工匠精神，并通过知识积累与实践经验提升自我价值。在自我坚守方面，全媒体主持要将工匠精神内化于心，用真实且高质量的新闻内容坚守新闻本真，维系以人为本的新闻生态系统。在价值提升方面，一个优秀的节目主导者绝不能仅掌握播音主持一种能力，还需通过文本阅读与实践经历的训练，将储备知识、生活经验内化于心、外化于行。全媒体主持也可通过多重行动调试自我价值符号，将原本服务于大屏的精英话语转变成接受度更广的大众话语，进而实现自我价值的全方位多角度突围。

二是外在技能的培育。人机协同时代的全媒体主持应该找准发力点，既要寻找与人工智能技术的良好合作方式，也要准确识别机器无法企及的自身优势，真正实现在智能媒体常态化背景下新闻业的进一步发展，因而与技术共生的外在技能培育必不可少。全媒体主持应具备的外在技能包括技术运用能力与多向互动能力。技术运用能力要求全媒体主持了解技术运作的基本逻

① 靖鸣，臧诚. 微博对把关人理论的解构及其对大众传播的影响[J]. 新闻与传播研究，2013，20(02)：55—69，127.

辑，能够进行简单的技术操作，并对技术操作中可能产生的伦理风险问题进行敏锐的察觉与及时的处理。多向互动能力则指的是传受关系中的创作主体与接收群体之间的互动能力。[①] 这一能力要求全媒体主持在内容生产环节，完成主持与其他生产者、主持与技术、主持与文字、主持与用户的多主体互动交流，真正担起新闻内容的主导职责。

综合思考题

1. 当前全媒体主持的传播环境发生了哪些变化？
2. 请阐释全员媒体的内涵。
3. 请举例说明垂直媒体对全媒体主持的传播挑战。
4. 在技术赋能的全媒体时代，主持人面临着哪些伦理挑战？
5. 全媒体主持如何进行“深浅相宜”式输出？
6. 全媒体主持应该如何进行用户圈群的开发与维系？
7. 全媒体主持如何在内部认知与外部技能方面实现与智能技术的共生？

延伸阅读

1. 牟怡：《传播的进化：人工智能将如何重塑人类的交流》，清华大学出版社，2017 年。
2. 杨娜：《媒体用人工智能主播发展研究》，中国文史出版社，2019 年。
3. 苏凡博：《媒介融合背景下节目主持人传播力》，中国社会科学出版社，2020 年。
4. 郑珊珊：《融媒体时代主持人的发展策略研究》，中国传媒大学出版社，2021 年。

艺海拾贝

中国第一个元宇宙博主：“柳夜熙”

2021 年 10 月 31 日，自我定位为“一个会捉妖的虚拟美妆达人”的博主“柳夜熙”在其抖音账号发布了第一条视频作品，融合了悬疑、特效、美妆、剧情等多种元素，一经发布就获得了网友的广泛关注。

在已发布的短视频作品中，“柳夜熙”以拯救百姓、帮扶他人为目的，利用法力与妖对抗、帮助

① 赵广远，田力. 技与艺的博弈：人工智能语境下主持人职能重构[J]. 当代电视，2019(10)：93—96.

母亲与去世女儿相见、拯救公交车上的普通乘客、为贪婪的人们找寻生活的方向，在一系列超现实的特效画面与情节丰富的故事中，“柳夜熙”确立了中国第一个元宇宙博主的身份，其元宇宙空间的实践也为网络博主的发展开拓了新的活动空间。在发布短视频作品之余，“柳夜熙”还尝试参与了多种形式的活动，在2022年4月23日《莫言的奇妙故事会》上，就与诺贝尔文学奖获得者莫言展开了一段破次元的对话。

一方面，作为虚拟空间的人物，“柳夜熙”通过作品中逼真的妆容、剧情式的行为、与肉身人类的对话等与用户展开深层次交互，满足了用户对虚拟世界的美好幻想，这一“想象”激发了用户身体的感知，使其自我情绪与审美真正沉浸于视频作品搭建的故事场景之中，由情绪、思想等身体的内观延伸至其他身体元素的调动，最终触发沉浸，实现了用户由“离身”到“具身”的过程转变。另一方面，出品方会将虚拟角色的二维或三维模型公之于众，用户可通过想象对虚拟角色的模型进行二次创作①，最大程度挖掘了社交媒体用户的主体能动性。基于以上两点，“柳夜熙”成了2021年现象级的网络博主。

在“柳夜熙”获得网友广泛关注的同时，平台与品牌也抓住了这一极富商业价值的虚拟IP。2022年3月，“柳夜熙”登上《男人装》杂志封面，这也是《男人装》第一次使用虚拟人物进行封面设计。在2022年4月20日发布的短视频作品中，“柳夜熙”又在结尾处植入了小鹏汽车的广告，足以见得“柳夜熙”的热度及商业价值。事实上，不只是“柳夜熙”，燃麦科技推出的首个超写实虚拟数字人“AYAYI”，在入驻小红书当天仅凭一张“证件照”，就吸引了近4万粉丝关注，2022年9月，安慕希就与“AYAYI”合作推出了一款“数字酸奶”，此外娇兰、保时捷等品牌也与“AYAYI”达成了合作意向。② “柳夜熙”“AYAYI”等虚拟IP的出现，也让人们对即将到来的元宇宙充满期待，期待着其给商业模式与个人生活带来的改变。

---

① 沈嘉熠. 想象的无界：虚拟角色与受众沉浸[J]. 人民论坛，2022(08)：112—115.

② 界面新闻. 符合Z世代审美的数字人AYAYI火了，但背后的公司说这只是第一步[EB/OL].(2021-12-09)[2023-06-29]. https://www.jiemian.com/article/6892231.html.

案例目录

参考文献

一、主要参考学术专著

1. 马力.播音主持音声创造[M].上海:华东师范大学出版社,2022.
2. 韩文婷.播音主持专业的多元化发展研究[M].长沙:中南大学出版社,2022.
3. 周忆军.视频采访实务[M].北京:北京大学出版社,2022.
4. 金重建.播音主持艺术导论(第二版)[M].北京:中国传媒大学出版社,2021.
5. 王文艳.播音主持人才培养模式研究[M].北京:中国传媒大学出版社,2021.
6. 郑珊珊.融媒体时代主持人的发展策略研究[M].北京:中国传媒大学出版社,2021.
7. 高贵武.出镜报道与新闻主持(第二版)[M].北京:中国传媒大学出版社,2021.
8. 宋晓阳,刘威.大小屏现场直播报道案例教程[M].北京:中国广播影视出版社,2021.
9. 罗莉.当代电视播音主持教程(第三版)[M].北京:中国传媒大学出版社,2021.
10. 仲梓源.电子商务主持案例教程[M].北京:中国广播影视出版社,2020.
11. 吴郁.主持人语言表达技巧(第三版)[M].北京:中国广播影视出版社,2020.
12. 饶丹云.新闻节目播音主持教程[M].上海:同济大学出版社,2020.
13. 苏凡博.媒介融合背景下节目主持人传播力[M].北京:中国社会科学出版社,2020.
14. 李京举,李爽.播音主持概论[M].成都:四川大学出版社,2019.
15. 赵若竹.技术条件下播音主持形态发展研究[M].北京:中国传媒大学出版社,2018.
16. 安红石.当代播音主持艺术新探[M].北京:中国传媒大学出版社,2017.
17. 贾毅.电视节目主持人意见性话语研究[M].北京:人民日报出版社,2017.
18. 鲁景超.播音主持语言的文化功能[M].北京:中国传媒大学出版社,2016.
19. 刘秀梅,邵慧.媒介主持论:电视节目主持传播研究[M].北京:中国传媒大学出版社,2016.
20. 马欣.播音主持艺术语言表达[M].北京:科学出版社,2015.
21. 杨忠.新媒体时代新闻播音主持理论与实践[M].合肥:合肥工业大学出版社,2015.
22. 赵淑萍.电视节目主持(修订版)[M].北京:北京师范大学出版社,2015.
23. 熊征宇.电视访谈节目主持人传播能力解析[M].北京:中国广播影视出版社,2015.
24. 巩晓亮.电视节目主持人品牌研究[M].上海:复旦大学出版社,2014.

25. 赵俐,等. 播音主持语言表达的个性化思考[M]. 北京:中国广播影视出版社,2014.
26. 崔梅,周芸. 播音主持话语表达教程[M]. 北京:北京大学出版社,2014.
27. 於春. 中国电视节目主持三十年研究(1980—2010)[M]. 北京:中国传媒大学出版社,2013.
28. 陆澄. 说给你看:主持的幽默与情采[M]. 上海:上海锦绣文章出版社,2012.
29. 吴洪林. 节目主持[M]. 北京:中国广播电视出版社,2011.
30. 聂绛雯,苏叶. 节目主持艺术概论[M]. 武汉:华中科技大学出版社,2011.
31. 张静民. 电视节目创作与编导[M]. 广州:暨南大学出版社,2010.
32. 应天常,王婷. 主持人即兴口语训练[M]. 北京:中国传媒大学出版社,2009.
33. 刘秀梅. 多元媒介融合背景下电视节目主持传播的机遇与挑战[D]. 杭州:浙江大学,2009.
34. 张颂. 播音主持艺术论[M]. 北京:中国传媒大学出版社,2009.
35. 吴红雨. 节目主持通论[M]. 杭州:浙江大学出版社,2008.
36. 王群,曹可凡. 谈话节目主持概论[M]. 北京:中国传媒大学出版社,2007.
37. 刘洋,林海. 综艺娱乐节目主持概论[M]. 北京:中国传媒大学出版社,2007.
38. 陈虹. 节目主持人传播[M]. 上海:复旦大学出版社,2007.
39. 陆生. 走进美国电视[M]. 上海:复旦大学出版社,2007.
40. 吴郁,等. 电视节目主持人的综合素质研究[M]. 北京:中国广播电视出版社,2007.
41. 曾志华. 电视节目主持人策划[M]. 北京:中国传媒大学出版社,2006.
42. 魏南江. 节目主持艺术学[M]. 北京:中国广播电视出版社,2006.
43. 胡智锋. 电视节目策划学[M]. 上海:复旦大学出版社,2006.
44. 陆锡初. 节目主持人概论(修订本)[M]. 北京:中国广播电视出版社,2006.
45. 游洁. 电视节目主持新论[M]. 北京:中国广播电视出版社,2006.
46. 黄幼民,张卓. 主持人形象塑造[M]. 武汉:华中科技大学出版社,2006.
47. 丹尼斯·麦奎尔. 麦奎尔大众传播理论(第四版)[M]. 崔保国,李琨,译. 北京:清华大学出版社,2006.
48. 吴郁. 当代广播电视播音主持[M]. 上海:复旦大学出版社,2005.
49. 吴郁. 主持人思维与语言能力训练路径[M]. 北京:中国广播电视出版社,2005.
50. 广播影视业务教育培训丛书编写组. 广播电视播音主持业务[M]. 北京:中国国际广播出版社,2005.
51. 胡欣. 主持人采编实务[M]. 武汉:华中科技大学出版社,2005.
52. Bob Edwards. 爱德华·R·默罗和美国广播电视新闻业的诞生[M]. 周培勤,译. 上海:复旦大学出版社,2005.

53. 肖建华. 主持人审美修养[M]. 武汉:华中科技大学出版社,2005.
54. 於贤德. 主持人策划与创新[M]. 武汉:华中科技大学出版社,2005.
55. 李元授,廖声武. 节目主持人概论[M]. 武汉:华中科技大学出版社,2005.
56. 徐德仁. 世界明星主持人[M]. 上海:复旦大学出版社,2005.
57. 毕一鸣. 语言与传播:广播电视播音与主持艺术新论[M]. 北京:中国广播电视出版社,2005.
58. 俞虹. 节目主持人通论(修订版)[M]. 北京:中国广播电视出版社,2004.
59. 刘洁. 电视节目主持人[M]. 武汉:武汉大学出版社,2004.
60. 李敬一. 节目主持概论[M]. 武汉:华中科技大学出版社,2004.
61. 蔡帼芬. 明星主持与名牌节目[M]. 北京:北京广播学院出版社,2004.
62. 利莲·布朗. 谁与争锋:塑造你的最佳形象[M]. 孟建华,杨娟,吴文冰,刘俊毅,译. 北京:中国国际广播出版社,2004.
63. 高贵武. 解析主持传播[M]. 北京:北京广播学院出版社,2004.
64. 徐树华. 播音主持语言策略[M]. 北京:中国经济出版社,2004.
65. 王群,曹可凡. 谈话节目主持艺术[M]. 上海:上海社会科学院出版社,2002.
66. 陈京生. 电视播音与主持[M]. 北京:北京广播学院出版社,2000.
67. 任远. 名主持人成功之路[M]. 北京:中国广播电视出版社,1999.
68. 白谦诚,等. 主持人[M]. 1—9 辑. 北京:中国广播电视出版社,中国国际广播出版社,1991—2001.
69. 全国电视学研究委员会. 话说电视节目主持人[M]. 北京:文化艺术出版社,1989.

二、主要参考学术期刊

《新闻与传播研究》《国际新闻界》《现代传播》《中国广播电视学刊》《电视研究》《新闻记者》《新闻大学》《当代传播》《中国记者》《新闻界》《新闻战线》《传媒》《传媒观察》《新闻与写作》《中国广播》《岭南视听研究》《声屏世界》《中国广播影视》《南方电视学刊》《视听纵横》《中国电视》《广播电视研究》等等。

后　记

口语传播是人类最基本的传播形态，即使遍历文字传播、印刷传播、电子传播和网络传播，其仍是人类最普遍、最自然和最灵活的传播方式，肩负着传递思想、沟通情感、融合社会的重要使命。随着5G、人工智能技术的广泛应用，传播形态、业态乃至传播教育都面临深刻的变革。与此同时，短视频和网络直播的兴起也使口语传播的关键性和必要性愈加凸显。

在全媒体语境下，主持人的能动性、创造性得到了前所未有的激活和重组。AI虚拟主播、数字助理异军突起，口语传播的主体前所未有地多样；短视频、网络直播成为常态，口语传播的形态前所未有的丰富；智能音箱、可穿戴设备日渐普及，口语传播的渠道前所未有地多元……数智技术为全媒体主持实践提供了广阔空间，也为全媒体主持研究的发展创造了新向度。在媒体深度融合的环境下，智能技术给主持传播带来了哪些影响与改变？在拥抱智能技术的同时，如何坚守专业价值和公共责任？面对口语传播的形态变化，该以怎样的学术观察与跨学科视野来解释新现象？本教材重新考量节目主持人的身份角色、传播生态、沟通艺术、直播报道能力、多场景表达能力、跨文化沟通能力等内容，并从互联网思维角度对全媒体主持案例进行深度解析。这些新案例使教材与全媒体时代相结合，进一步提升了教材的实用性和生动性。感谢我的博士研究生赵晗阳在案例更新方面所做的工作，让新的教材能够更好地贴近时代，贴近生活，贴近读者。

数智时代比以往任何一个时代变化得都快，对全媒体主持人提出更高的要求。全媒体主持人既要有心系家国的人文情怀，又要有讲好故事的口语传播能力。应对智能化的挑战，全媒体主持人更应具有思辨能力、沟通艺术和人文素养。能够用互联网的思维、智能化的技术、专业得体的表达和脚踏实地的走访，践行新时代口语传播的意义与价值。我想，只有坚持以人为本，涵养人文情怀，遵循价值理性，才能把“大传播”“深内涵”“精加工”的教学理念渗透到《全媒体主持》的课程教学中。

主持要走心，不能走套路。唯有走心，才能与节目深度融合，与观众水乳交融，才能让节目具有情感温度和人性光彩。主持技术、技艺、技法这些东西，在用心之深、之正、之细面前分量太轻。全媒体主持人如果能在世间万象中体察人性、直达人心，就能在媒体变化中发掘自身潜能，生发智慧力量，传递更多善良和美好。这应成为主持人追求的方向，也将成为提升主持人队伍整体素质的新动能。渴盼学界业界能就全媒体主持这个话题相互砥砺，接续探索，期待在交流当中有所更新，创造。

陈　虹